별자리로 읽는 조선왕조실록

왕의 운명은 누가 결정하는가
별자리로 읽는 조선왕조실록

초판 1쇄 2021년 4월 23일 발행
초판 2쇄 2022년 1월 5일 발행

지은이 김은주
펴낸이 김성실
책임편집 박성훈
교정교열 고혜숙
표지 석운디자인
제작 한영문화사

펴낸곳 시대의창 **등록** 제10-1756호(1999. 5. 11)
주소 03985 서울시 마포구 연희로 19-1
전화 02)335-6121 **팩스** 02)325-5607
전자우편 sidaebooks@daum.net
페이스북 www.facebook.com/sidaebooks
트위터 @sidaebooks

ISBN 978-89-5940-757-6 (03910)

朝鮮王朝實錄

별자리로 읽는 조선왕조실록

김은주 지음

시대의창

편집자 일러두기

1. 출처를 표기하지 않은 사진의 저작권은 지은이에게 있습니다.
2. 본문 사진 가운데 '국립중앙박물관 소장' 저작물은 '국립중앙박물관'에서 작성하여 공공누리 제1유형으로 개방한 저작물을 이용하였으며, '국립중앙박물관, www.museum.go.kr'에서 무료로 다운받으실 수 있습니다.
3. 본문 사진 가운데 '국립고궁박물관 소장' 저작물은 '국립고궁박물관'에서 작성하여 공공누리 제1유형으로 개방한 저작물을 이용하였으며,'국립고궁박물관, www.gogung.go.kr'에서 무료로 다운받으실 수 있습니다.

추천의 글

동양에 명리학이 있다면 서양에 별자리가 있다

동양의 명리학命理學과 서양의 별자리는 한 뿌리다. 천체망원경도 인공위성도 없었던 동서양 고대의 현자들은 밤하늘의 별들을 보며 우주의 원리를 추적해 인간의 운명을 규명하고자 했을 것이다. 저자의 말처럼 믿거나 말거나 수준의 '오늘의 별자리' 류의 운세에 속아 그 깊이를 미처 깨닫지 못한 채 스쳐 지나가는 것이 매우 안타깝다.

몇 년 전 명리학 워크숍에서 만난 김은주 작가를 기억한다. 서양 별자리를 공부하고 있는데, 사람들이 왜 우리 것을 두고 서양의 것을 공부하냐고 해서 명리학이 궁금했다고 한다. 명리학으로 본 김은주 작가는 목木과 토土 기운이 강하고 탐구심이 강한 식신食神과 궁극적인 본질을 추구하려는 편인偏印이 선명한 타고난 프리랜서 작가다. 대운에 월덕月德·천덕天德 귀인貴人과 귀문관鬼門關이 들어와 명리학이나 예술 방면에 성취를 얻으리라 생각했다.

나의 별자리 이야기도 흥미로웠다. 당시 나는 고층 아파트에 살았는데 괜찮은지 물었다. 물고기자리에 황소자리라 예술가 또는 한량으로 전원생활이 맞지 도시의 삶은 힘들다는 것이다. 난 대도시에만 살았고 전원생활은 경험이 없다. 그런데도 늘 시선은 전원적 삶을 곁눈질하고 있었고 당시엔 경기도에 집을 알아보던 터였다. 저자는 음악부터 영화, 와인, 미식 등 내 직업과 관심 분야는 물론 내가 마흔세 살에 갑작스레 대동맥 박리로 생사를 헤맨 시기 또한 차트로 이야기했다.

명리학에서도 유명인과 조선의 왕들, 이미 일어난 역사적 사실을 예로 들어 이야기하는 경우가 많지만 이처럼 별자리에서 왕들의 운명과 성격을 《조선왕조실록》을 바탕으로 풀이하는 책은 아마도 처음일 것이다. 원고가 술술 재미있게 읽힌다. 읽다가도 되돌아가 의미를 곱씹게 된다. 그리스 신화의 헤라클레스Heracles의 선택과 단종을 친 세조의 선택을, 트로이 전쟁을 일으킨 파리스Paris의 심판에 장희빈과 인현왕후 사이를 오간 천칭자리 숙종을 비유하며 역사와 별자리를 넘나들고 하나로 엮어 나가는 것이 시종일관 명쾌하고 재치 있다.

별자리도 명리학도 인간이 끊임없이 변화하는 '운運'과 주어진 '명命' 사이에서 조화를 이루어가도록 돕는 학문이다. 미래에 대한 터무니없는 예측보다 개개인의 성격과 욕망을 바탕으로 한 소명과 잠재력을 가장 아름답게 꽃피울 전략과 전술의 효율적 준거로 삼는다. 이에 방점을 둔 점도 나와 생각을 같이한다. 앞으로 명리학과 별자리의 콜라보레이션으로 사람의 성격과 운명에 대해 좀 더 입체적인 규명과 재미있는 시도가 펼쳐질 것을 기대한다.

강헌 음악평론가·명리학자·경기문화재단 대표이사

추천의 글

역사와 별자리라는 두 마리 토끼를 잡다

이 책은 귀한 책이다.

한국의 현대 천문학Astrology 연구, 보급의 역사는 50년이 채 안 될 만큼 짧다. 전통적으로 나라의 명운, 왕의 생사, 장수의 컨디션 등을 알아보는 데 별자리 정보를 사용해왔다. 항해와 농사, 의술에도 별자리 정보는 사용되어왔다. 현대에 이르러서는 평범한 한 사람 한 사람에게도 별자리 정보를 이용할 수 있는 기회가 오게 되었다.

좋은 세상이 되었지만 우리나라에는 사주 명리학과 무속에 가려 보급이 상대적으로 늦었다. 그러나 이제라도 별자리를 알면 가정의 평화와 삶의 안정이 선물로 찾아올 것이다.

이 책은 사실상 두 권의 책으로 보아도 좋다. 조선 왕들의 별자리 특성을 알아보는 것으로 역사의 보이지 않았던 맥락이 감지되고 의아했던 부분이 풀리면서 고개를 끄덕이게 된다. 역사와 별자리 정보가 동시에 들어 있는 흥미로운 책이다. 게다가 읽는 재미도 있으니, 이 책을 끝까지 읽는 데 그렇게 많은 시간이 걸리지 않았다.

김은주 작가는 뼛속까지 천칭자리에 멀티플레이어 쌍둥이자리를 타고난 탓에 두 마리 토끼를 잡으려고 애썼다. 그리고 결과를 이 책으로 내놓았다. 안심하고 참고할 만한 별자리 연구서가 많지 않은 우리나라에 무척 유익한 책을 펴낸 김은주 작가에게 응원의 박수를 보낸다.

김준범 만화가·별자리 상담가

프롤로그

우리는 모두 별에서 왔다

환희여, 수많은 별들이
천국의 영광스러운 계획에 따라 빛나는 창공을 가로지르듯
형제여, 그대들의 길을 달려라. 형제여, 그대들의 길을 가거라.

—프리드리히 실러Friedrich von Schiller, 〈환희의 송가〉

인간은 모두 별이다 We are Star Stuff

까만 밤하늘에 반짝반짝 빛나는 별이 내 얼굴에 쏟아져 내린 날을 기억한다. 누구나 처음 본 별의 기억은 강렬하다. 누구나 밤하늘의 별을 보며 소원을 빌고 그림을 그리며 그리운 이름을 떠올린다. 별이 바람에 스치우는 것을 슬퍼하는 것은 시인만이 아니다.

천문학자 칼 세이건Carl Sagan에 따르면 "우리는 모두 별에서 온 물질로 만들어진 천문학자의 후손이다". 인간이 별을 동경하고 그리워하는 것은 우리 몸을 이루고 있는 모든 원소가 우주가 탄생할 때 형성된 산소, 수소, 헬륨 등 별을 이루고 있는 재료와 같기 때문이다. 푸르고 창백한 지구의 보잘것없는 내가 저 하늘의 반짝반짝 빛나는 별, 온 우주와 인간의 탄생 신비를 담고 있는 무한한 상상력과 꿈의 원천인 별과 동질이라니 멋지다!

별자리를 만든 것은 서기전 수천 년경 바빌로니아 지역에 살던 셈족계 칼데아인Chaldean이다. 양 떼를 기르는 유목민들은 하늘의 별을 보며 계절과 이동해야 할 때와 방향을 알았다. 그들은 일찍부터 해가 뜨고 지고, 달이 차고 이지러지며, 봄·여름·가을·겨울 사계절이 순환하고 사람이 생로병사生老病死를 거치는 데는 일정한 패턴이 있다는 것을 알았다. 그리고 그 패턴을 하늘의 별과 연관 지어 기억했다. "몇 주일씩 사람의 그림자 하나 구경하지 못한 채 초원에서 혼자 라브리라는 개와 양들을 데리고 지내던(알퐁스 도데의 〈별〉)" 목동들은 태양과 행성이 지나는 길, 황도黃道를 따라 밤하늘에 유난히 밝은 별들을 죽죽 이어서 그림을 그렸다. 양, 황소, 쌍둥이, 게, 사자, 처녀, 천칭, 전갈, 사수, 염소, 물병, 물고기 등 열두 별자리다. 서기전 3000년경, 우르 제3왕조 당시의 명판에 별자리 이름과 각 별자리에 대한 묘사가 담겨 있다.

수메르인Sumerian들이 처음 정한 황도 열두 별자리의 상징과 의미도 지금까지 그대로 전해진다. 지금 우리가 쓰고 있는 달력, 문자와 법전, 《이솝우화》보다 오래된 동물 설화, 학교와 촌지 등 모든 것이 이미 최초의 문명 수메르 시대에 존재했다. 수메르인들이 앞선 문명을 갑자기 발명해낸 것이 아니라 외계인이 전해주었다고 주장하는 학자들도 있다.

태양이 한 별자리를 지나면 한 달, 열두 별자리를 모두 지나면 1년이 된다. 인류는 하늘의 태양과 달, 별을 보고 때를 가늠해 시간과 달력을 만들고, 그에 따라 농사를 지으며 문명을 발달시켰다. 우리나라도 서기전 수천 년 전의 고인돌에서 별자리가 발견된다.

또한 수메르인들은 사람이 언제 어디에서 어떤 별자리 아래 태어났는지에 따라 자신을 표현하고 세상을 이해하는 방식이 다르다고 생각했다. 이를 오랜 시간 체계화한 것이 어스트랄러지astrology, 별자리다.

알렉산더대왕의 세계 정복으로 별자리가 그리스로 전해지면서 그리스 신화의 스토리가 덧입혀졌고, 인도를 거쳐 중국으로 전해지면서 사주명리학에 영향을 미치기도 했다.

어스트랄러지astrology란 그리스어로 'Astron(별, 별자리)'과 'logos(이성, 논리)'가 결합된 말이다. 직역하자면 별(자리)의 의미, 별(자리)에 관한 학문으로 성학星學, 천문학天文學 정도가 되겠지만, 오늘날 천문학은 별과 행성의 움직임을 관찰하는 학문으로 우주의 생성과 발전을 이야기하는 천체물리학을 이르다 보니 오해의 소지가 있다.

영한사전에서는 어스트랄러지를 점성술 혹은 점성학이라고 번역한다. 그러나 점占은 왜 그런지 논리적 설명이 불가능하고, 술術은 오래 반복해 익히는 것이다. 하지만 어스트랄러지는 주기적인, 예측 가능한 별의 운행과 수천 년 누적된 정보를 통계학적으로 분류하여 논리적이고 체계적인 설명이 가능하다. 이 책에서는 점성술, 점성학이라는 용어 대신 그냥 별자리라고 한다.

나는 누구인가?

'나는 누구인가'라는 질문에 답하는 것은 어려운 일이다. 철학자가 아니어도 인간은 누구나 그 철학적 질문에 대한 답을 찾기 위해 평생 고군분투한다. 자신에 대해 가장 잘 아는 사람은 자신뿐이라고 하지만 스스로에 대해 잘 알고 있다고 자신할 사람이 얼마나 될까? 당신은 자신의 모든 것을 알고 있는가? 어제의 나와 오늘의 나는 같은 사람일까? 그런데 요즘 A기업은 "나는 네가 누구인지 너 자신보다 훨씬 잘 알고 있다!"고 하면서 주문 후 한두 시간 안에 배송을 해준다. 내가 어떤 제품이 언제 필요한지, 어떻게 해야 지갑을 열지, 그 은밀하고 사적인 욕망을 어떻게 나보다 더 잘 알 수 있을까?

인간에게 패턴인식은 DNA에 각인된 생존 본능이다. 수백만 년 전 최초의 인류부터 인간은 통계적 패턴인식을 통해 생각하고 선택하고 그 지식을 축적하며 살아왔다. 먹어도 되는 것인지 아닌지, 안전한지, 이동할 때가 되었는지, 어디로 이동해야 하는지 등 하나하나의 경험이 삶과 죽음을 결정하는 중요한 선택이어서 이는 패턴-유형화되어 DNA를 통해 혹은 상징화된 이야기를 통해 다음 세대에 전해왔다. 인간 심리와 감정에 대한 것은 신화와 전설 같은 이야기로 전달해왔다. 《구약성서》의 노아의 방주Noah's Ark 이야기는 그리스 신화의 데우칼리온Deucalion, 우리나라의 백두산 홍수 설화와 비슷하다. 인간이 도를 넘자 신이 큰비를 내려 전부 쓸어버렸는데, 그중 착한 누군가를 살려 제2의 인류 세상이 이어졌다는 것이다. 옛날이야기는 민족이나 종족 고유의 정체성을 드러내지만 인류의 보편성을 바탕으로 하기에 비슷한 이야기가 많다.

이제 패턴인식은 생존뿐 아니라 언어학, 수학, 심리학, 컴퓨터공학, 마케팅 등 인간 생활 전반에서 중요한 역할을 한다. 인공지능AI은 수많은 데이터를 분석하고 종합할 뿐만 아니라 인간이 연습하고 경험해 지식을 쌓는 체계를 모방하여 학습한다. 패턴화를 깨쳐 스스로 학습한 인공지능을 활용한 A기업은 사람의 욕망을 예측하고, 당신이 주문하는 곳에서 가장 가까운 창고에 물건을 미리 갖다 놓고, 바둑 프로그램 알파고AlphaGo는 이세돌 9단을 이기는 데 이르렀다.

> 오래된 와인이, 그것이 빚어지던 그해 그 계절의 특질을 지니고 있듯이 우리는 태어난 때와 그 장소의 특징을 지니게 됩니다.
>
> —칼 구스타브 융Carl Gustav Jung

현대인들은 인간이 자연과 서로 연결된 존재라는 사실을 잊고 살아간다. 그러나 우리는 기압이 올라갈 때 긍정적으로 변하고, 저기압일 때 평정심이 깨져 공격적으로 행동한다. 지구와 달의 거리가 가까워져 슈퍼문이 뜨면 조수간만의 차가 커질 뿐 아니라 수면장애가 늘고, 여성들의 생리에도 영향을 미친다. 18세기 영국에서는 보름달이 뜨는 날 일어난 범죄에 대해서는 그 죄를 어느 정도 감면시켜주었다고 한다. 21세기에도 보름달과 폭력 범죄의 상관관계에 따라 더 많은 경찰을 배치하기도 한다.

불과 한 세기 전만 해도 과학과 철학, 심리학은 분화되지 않았다. 우리가 교과서에서 배우는 중세시대의 유명한 천문학자와 과학자는 대개 점성술사이거나 연금술사였다. 행성운동 법칙을 발견한 요하네스 케플러Johannes Kepler가 신성로마제국의 궁정 수학자로 있을 때 그의 주요 업무는 황제의 별자리를 봐주는 것이었다. 케플러는 점성술 달력을 출판했는데, 인기가 아주 좋아 연구비용을 충당할 수 있을 정도였다. 그는 별자리를 “어머니 천문학을 먹여 살리는 비참한 딸”이라고 했다.

16세기 유럽에서 천문학이 발달한 것은 지구의 기온이 섭씨 1도 내려가 혹독한 추위가 닥친 소빙하기小氷河期라는 기상이변과 초신성 폭발 그리고 교회력에서 중요한 하지夏至와 태양 고도를 맞추기 위한 그레고리력Gregory曆 도입 등이 표면적인 이유다. 하지만 당시 유럽의 왕들이 별자리를 좋아해 연구비용을 후원했기 때문이기도 하다.

스위스의 정신의학자이자 분석심리학의 개척자인 칼 융은 인간의 성격을 외향성/내향성으로 구분하고, 다시 사고—감정—감각—직관의 네 유형으로 나누었다. 이는 MBTI 심리 테스트의 바탕이 되고 있는데 칼 융 심리학의 근간은 별자리다. 그는 신화와 별자리가 심리학의 모든 고대 지식을 요약한 것이라고 봤다.

심리학psychology이라는 단어도 그리스 신화의 프시케Psyche에서 유래됐다. 프시케는 사랑의 신 에로스Eros의 아내인데, 고대 그리스에서 숨, 마음, 영혼의 뜻으로 쓰였다. 그리스·로마 신화는 세대를 거듭해 오늘날까지 이어져 온 인류의 위대한 정신이자 지식의 창고, 상상력의 원천으로 대접받는다. 르네상스 시대에는 위대한 화가의 그림으로, 현대에 와서는 기업의 브랜드와 로고로 흔하게 쓰인다. 스포츠 브랜드 나이키는 승리의 여신 니케Nike고, 그 로고는 니케의 날개다. 아모레 퍼시픽은 글로벌 브랜드로 나서면서 제우스Zeus의 아내, 그리스 최고의 여신 헤라Hera를 앞세웠다. 나이키를 입고 신으면 승리의 여신 니케의 도움으로 승리하고, 화장품 헤라를 바르면 어쨌든 그리스 최고의 신이자 바람둥이 제우스를 차지한 부인 헤라처럼 예뻐질 것 같은 기분이 들게 되는 것이다. '21세기 비틀즈'로 불리는 방탄소년단은 명왕성(《134340》)과 그리스 술의 신 디오니소스(《Dionysus》)를 노래하며 세계인과 통했다.

별자리는 그리스·로마 신화와 함께, 사람의 사고와 성격유형에 대한 패턴인식을 상징화한 심리학의 원형이다. 헤라클레이토스Heracleitos는 성격이 곧 운명이라고 했다. 별자리를 안다는 것은 삶의 지도 하나를 얻는 것이다. 인생이라는 망망대해에 자신의 별자리, 삶의 지도를 알면 내가 누구인지, 어떻게 살 것인지를 생각하는 데 도움이 된다. 좋은 와인은 그냥 마셔도 좋지만 품종과 토양, 빈티지 그리고 와인에 얽힌 특별한 스토리를 알고 마시면 더 맛있는 것과 같다.

물론 지도를 얻었다고 그대로 살아지는 것은 아니다. 지도와 내비게이션은 다르다. 지도에서 길을 찾고 살아가는 것은 지도를 읽는 본인의 선택이다. 별자리는 사건을 예측해 방향을 지시해주는 것이 아니라 나와 너, 우리 인간을 이해하는 하나의 도구로 받아들여야 한다. 지피지기知彼知己라 해서 무조건 백전백승百戰百勝하는 것도 아니다. 별자리와 《주역周

易》의 대가 제갈량도 천하통일을 이루지 못했다. 하지만 나는 누구인지, 나는 왜 이런 선택을 하고 저 사람에 끌리는지, 하는 패턴을 아는 것만으로 삶은 한결 수월해진다. 별자리를 알면 먼저 자기 자신을 알게 되고, 타인을 이해하는 방법을 배우게 될 것이다. 그러면 세상은 지금까지와 다르게 보이고, 무엇보다 내 삶의 고유한 가치를 깨달아 행복에 이르는 길을 찾게 될 것이다.

별자리, 믿거나 말거나?

잡지와 신문은 물론 은행 홈페이지와 각종 애플리케이션에서 별자리 운세를 볼 수 있다. 흔히 양자리는 불처럼 급하고 직진 본능이 있고, 황소자리는 느긋하게 자연을 사랑하며, 천칭자리는 우유부단한 유미주의자라 말한다. 그런데 황소자리지만 양자리보다 말과 행동이 빠른 사람들도 있기 마련이다. 그래서 별자리에는 늘 "믿거나 말거나"라는 수식어가 붙는다.

사람들이 천칭자리, 황소자리라고 하는 것은 그 사람의 태양별자리 Sun Sign를 말한다. 더 정확히 말하면 그 사람이 태어난 시간, 태어난 장소의 하늘에서 태양이 어느 별자리에 위치해 있는지를 알려주는 것이다. 별자리를 읽는다는 것은 한 사람이 태어난 시간과 지역의 하늘을 360도 스캔해 태양과 달, 수성·금성·화성·목성·토성·천왕성·해왕성·명왕성의 위치를 열두 별자리에 대입해 보여주는 네이탈 차트Natal chart를 보는 것이다. 별자리를 열두 가지로만 나누어 이야기하는 것은 명리학으로 치면 팔괘 중에서 월지月支만 이야기하는 것이다.

나도 별자리에 대해 깊이 공부하기 시작하기 전에는 사람을 어떻게 열두 가지로 나누냐며 편견을 가지고 있었다. 90년대 대학교 교양 수업에서 《화성에서 온 남자 금성에서 온 여자》라는 연애학 책을 읽었을 때도 도대체 왜 남자와 여자를 이분법적으로 구분하는지 이해할 수 없었다. 최근 다시 읽어보니 갈등이 생겼을 때 동굴로 들어가는 남자는 염소자리고, 이야기로 풀려는 여자는 쌍둥이자리나 천칭자리쯤 될 것이다. 어차피 사람은 저마다 소우주라 너와 나는 남자와 여자가 다른 것보다 더 많이 다르다.

네이탈 차트에는 수많은 정보가 포함되어 있다. 처음 내 별자리의 차트를 펼쳐 보았을 때 어떻게 그 안에 내 직업과 건강, 돈, 부모와 형제, 친구들, 섹스 스타일은 물론이고 전 애인과 헤어진 이유까지 내 인생의 모든 것이 들어 있는지 깜짝 놀랐다. 요즘은 누구나 컴퓨터 프로그램, 모바일 어플리케이션으로 자신의 네이탈 차트를 볼 수 있다. 다만 차트를 본다고 바로 읽을 수는 없다. 기호학을 바탕으로 상징을 읽어내려면 통찰력과 직관이 필요하기 때문이다. 신화나 전설을 재미있는 이야기로 읽을 수도 있지만 그 안에 숨은 상징을 해석하는 것은 전혀 다른 것과 마찬가지다.

차트의 수많은 기호와 상징이 담고 있는 정보를 모조리 통합해 읽는 것은 인공지능으로도 불가능하다. 차트는 한 사람의 인생 개요를 담고 있는 설계도다. 교향악의 악보나 정신분석에서 질병 소인素因과 같은 것이다. 똑같은 텍스트도 읽는 사람에 따라 전혀 다르게 해석할 수 있듯, 쌍둥이라고 해서 같은 삶을 사는 것은 아니다. 타고난 차트에서 삶의 경험과 주변인의 영향을 통해 어떤 성향이 강화되고 어떻게 변화하는가 하는 변수들을 모두 통제할 수는 없다. 70억 명의 지구인들은 모두 개별적 존재로 저마다의 인생을 살아가고 과거 현재 미래를 통틀어 똑같은 삶을 사는 사람은 없다. 인공지능이 사람보다 훨씬 뛰어난 능력을 구축

했다고 하지만 완벽하지는 않아서 이세돌 9단에게 패하기도 했다. 우리는 인공지능의 버그를 유도한 이세돌의 '신의 한 수'보다 더 자주 뜻밖의 선택을 하고, 세계에서 가장 뛰어난 슈퍼컴퓨터로도 날씨 예측은 번번이 틀린다!

열두 별자리로 이해하는 나

> 인간의 정신생활이 우주적 차원의 모든 도전, 낮과 밤의 교차나 태양의 지배, 원자들의 움직임을 포함한 모든 것과 얼마나 밀접한 관계를 갖고 있는지…….
>
> —알프레드 아들러Alfred Adler

서른 살 즈음 아버지가 심근경색으로 쓰러졌다. 갑자기 가장이 되어 병원비와 생활비를 벌기 위해 방송과 홍보, 대필 등 닥치는 대로 일을 했다. 그러던 어느 날 방송 프로그램을 그만뒀고, 결혼하자던 남자는 연기처럼 사라졌다. 너무 바빠 출퇴근 시간도 아깝다며 혼자 여의도 오피스텔에 살고 있었는데 아무것도 할 수 없어 한 달 동안 술만 마셨다. 어느 날 열이 올라 밤새 혼자 끙끙 앓다가 아침이 되어서야 겨우 병원에 기어갔더니 체온이 40도가 넘었다. 이대로 죽어도 아무도 모르겠구나 싶어 덜컥 겁이 났다. 그래서 모든 일을 정리하고 스페인의 산티아고 순례길을 떠났다. 그리고 1년 후, 별자리를 공부하기 시작했다. 별자리 상담도 하고, 조선의 왕이나 연예인들 차트도 열어보고, 그동안 백만 스물두 명의 차트를 읽어봤지만 그중 나는 내 자신의 차트를 가장 많이 읽는다.

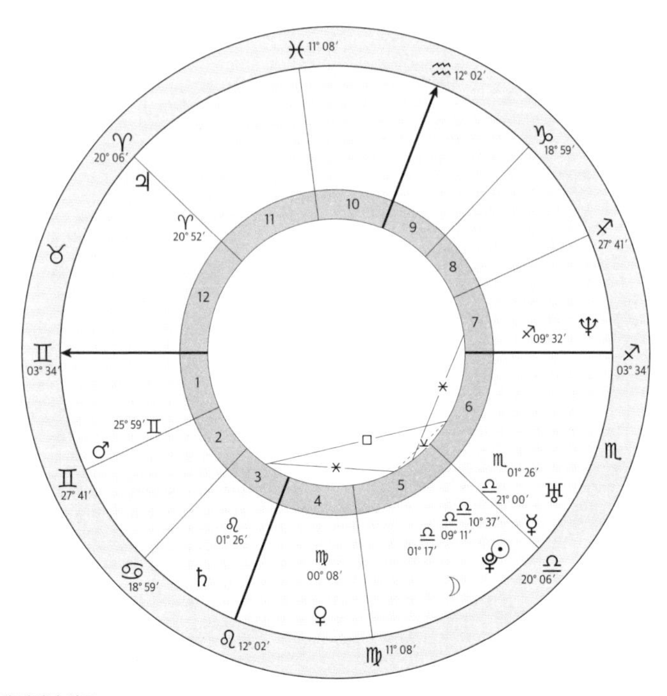

저자의 네이탈 차트

1975년 10월 4일 저녁 8시 40분 서울에서 태어난 나의 네이탈 차트이다.

처음 차트를 보면 도대체 뭐가 뭔지 몰라 어리둥절하다. 자세히 보면 태양도 보이고 달도 보인다. 우리가 화장실에서 흔히 보는 화성과 금성 표시도 보이는가? 찬찬히 보면 다 보인다. 여자 화장실 앞에 금성 기호 ♀를, 남자 화장실 앞에 화성 기호 ♂를 쓰는 것은 금성이 미의 여신이고 화성은 전사이기 때문이다.

별자리 운세에서 보았던 열두 별자리 기호도 기억날 것이다.

태양	달	수성	금성	화성	목성	토성	천왕성	해왕성	명왕성
☉	☽	☿	♀	♂	♃	♄	♅	♆	♇

양자리	황소자리	쌍둥이자리	게자리	사자자리	처녀자리
♈	♉	♊	♋	♌	♍
천칭자리	전갈자리	사수자리	염소자리	물병자리	물고기자리
♎	♏	♐	♑	♒	♓

우리가 살고 있는 지구에 가장 중요한 에너지의 근원은 태양이기 때문에 태양별자리는 그 사람이 자신을 어떻게 드러내는지, 그 사람의 기본적인 에너지와 의지, 취향을 말해주는 중요한 별자리다. 행성은 영靈·혼魂·체體를 뜻하는 세 가지 부호 원 ○, 반원 ◡, 십자 +의 조합으로 표시된다. 태양Sun ☉은 영靈을 상징하는 원의 가운데에 그 영을 집약한 점이 있다. 태양별자리는 그 사람의 자아ego이자 존재의 핵심이고, 모든 존재의 목적은 태양이 만물을 비추듯 자신의 힘과 빛을 내뿜는 것이다.

나는 태양별자리가 천칭자리♎다. 잠이 많고, 최선의 선택을 위해 최후까지 결정을 미루지만, 한번 결심하면 끝까지 밀어붙이고 고집을 꺾지 않는다. 관계 지향적이라 사람들과 대화하는 것을 좋아하는데, 때때로 가벼운 화제를 가지고도 상대와 반대의 입장을 취해 논쟁하기도 한다. 그리스 신화의 미의 여신 아프로디테Aphrodite(로마 신화의 비너스Venus로 행성은 금성)의 지배를 받아 아름답고 우아한 삶을 추구한다. 피나 침, 더럽고 지저분한 것을 참을 수 없어 스릴러나 공포영화는 좋아하지 않는다.

태양 다음으로 지구에 많은 영향을 미치는 것은 달Moon ☽이다. 달은 태양의 빛을 받아 보존하고 반사한다. 보름달이나 반달이 아닌 초승달이 달의 기호가 된 것은 물건을 담는 그릇의 원형으로 달의 수용성을 강조한 것이다. 태양이 인격의 의식적인 측면과 의지라면, 달은 무의식적인 측면과 변화하는 운명을 말한다. 달별자리는 그 사람의 내면과 무의식, 세상을 이해하고 받아들이는 방식, 절대로 고쳐지지 않는 습관, 전생, 양육 방식 등을 말해준다. 달이 바다의 밀물과 썰물, 여성의 생리 주기에만 영향을 미치는 것은 아니다. 그날그날의 컨디션도 달별자리의 영향을 받는다. 지금 이 글을 쓰고 있는 날은 달이 염소자리에 있다. 전통과 옛것에 끌리고, 오래 간직하고 싶은 것을 사거나 계약하기 좋은 날이다. 금전운을 좋게 하려면 황소자리 달 황소자리 날에 녹색 지갑을 사라고 한다.

나는 태양별자리와 달별자리가 모두 같은 천칭자리다. 그래서 천칭자리 에너지가 강하다. 덕분에 어려서부터 부모에게 특별히 대우를 잘 받았다. 열 살 때쯤 어머니가 내게 피아노 교습을 해주려 한 적이 있었다. 집안 형편이 넉넉하지 않았는데 친구들도 잘 몰랐다. 어머니는 "이상하게도 네게 뭔가 필요할 때는 형편이 좀 좋아지더라"라고 하셨다. 그러나 나는 학원 선생이 30센티미터 플라스틱 자를 세워서 친구의 손등을 때리는 모습을 보는 바람에 피아노를 배우지 못했다. 천칭자리는 폭력을 싫어하고 평화를 사랑한다. 비폭력 저항운동으로 유명한 인도의 정신적 지도자 간디가 천칭자리다.

★간디Mahatma Gandhi 1869년 10월 2일
태양별자리_천칭자리♎ * 달별자리_사자자리♌

나처럼 태양과 달이 같을 수도 있지만 서로 다른 경우가 더 많다. 지구는 태양을 한 바퀴 도는 데 1년이 걸리므로 태양별자리는 한 달마다 바뀌고, 달은 지구를 한 바퀴 도는 데 한 달이 걸리므로 달별자리는 약 2.5일마다 바뀐다. 태양별자리가 같은 천칭자리라 하더라도 달별자리는 다시 열두 별자리 중 하나가 된다. 태양별자리와 달별자리의 조합만으로 144가지의 유형으로 나뉜다.

태양과 달 다음으로 중요한 동쪽 별자리Rising Sign는 태어난 시간 동쪽 지평선 상에 위치한 별자리다. 차트의 주인을 잘 모르는 제삼자가 봐도 알 수 있는 외적 인격, 외모 등을 말해준다. 페르소나persona, 가면의 별자리라고 하는데 중세시대에는 이를 더 중시했다. 사람에 따라 태양별자리보다 달별자리나 동쪽 별자리의 성격이 발달한 경우도 있다. 태양과 달의 위치도 중요하고, 셋 이상의 행성이 같은 별자리에 있는 경우 그 별자리가 강조되기 때문에 이달의 별자리 운세는 믿거나 말거나다.

나의 동쪽 별자리는 쌍둥이자리Ⅱ다. 피아노를 배웠다면 잘 쳤을 것 같다는 말을 많이 듣는데, 손가락과 팔다리가 긴 편이다. 때로 남자의 손을 보고 끌리기도 한다. 나는 세상의 모든 얕고 넓은 지식을 소통하는 방송작가다. 5분이면 누구와도 친해질 수 있어 택시기사와 드라이브를 하고 궁금한 것을 못 참아 영화의 스포일러를 좋아하며, 책의 결말부터 보기도 한다. 특히 추리소설! 서양 속담에 호기심은 고양이를 죽인다고 하는데, 호기심은 고양이뿐만 아니라 쌍둥이자리를 죽일 수 있다. 탐정의 대명사 셜록 홈스를 만들어낸 아서 코난 도일이 쌍둥이자리인데, 계속 똑같은 이야기를 쓰는 게 지겨워 셜록 홈스를 죽였다가 독자들의 요청으로 부활시켰다. 나는 때마다 새로운 주제로 새로운 사람들과 일하는 덕분에 20년 넘게 방송작가를 계속하고 있다.

★아서 코난 도일Arthur Conan Doyle 1859년 5월 22일
태양별자리_쌍둥이자리 ♊ * 달별자리_물병자리 ♒

수다와 이야기를 좋아하는 것은 누구나 다 마찬가지 아닌가, 할 수도 있다. 대학생 때 성당 주일학교 교사를 했는데, 내가 친구와 이야기를 시작하면 사람들이 정신없다면서 제발 한 사람씩 손을 들고 말하라고 했을 정도다. 그때 그 친구도 쌍둥이자리였다. 천칭자리와 쌍둥이자리 모두 수다와 떼려야 뗄 수 없으므로 나는 그냥 수다쟁이로 살기로 했다. 때로 천칭자리나 쌍둥이자리도 과묵할 수가 있는데 그렇다면 그의 수성 별자리Mercury Sign가 전갈자리나 황소자리일 것이다.

수성Mercury ☿은 태양과 가장 가까운 전령의 신Hermes이다. 수성은 태양과 28도 각도 이상 떨어지는 일이 없으므로, 수성 별자리는 대개 태양별자리와 같거나 바로 옆의 별자리가 된다. 수성은 물질에 기반을 둔 영靈이 혼魂의 모자를 쓴 형태다. 수성 별자리는 그 사람의 생각과 판단 그리고 커뮤니케이션에 대해 말해준다. 나는 수성 별자리도 천칭자리다. 자주 쓰는 말은 '한편', '반면에' 등이다. 여러 의견을 조화롭게 말하기 위해 두 가지 예를 드는 것을 좋아한다. 모든 관점을 고려하다 결론을 내리기 어려워하기도 한다. 글을 쓸 때 에필로그가 가장 어렵다.

태양과 달, 수성에 명왕성까지 주요 별자리가 천칭자리에 몰려 있어서 정반대의 별자리인 양자리와 같은 성향을 보이기도 한다. 극과 극은 통하기 때문이다. 내 이마는 양자리의 기호 ♈처럼 가운데 머리가 조금 나온 M 자형이고, 양자리처럼 상체를 앞으로 내밀고 걷는 버릇이 있다.

금성Venus ♀은 미의 여신 아프로디테다. 영이 물질에 기반을 두고 있는 모습으로 인간관계, 미의식, 가치관, 돈 등에 영향을 미친다. 나는 금성의 별자리Venus Sign가 처녀자리 ♍다. 철없던 어린 시절 나의 이상형은

매너 있고 몸매가 좋은, 니트가 잘 어울리는 남자였다.

화성Mars ♂은 금성을 뒤집은 것으로 외부로 분출하는 힘을 상징한다. 루마 신화의 마르스Mars는 그리스 신화의 아레스Ares로 전쟁의 신이다. 화성 별자리Mars Sign는 육체적·현실적 욕망, 삶의 열정에 작동한다. 전쟁은 욕망으로 시작되고, 결국 육체적 싸움으로 끝난다. 나는 쌍둥이자리♊다. 재미있고 가볍게 살고 싶어 하며, 유머러스하고 말이 잘 통하는 남자에게 끌린다. 금성이 모든 감각에 작용한다면 화성은 모든 운동기관을 지배한다.

목성Jupiter ♃은 십자 위에 비스듬히 놓인 달의 모습이다. 로마의 주피터는 그리스 최고의 신 제우스인데 목성은 태양계 행성 가운데 가장 크다. 그래서 목성 별자리는 종교와 철학, 의식의 확장, 성숙에 영향을 주고, 목성을 만족시키면 행복하다고 한다. 또한 외국에 나가면 목성의 별자리를 따라 살게 된다. 나는 지금까지 외국 여행을 즉흥적으로 결정해 나가는 경우가 많았고, 외국에서 무척 용감해진다. 도보 3분 이상은 무조건 택시였던 내가 첫 해외여행으로 혼자 까미노 데 산티아고Camino de Santiago를 선택하고 800킬로미터를 걸었던 것도 목성 별자리가 양자리♈인 영향이 있었을 것이다. 그때 나는 어린아이처럼 내가 하고 싶은 대로 사는 것이 행복하다는 것을 배웠다.

토성Saturn ♄은 목성을 뒤집은 것이다. 반원이 십자 아래 있어, 교회나 묘지의 십자가 같은 모습이다. 토성 별자리Saturn Sign는 통제와 시공간의 제약으로 안정감에 영향을 준다. 달이 엄마라면 토성은 아버지, 선생님이다. 토성은 그리스 신화의 시간의 신인 크로노스Cronos, 즉 로마 신화의 농업의 신 사투르누스Saturnus다. 나의 토성 별자리는 사자자리♌다. 잘한다고 칭찬받을 때와 미용실에 가서 머리할 때 안정감이 든다. 누구나 칭찬받으면 좋아한다. 그러나 사자자리는 거짓말로 칭찬해도 기뻐하지만 처녀자리라면 정당하지 않은 칭찬을 거절하고, 전갈자리라면 당신을 혐오할 수도 있다. 한 번 시도해보라. 당신에 대한 평가가 나빠져도 내가 책임지지는 않겠다.

천왕성Uranus ♅, 해왕성Neptune ♆, 명왕성Pluto ♇은 태양과 아주 멀리 떨어져 있어 공전주기가 길다. 세 외행성의 별자리는 개인사보다는 세대 전반에 걸쳐 커다란 영향을 미친다. 다른 행성들과 어떤 각도를 맺는지에 따라 특성을 변화시키기도 한다. 파블로 피카소와 마크 저커버그, 스티브 잡스를 생각해보자. 세 사람의 공통점은 트레이드마크처럼 항상 똑같은 옷을 입고 다닌다는 것이다. 피카소는 줄무늬 티셔츠, 저커버그는 회색 티셔츠 혹은 후드 티셔츠를 즐겨 입고, 스티브 잡스는 늘 검은 터틀넥과 청바지를 입었다. 피카소는 태양별자리가 전갈자리고, 마크 저커버그는 달별자리가 전갈자리다. 전갈자리는 무엇이든 통제control하고자 하는 본능이 강해, 불필요한 것들은 가차 없이 제거해버린다. 스티브 잡스는 달과 토성, 명왕성이 특별한 각도를 맺고 있어 전갈자리와 같은 성격이 나타난 것이다.

★파블로 피카소Pablo Picasso 1881년 10월 25일
태양별자리_전갈자리♏ * 달별자리_사수자리♐

★마크 저커버그Mark Elliot Zuckerberg 1984년 5월 14일
태양별자리_황소자리♉ * 달별자리_전갈자리♏

★스티브 잡스Steve Jobs 1955년 2월 24일
태양별자리_물고기자리♓ * 달별자리_양자리♈

전형적인 천칭자리는 얼굴이 뽀얗고 보조개가 있으며 미인이 많은데 안타깝게도 나는 태양과 달 사이에 명왕성이 자리 잡고 있으면서 화성

과 90도 각도를 맺고 있다. 그러나 명왕성에 물들었다 해도 나는 천칭자리다. 내가 별자리 공부를 좋아하는 것은 다른 사람들의 다양한 모습을 모두 이해하고 판단하는 것이 재미있기 때문이다. 명왕성의 영향으로 10년 넘게 깊이 공부해올 수 있었겠지만, 가장 관심이 가는 것은 역시 천칭자리답게 사람과 사람의 관계이고, 신화와 《주역》, 천문학, 심리학까지 폭넓게 공부하고 있다. 별자리를 공부하고 상담하면서 왜 동양의 사주명리四柱命理를 두고 서양의 어스트랄러지냐고 묻는 이들이 많아 명리학을 잠깐 배웠다. 별자리와 명리는 모두 한 사람의 인생을 생년월일시를 토대로 풀이하므로 내용은 크게 다르지 않다. 기본은 성격학이고 시와 때에 따른 운을 이야기한다. 내게는 별자리가 더 익숙하고 재미있는데 기회가 된다면 별자리와 명리학의 상관관계를 연구해보고 싶다.

태양별자리만 알아도 그 사람의 70퍼센트는 알 수 있다고 한다. 그러나 부모나 배우자, 직업에 따라 혹은 특별한 계기로 달별자리나 동쪽 별자리가 유난히 발달하는 경우도 있다. 특히 역사를 바꾼 인물들은 달별자리의 특질이 강하게 나타나는 경우가 있는데, 달별자리가 무의식과 내면, 시대적 숙명을 받아들이는 방식과 관련이 있기 때문이다. 나를 쌍둥이자리로 알아보는 사람들이 많다. 겉으로 보이는 외모뿐 아니라 직업적 특성에 의해 쌍둥이자리가 발달했기 때문이다. 팔다리가 길고 말이 빠르며, 방송작가로 일할 때 섭외의 달인으로 통했다. 동시에 여러 가지 일을 벌이는 멀티플레이어이기도 하다.

이렇게 네이탈 차트를 읽는 것은 행성과 별자리의 상징, 관계를 파악하는 것으로 시작한다. 차트의 원은 열두 개의 조각으로 나뉘어 있는데, 이것을 하우스House라 한다. 각 하우스에 어떤 별자리와 행성이 위치했는지, 가운데 작은 원에 선들로 표시된 행성 간의 각도 등에 따라서도 인생이 달라진다. 이 모든 정보를 통합하고 해석하여 한 사람의 인생을 살펴본다. 그래서 별자리를 '읽는다' 혹은 네이탈 차트를 '읽는다'고 한다. 언제 결혼할 것인지, 돈을 많이 벌 수 있는지와 같은 사건의 예측이 아니라 한 사람의 개성을 이해하고 그 잠재력과 가능성을 아는 것이다. 내 차트를 보면 가장 안타까운 것은 결혼하기 어려운데(해체 에너지의 해왕성이 일곱 번째 결혼 하우스에 있다), 사랑을 하면 '이 죽일 놈의 사랑'처럼 목숨 걸고 한다(다섯 번째 사랑과 놀이 하우스에 명왕성이 있다)는 것이다. 가장 좋은 것은 일하는 것이 노는 것이고, 노는 것이 일하는 운명(다섯 번째 하우스에 주요 행성이 몰려 있고, 일과 건강 여섯 번째 하우스가 천칭자리 하우스다)이란 것이다. 이는 때에 따라 좋기도 하고 싫기도 하다.

나는 방송작가로 20년 동안 마감을 어긴 적이 없다. 생방송을 많이 해 시간에 민감하다. 그런데 약속 시간에는 5분 정도 늦는 못된 습관이 있었다. 별자리 공부할 때도 마찬가지였다. 선생님은 내가 늦잠을 잤는지(천칭자리는 잠이 많다), 오는 길에 쇼핑에 한눈을 팔았는지(쌍둥이자리는 쇼핑을 좋아한다) 물었다. 아니었다. 도대체 왜 나는 약속에 늦을까? 물론 서울의 교통 상황을 고려하면 5분에서 10분 정도는 양해할 수 있다. 하지만 약속을 칼같이 지켜야 하는 사람들도 있다. 특히 처녀자리나 염소자리와 약속하면 절대 늦지 말아야 한다. 중요한 약속에 늦어 미안하다는 소리부터 시작할 필요는 없다. 오랜 관찰과 숙고 끝에 알아낸 것은 휴대전화다. 휴대전화는 쌍둥이자리를 위한 발명품인데, 외출 준비를 하다가 휴대전화가 울리면 메신저나 통화를 하다 늦는 것이었다. 휴대전화를 가방에 먼저 넣고 외출 준비를 하면서 약속에 늦는 버릇을 고쳤다. 이처럼 별자리를 알면 작은 습관의 개선부터 커다란 인생의 목표 수정까지 다양하게 활용할 수 있다.

왜 천칭자리는 평화를 사랑하고, 쌍둥이자리는 멀티플레이어인지 궁금할 것이다. 그것이 이 책의 본문이다. 열두 별자리의 기호와 상징, 그에 얽힌 신화를 통해 조선 왕들의 생애와 업적 그리고 그런 인생을 선택한 배경과 마음을 읽을 것이다. 별자리를 읽는 방법에 대한 책이 아니므로 태양별자리와 달별자리를 중심으로 이야기하려 한다.

이미 알려진 유명인의 인생사로 별자리를 설명하는 것은 이야기하기 좋게 끌어다 붙이는 아전인수我田引水 격이 아닌지 의심받을 수 있다. 관점에 따라 인물에 대한 평가가 다를 수도 있다. 그러나 별자리와 네이탈 차트에 대한 해석을 전혀 모르는 이들도 친숙한 인물의 삶과 별자리의 상관관계를 쉽게 이해할 수 있을 것이다.

이 책을 읽으며 당신의 별자리를 찾아보기 바란다. 어느 왕의 이야기에 끌리는지, 자신과 비슷한 모습을 보이는 왕은 누구인지를 생각하며 읽고 자신의 네이탈 차트를 확인해보자. 웹사이트 astro.com이나 alabe.com/freechart 등에서 회원가입 없이 자신의 차트를 무료로 확인해볼 수 있다. 양력 생년월일과 태어난 시간, 그리고 태어난 도시의 정보를 알고 있어야 한다. 서울의 하늘과 뉴욕의 하늘은 다르다. 내가 만일 서울이 아니라 뉴욕에서 같은 날 같은 시간에 태어났다면 동쪽 별자리가 천칭자리가 되고 행성들의 위치도 조금씩 달라진다.

기억하라! 우리는 모두 별에서 온 물질로 만들어진 천문학자의 후손이다.

김은주

차례

♎ ♏ ♐ ♑ ♒ ♓

♈ ♉ ♊ ♋ ♌ ♍

序

왕은 태어나는가, 만들어지는가?

오늘날 한국인에게 조선의 왕이란 어떤 존재일까? 방송작가로 20년 넘게 맛집과 여행, 휴먼 등의 교양·다큐 프로그램을 만들어왔는데, 왕들에 대한 이야기는 언제나 재미있는 소재였다. 만 원권 지폐 뒤에 새겨진 별자리 지도, 5개월 동안 17만 3,000여 명의 백성에게 여론조사를 실시한 세종 등 왕에 얽힌 이야기는 누구나 좋아한다. 귀하고 맛있는 음식이라면 "임금님 수라상에 올랐다"는 한마디로 끝난다. 기록문화가 뛰어난 우리나라는 《조선왕조실록》을 비롯해 왕에 대한 재미있는 이야기가 무궁무진하다. 나는 20년 동안 그런 이야기를 수백 개쯤 써먹었다.

요즘은 작가가 방송 촬영에 함께 가는 경우가 많지만 예전에는 전화로만 일했다. 취미로 사진을 찍기 시작하면서 그때에 대한 반성과 후회를 담아 한 달에 한 번 한 도시 여행을 다닌 지 5년이 넘었다. 전국 어느 도시에서든 왕들의 이야기와 역사를 만날 수 있다. 현장에서 만나는 이야기는 더 재미있고 맛깔스럽다. 수원 왕갈비는 원래 맛있지만, 계획도시 화성과 정조의 이야기를 알고 먹으면 더 맛있다. 섬도 다리로 잇는 세상에 청령포淸冷浦는 왜 굳이 배를 타야 하는가 싶지만, 배를 타고 건너면 육지고도陸地孤島에 갇혔던 단종의 외로운 마음이 더욱 실감 나게 느껴진다. 현장에서 직접 보고 듣고 맛보는 여행에 왕들의 이야기를 더해 조각조각 역사를 만나다 보니 "태정태세문단세~"로 시작해 연도와 사건과 이름을 외우던 국사 수업이 무척 아쉬웠다.

마치 학생이 답사를 다니듯 박물관과 기념관을 다니고, 문화재와 유적지의 현장 설명문들을 읽다 보니 궁금한 것이 더 많아졌다. 신도비神道碑에는 진짜 어떤 내용이 쓰여 있는가 알고 싶은데 잘 보이지도 않고 한문이라 읽을 수가 없었다. 호기심은 쌍둥이자리를 죽일 수 있기 때문에 방법을 찾았다. 국립문화재연구소 문화유산 연구지식포털에서 현대어로 풀이해놓은 금석문을 읽어보고, 국사편찬위원회 웹사이트에서 한글로 번역해놓은 《조선왕조실록》을 읽었다. 친구들은 나의 SNS를 보며 맛집이나 여행, 역사 관련 프로그램을 맡은 것이 아닌가 묻기도 했다. 일이 아니라 놀러 다닌 것이었지만 결과적으로 이 책을 쓰게 됐다.

봉건시대에 왕은 하늘이 낸다고 했다. 왕王이라는 글자는 천天, 지地, 인人을 나타내는 세 개의 일一이 뚫을 곤丨으로 연결된 모습이다. 왕은 정실이 낳은 첫아들, 즉 적장자 계승이 원칙이었으나 조선의 스물일곱 왕 가운데 적장자는 일곱 명뿐이다. 방계傍系의 서자 혹은 서자 가운데에서도 첫째가 아닌 둘째나 셋째가 왕이 되기도 했다. 사도세자思悼世子의 서자인 은언군恩彦君이 낳은 서6남의 셋째 아들이었던 강화도령 철종은 과연 하늘이 낸 왕일까? 사도세자의 아들 정조가 죽기 직전에 선택한 안동 김씨 외척이 만들어낸 것일까?

적장자가 왕이 되었다 해서 모두 성군이 된 것도 아니다. 문종, 단종,

연산군, 인종, 현종, 숙종, 순종 가운데 제대로 왕 노릇을 한 사람은 몇 안 된다. 성군이라고 해서 모두 선하고 옳았던 것만도 아니다. 우리가 가장 사랑하는 조선의 왕 세종대왕은 한글을 만들고 천문과 농사에 힘쓴 애민의 왕이다. 그러나 며느리들을 내쫓았고, 세조와 단종의 비극을 초래했다. 조선 후기 전성기를 이끈 영조는 성군인가? 영조는 아들 사도세자를 죽게 했고, 역적을 죽이기 위해 직접 칼춤을 추며 망나니 노릇도 했다.

별자리는 예로부터 여행자와 항해자의 길잡이였으며 지금도 인공위성이나 혜성을 추적하는 데 이용된다. 또한 동서양을 막론하고 나라의 운명, 전쟁의 승패, 사람의 길흉화복을 점치기도 한다.

“밥이 하늘이다”라고 했던 세종은 먹는 데 목숨 거는 황소자리다. 황소자리 세종은 백성의 밥, 농사를 위해 조선의 하늘을 연구했다. 그러나 자식 사랑과 며느리에 대한 욕심이 지나쳐 며느리들을 내쫓았다. 단종의 비극이 시작된 계유정난癸酉靖難 때 세종이 내쫓지 않은 둘째 며느리(정희왕후貞熹王后)가 수양대군首陽大君에게 갑옷을 입혀주었다. 세조는 김종서金宗瑞의 머리에 철퇴를 내릴 때 막냇동생 영응대군永膺大君 이염李琰의 부인을 문제 삼았는데, 세종은 늦둥이 막내를 세조에게 특별히 부탁했었다. 전갈자리♏는 권력욕이 강하고 통제가 키워드다. 불필요다고 생각하는 것은 가차 없이 제거한다. 전갈자리 영조는 세자가 자신의 뜻대로 되지 않고, 병적으로 사람들을 죽이기까지 하니 제거한 것이다. 세손이 이미 11세로 충분한 대안이 되었으므로, 사도세자는 위험할 뿐 아니라 불필요한 존재였다.

> 하늘과 사람 사이에 감응感應하는 이치는 지극히 말하기 어렵습니다.
>
> —《태종실록》 13권, 7년(1407) 6월 1일

왕에 대한 평가는 과거부터 지금까지 계속 달라지고 있다. 하늘과 땅이 감응하듯 과거와 현재, 미래도 서로 감응한다. 우리에게 친숙하지만 잘 모르는 조선의 왕들을 별자리와 함께 살펴보고 그 생각과 마음을 헤아려보자.

그리스 신들에게는 본능과 욕구만 있을 뿐 선과 악이 없다. 신화나 전설 같은 옛날이야기에서 누가 옳고 그른가보다 중요한 것은 그 안에 담긴 인간의 본성과 상징이다. 마찬가지로 별자리는 나와 너가 다르고, 죽었다 깨어나도 이해하지 못할 것 같은 원수의 마음도 틀린 것이 아니라 다른 것임을 알려주는 성격유형의 예이다.

열두 별자리 고유의 가치와 의미를 되새기며 왕은 태어나는지 만들어지는지, 나는 누구이고 타인을 어떻게 이해할 것인지, 스스로 행복에 이르는 길은 어떻게 만들어갈 수 있을지 한번 생각해보기 바란다.

일러두기 ① 열두 별자리

	별자리	날짜	음양	4원소	상태	키워드
1	♈ 양자리	3월 20일(춘분) ~4월 20일	+	불	Cardinal	탄생, 개척자
2	♉ 황소자리	4월 20일(곡우) ~5월 21일	-	흙	Fixed	욕망, 소유
3	♊ 쌍둥이자리	5월 21일(소만) ~6월 21일	+	공기	Mutable	생각, 소통
4	♋ 게자리	6월 21일(하지) ~7월 22일	-	물	Cardinal	어머니, 보호
5	♌ 사자자리	7월 22일(대서) ~8월 23일	+	불	Fixed	자아, 창조
6	♍ 처녀자리	8월 23일(처서) ~9월 23일	-	흙	Mutable	봉사, 분석
7	♎ 천칭자리	9월 23일(추분) ~10월 23일	+	공기	Cardinal	조화, 균형
8	♏ 전갈자리	10월 23일(상강) ~11월 22일	-	물	Fixed	통제, 죽음
9	♐ 사수자리	11월 22일(소설) ~12월 22일	+	불	Mutable	여행, 철학
10	♑ 염소자리	12월 22일(동지) ~1월 20일	-	흙	Cardinal	아버지, 수직적 위계
11	♒ 물병자리	1월 20일(대한) ~2월 18일	+	공기	Fixed	개혁, 수평
12	♓ 물고기자리	2월 18일(우수) ~3월 20일	-	물	Mutable	할머니, 꿈

* 별자리 달력은 춘분春分에 시작한다. 절기는 태양의 남중고도를 기준으로 하는데, 해마다 날짜가 하루 이틀 달라지는 것은 인간이 정한 시간과 천체의 움직임이 정확하게 일치하지 않기 때문이다(왼쪽 표는 2021년 기준).

* 1년은 365일이지만 실제 지구의 공전주기는 365.25일이다. 4년에 한 번 1년이 366일인 윤년을 두는 것은 하늘의 시간과 맞추기 위한 것이다. 불규칙한 지구의 자전 때문에 2017년에는 윤초, 1초를 추가했다.

* 서기전 45년부터 시행된 율리우스력Julius曆의 한 해의 길이는 정확히 365일 6시간이다. 이는 천문학적으로 계산한 1년보다 약 11분 14초가 길다. 제1차 니케아 공의회(325년)는 부활절을 춘분 후 만월 다음에 오는 일요일로 정했는데, 이로부터 1,250여 년이 지난 16세기 후반에 이르러서는 차이가 누적되어 춘분일이 당시보다 열흘이 빨라진 3월 11일 즈음이 되었다. 교황 그레고리는 1582년 10월 4일 다음 날을 10월 15일로 하고 윤년의 가감을 조정했다. 이것이 그레고리력으로 현재 세계적으로 통용되는 양력陽曆이다.

* 따라서 1582년 이전에 출생한 조선 왕의 별자리의 경우, 실제 하늘과 달력상의 날짜가 약 일주일에서 열흘 정도 차이가 있다. 예를 들어 정종의 경우 음력으로 1357년 5월 16일에 태어났는데, 이를 양력으로 변환하면 7월 18일이다. 현대 달력에 따르면 게자리지만 당시의 하늘에 따르면 사자자리다.

* 별자리는 양과 음으로 나뉜다. 별자리의 양, 음 혹은 차트의 위쪽과 아래쪽, 왼쪽과 오른쪽 어디에 더 많은 행성이 있는가에 따라서도 나뉜다.

* 별자리에서 우주의 기운은 불fire, 흙earth, 공기air, 물water 네 가지로 이루어져 있으며, 이들은 각기 진취적인 상태Cardinal, 고정불변의 상태Fixed, 변화하기 쉬운 상태Mutable 가운데 하나의 상태로 존재한다.

일러두기 ② 조선 왕의 별자리

	왕	생년월일	생시	태양별자리	달별자리
1	태조	1335. 10. 27.	-	♏ 전갈자리	♒ 물병자리 혹은 ♓ 물고기자리(13:40 이후)
2	정종	1357. 7. 18.	-	♌ 사자자리	♌ 사자자리
3	태종	1367. 6. 13.	-	♊ 쌍둥이자리	♐ 사수자리 혹은 ♑ 염소자리 ♐(10:30 이후)
4	세종	1397. 5. 7.	-	♉ 황소자리	♍ 처녀자리 혹은 ♎ 천칭자리(21:40 이후)
5	문종	1414. 11. 15.	-	♐ 사수자리	♐ 사수자리 혹은 ♑ 염소자리 ♐(17:13 이후)
6	단종	1441. 8. 9.	-	♌ 사자자리	♉ 황소자리
7	세조	1417. 11. 2.	-	♏ 전갈자리	♌ 사자자리
8	예종	1450. 1. 14.	유시	♒ 물병자리	♒ 물병자리
9	성종	1457. 8. 19.	술시	♍ 처녀자리	♌ 사자자리
10	연산군	1476. 11. 23.	3경5점	♐ 사수자리	♒ 물병자리
11	중종	1488. 4. 16.	축시	♉ 황소자리	♊ 쌍둥이자리
12	인종	1515. 3. 10.	초경/술시	♓ 물고기자리	♒ 물병자리
13	명종	1534. 7. 3.	인시	♋ 게자리	♈ 양자리
14	선조	1552. 11. 26.	-	♐ 사수자리	♈ 양자리

15	광해군	1575. 6. 4.	-	♊ 쌍둥이자리	♈ 양자리
16	인조	1595. 12. 7.	저녁 이전	♐ 사수자리	♒ 물병자리 혹은 ♓ 물고기자리(16:28 이후)
17	효종	1619. 7. 3.	해시	♋ 게자리	♓ 물고기자리
18	현종	1641. 3. 14.	축시	♓ 물고기자리	♈ 양자리
19	숙종	1661. 10. 7.	묘시	♎천칭자리	♓물고기자리
20	경종	1688. 11. 20.	유시	♏전갈자리	♎천칭자리 혹은 ♏전갈자리(18:12 이후)
21	영조	1694. 10. 31.	인시	♏전갈자리	♈양자리
22	정조	1752. 10. 28.	축시	♏전갈자리	♋게자리
23	순조	1790. 7. 29.	신시	♌사자자리	♓물고기자리
24	헌종	1827. 9. 8.	신시	♍처녀자리	♈양자리
25	철종	1831. 7. 25.	오시	♌사자자리	♒물병자리
26	고종	1852. 9. 8.	-	♍처녀자리	♊쌍둥이자리 혹은 ♋게자리(09:42 이후)
27	순종	1874. 3. 25.	묘시	♈양자리	♋게자리

*왕의 생일은 《조선왕조실록》에 기록된 것을 양력으로 변환했다. 세종의 생일은 음력 4월 10일이다. 양력으로 바꾸면 5월 7일이다. 이를 그레고리력으로 바꾸어 5월 15일, 스승의 날을 정했다고 한다. 그런데 세종이 태어난

1397년은 그레고리력이 생기기 전이므로 이를 변환할 이유가 없다.

* 생시는 《조선왕조실록》과 태지석胎誌石, 《태봉등록胎峰謄錄》 등을 기준으로 했다. 예로부터 태胎는 태아의 생명력을 부여한 것이라 하여 아이가 태어난 뒤에도 함부로 버리지 않고 소중히 보관하거나 땅에 묻었다. 특히 왕실에서는 왕자, 공주 등을 출산하면 명산을 가려 일정한 의식과 절차를 거쳐 묻고 이를 태실胎室, 태봉胎封이라 불렀다. 왕자나 공주의 생년월일시 사주는 태지석에 새겨 함께 묻었는데 생시는 생략된 경우가 많다. 《태봉등록》은 조선 왕실의 태실과 태봉의 조성과 수리 등에 대하여 기록해둔 의궤로 서울대학교 규장각 한국학연구원에 소장돼 있다. 생시의 기록을 찾지 못한 왕이 많다. 오류가 있다면 알려주기 바란다.

* 자시는 밤 11시부터 오전 1시까지지만 동경표준시 기준이 아닌 우리 하늘의 시간에 맞춰 밤 11시 반부터 오전 1시 반으로 계산했다. 별자리 네이탈 차트 프로그램에서 우리나라 시간은 동경표준시 기준이기 때문이다.

* 달별자리는 약 2.5일에 한 번 바뀐다. 따라서 같은 날에도 태어난 시간에 따라 달별자리가 달라질 수 있다. 생시를 모를 경우, 그 사람의 특성을 면밀히 조사해 달별자리를 추정하기도 한다. 역성혁명으로 조선을 개국한 태조는 물병자리일 것이고, 아버지와의 관계나 다른 특성을 보아 태종은 염소자리일 것이다.

1

역성혁명으로 조선을 세운 물병자리 태조

경복궁 사정전思政殿의 〈일월오봉도〉와 〈운룡희주〉 그리고 어좌

〈일월오봉도日月五峯圖〉와 용은 왕의 권위와 존엄을 상징한다. 〈일월오봉도〉는 궁궐의 어좌는 물론 국왕의 초상화 뒤에도 반드시 있어야 하는 병풍으로 조선 왕실만의 독특한 그림이다. 〈운룡희주雲龍戱珠〉는 15세기나 16세기 초의 작품으로 추정되는데, 흥선대원군興宣大院君이 경복궁을 재건할 당시 땅속에서 발견됐다고 한다. 황제를 상징하는 용은 발톱이 다섯 개이나 제후국을 자처한 조선 왕실은 사조룡四爪龍을 그려 스스로 낮췄다.

물병자리♒

1월 20일 대한 ~ 2월 18일 우수

상징 물병을 들고 있는 소년 음(－)의 별자리

원소 공기 **상태** Fixed **지배 행성** 천왕성

★

물병자리는 대한大寒부터 우수雨水까지 겨울이 끝나고 날이 풀리는 시기에 태어난다. 그리스 신화에서 물병자리는 트로이Troy의 왕자 가니메데스Ganymedes 혹은 프로메테우스Prometheus의 아들 데우칼리온Deucalion이라고 한다. 가니메데스는 트로이의 왕자로 제우스에게 납치되어 신들의 식사와 음료를 나르는 임무를 받고 영원한 젊음을 받았다. 지구 나이와 상관이 없지만 별자리 나이로 70대인 이들은 어릴 때부터 어른 같고, 나이 들어서도 어린아이 같다. 상징은 병의 물을 쏟고 있는 소년의 형상인데 공기 별자리로 똑똑한 이들은 세상에 지혜를 전파하러 왔다. 그러나 새봄, 새 세상이 시작되기는 아직 일러 사람들은 앞서가는 그들을 4차원 혹은 외계인처럼 엉뚱한 존재로 인식한다. 천왕성Uranus의 지배를 받아 독립과 혁명, 변화가 키워드다. 옆으로 누워서 공전하는 천왕성처럼 물병자리는 세상의 모든 법칙과 관습을 새롭게 해석하는 혁신적인 세계관과 넘치는 인류애를 가지고 있다. 천재 소리를 듣는 유명인들이 많고 정신병원에도 많다. 그들은 변화를 좋아한다는 것 빼고는 특정하기 힘들다.

#4차원 #외계인 #독립 #혁명 #히피본능 #수평의리더십 #뇌섹남 #신인류

태조의 네이탈 차트

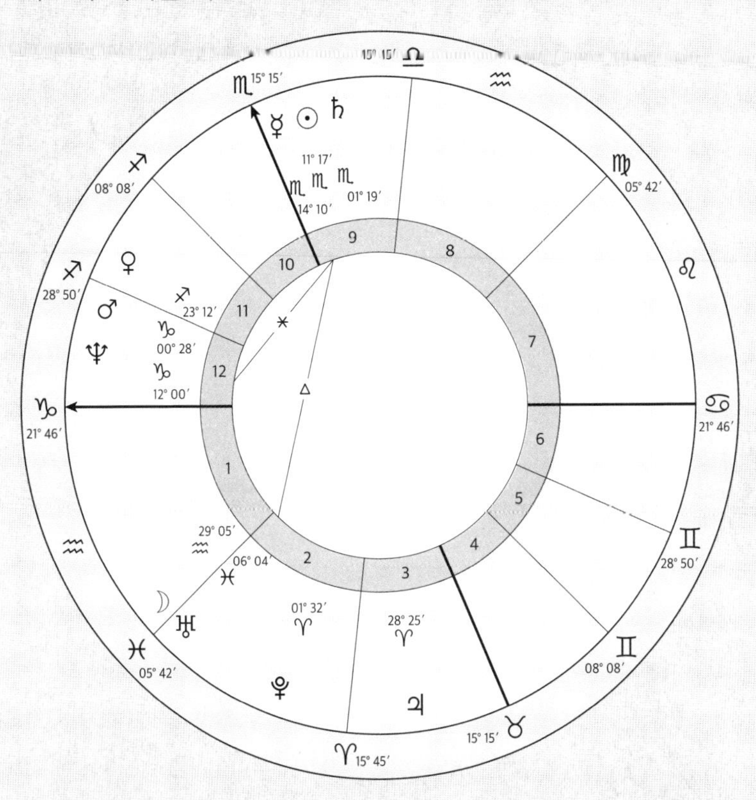

지원至元 원년, 고려 충숙왕忠肅王 4년(1335) 을해 10월 11일 기미己未에 태조太祖를 화령부和寧府 사제私第에서 낳았다.

—《태조실록》 1권, 총서 28번째 기사

태조太祖는 1335년 10월 27일생으로 태양별자리는 전갈자리♏고 달별자리는 오후 1시 40분에 물병자리♒에서 물고기자리♓로 바뀐다. 생시를 모르는 경우, 낮 12시를 기준으로 차트를 뽑고 그 사람의 특징적인 성격과 재능, 부모, 직업 등을 고려해 생시를 보정한다. 태조는 역성혁명으로 조선을 열었으니 물병자리가 맞을 것이다. 게다가 태조의 달 옆에 천왕성이 붙어 있어 영향을 미치고 있다.

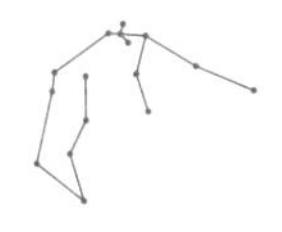

내 지갑 속 별자리 지도

우리는 모두 지갑 속에 별자리 지도 한 장쯤 가지고 다닌다. 지금 갖고 있지 않아도 아주 좋아한다. 만 원권 지폐를 뒤집어보라. 북두칠성이 보이는가? 조선 초기에 제작, 보급된 〈천상열차분야지도天象列次分野之圖〉에 새겨진 별자리다. 국보 228호인 〈천상열차분야지도 각석天象列次分野之圖刻石〉은 1395년도에 새겨진 천문도天文圖로 중국 남송의 〈순우천문도淳祐天文圖〉에 이어 세계에서 두 번째로 오래된 것이다.

봉건시대 왕은 하늘이 낸다 하였다. 왕은 인간이면서 하늘과 합치하는 존재로서 하늘을 대신하여 인간 사회를 통치하는 초월자다. 맹자가 말하길 왕도는 민심을 얻는 것을 근본으로 여기고, 백성을 기쁘게 하면 하늘의 뜻을 얻을 수 있다 했다. 태조는 고려 왕실이 덕을 잃어 만백성을 위하는 새로운 나라가 필요하다며 조선을 개국하여 불교를 탄압하고 유교를 숭상했다. 그러나 500년 동안 고려인으로 살았던 백성들이 하루

2007년부터 발행된 만 원권 지폐 앞면에는 〈일월오봉도〉와 〈용비어천가龍飛御天歌〉를 배경으로 세종대왕이, 뒷면에는 〈천상열차분야지도〉와 혼천의渾天儀, 국내 최대 규모의 보현산 천문대의 광학망원경이 새겨져 있다.

1395년에 제작된 〈천상열차분야지도〉 각석(국보 228호)과 목판본 〈천상열차분야지도〉 〈천상열차분야지도〉는 1,467개의 별을 위치, 궤도까지 정확하게 파악해 그려 놓았는데 밝기에 따라 크기에 차이를 두었다. 중심부 별의 위치를 분석해보니 고구려 때 평양이나 서울에서 본 하늘과 일치한다고 한다. 국립고궁박물관 소장.

아침에 새 나라 새 왕을 받아들일 수 있었을까? 천 년 넘게 믿어온 불교를 버릴 수 있었을까?

> 근래에 천문이 변괴變怪를 보이고, 뭇까마귀가 날아서 모여드니 모두 두려운 일입니다. 지금 두 도성의 역사를 일시에 일으켜 일은 벅차고 힘은 갈리니, 백성을 괴롭힐 뿐만 아니라, 역사도 또한 쉽게 마치지 못할 것 같습니다.
>
> —《태조실록》 6권, 3년(1394) 8월 2일

사람들은 극심한 가뭄과 혜성, 까마귀 떼의 등장으로 조선이 곧 망할 징조라 여기고 불안해했다. 한양 천도에 따른 막대한 경제적 부담도 골칫거리였고, 경복궁을 짓기 위해 노역에 끌려온 백성들은 새 왕조를 원망하기도 했을 것이다.

그러던 어느 날, 한 노인이 고구려 멸망과 함께 대동강에 빠져 사라졌던 천문도를 가져왔다. 사라졌던 천문도가 태조 앞에 나타났으니 조선의 개국이 하늘의 뜻이라 했다. 이 천문도를 교정하고 돌에 새긴 것이 〈천상열차분야지도〉다.

실록에는 꿈에 신이 태조에게 금척金尺을 주면서 "이것을 가지고 나라를 바로잡으라"고 했다고 기록되어 있다. 또 어느 기인이 지리산 바위틈에서 얻은 거라며 바친 것을 보니, 목자木子가 삼한을 바로잡는다는 글이었다. '목자木子'란 이성계李成桂의 성姓 '이李' 자를 파자破字한 것이므로 이성계가 세운 조선은 하늘의 뜻이라는 의미다. 이야기의 힘은 세다. 백성이 없는 왕, 민심을 얻지 못한 권력은 성립할 수 없으니, 왕의 스토리텔링은 백성의 마음을 얻기 위한 노력이었다.

조선 태조 어진 왕의 어진御眞은 임진왜란과 병자호란, 한국전쟁 등으로 불타 현존하는 것이 극히 적고 그중에서도 전신상은 태조의 어진이 유일하다. 국립고궁박물관 소장.

고려 최고의 무인 덕장 이성계

조선을 개국한 태조는 1335년 10월 27일생으로 태양별자리는 전갈자리♏고 달별자리는 물병자리♒다.

이성계는 고려 무인 집안 출신으로 어릴 때부터 용맹했으며, 특히 활을 잘 쏘아 별명이 신궁神弓이었다. 전갈자리는 두려움이 없고, 자신뿐 아니라 남을 통제하고 지휘하는 데 탁월한 재능이 있다. 이성계는 30년 동안 전장에 나가 단 한 번도 패하지 않았다. 또한 부하들의 목숨을 자신보다 먼저 생각하는 덕장德將이었다고 한다.

이성계의 아버지 이자춘李子春은 동북면東北面(함경도)에 천 명의 사병을 거느린 강력한 지방 토호였다. 그는 원나라의 무관직인 천호千戶 벼슬을 받았다. 원—명 교체기에 고려 31대 공민왕은 쌍성총관부雙城摠管府를 함락시켜 동북면을 되찾았다. 이때 이자춘의 공이 컸으므로 고려의 벼슬을 받았다. 이성계도 이 전투에 참여했고, 홍건적紅巾賊과 왜구倭寇를 물리치며 명성을 얻었다. 고려 말 왜구가 기승을 부렸는데 우왕禑王 때만 278회 침입했다.

실록에 이성계의 황산대첩荒山大捷에 대한 재미있는 기록이 있다. 내륙까지 쳐들어온 왜구를 물리치기 위해 이성계가 군대를 끌고 전라도 운봉(남원)에 도착했다. 그는 정상 옆의 작은 길을 보고 다음과 같이 말했다.

> 적군은 반드시 이 길로 나와서 우리의 후면後面을 습격할 것이니, 내가 마땅히 빨리 가야 되겠다.
>
> —《태조실록》 1권, 총서(66번째 기사)

과연 예측대로 적군이 출몰하는데, 신궁 태조는 화살 70여 발을 쏘아 왜구의 얼굴을 맞히며 최후의 한 명까지 모두 죽였다. 무인 이성계는 오랜 전투 경험과 지세를 살피는 예리한 눈으로 왜구의 경로를 순식간에 예측한 것이다. 전갈자리는 신비로운 육감을 가지고 있으며, 영혼까지 꿰뚫어 보는 눈으로 상대와 주변 상황을 면밀히 조사한다. 그래서 무엇을 하든 경쟁자들을 물리치고 최고의 자리에 오른다.

2002년 월드컵 포르투갈 전에서 박지성의 멋진 골을 기억하는가? 당시 미국과의 경기에서 부상을 입어 경기가 불가능했던 박지성은 '무조건 치료하라'는 히딩크의 명령에 2, 3일 만에 기적처럼 회복했다. 그리고 히딩크가 골이 터질 것이니 기다리라고 한 곳에서 진짜 골을 넣었다고 한다. 검은 선글라스로 강렬한 눈빛을 숨기고 다니는 히딩크 감독은 전갈자리다.

★거스 히딩크Guus Hiddink 1946년 11월 8일

태양별자리_전갈자리♏ * 달별자리_양자리♈ 혹은 황소자리♉(05:50 이후)

태양별자리와 달별자리의 관계: 혁명의 물병자리 왕 태조

지구에 가장 강력한 에너지를 주는 태양별자리가 그 사람이 자신을 세상에 표현하는 방식과 개성이라면 달별자리는 세상을 받아들이고 이해하는 방식, 그 사람의 내면, 절대로 고쳐지지 않는 습관 등을 말해준다. 달은 스스로 빛나지 못하고 태양의 빛을 받아 반사한다. 달의 기호 ☽가 태양의 기호 ☉와 같은 원형이 아니라 모든 물건을 담는 그릇의 모양인 초승달인 것은 그 때문이다. 태양이 인격의 의식적인 측면을 말한다면 달은 무의식적인 측면이다. 태양이 의지와 개인이 만들어가는 운명이라면 달은 변화하는 운명, 그가 받아들여야 하는 숙명을 말해준다. 지구에 가장 큰 에너지원은 태양이므로 태양별자리가 중요하지만 사람에 따라 태양별자리보다 달별자리의 특질이 강력하게 발현되기도 한다. 또한 태양별자리와 달별자리의 성향이 상승작용을 보이기도 하며, 시대·문화적 영향, 주변 사람과의 관계, 보상 등에 따라 다르다. 네이탈 차트를 읽을 때는 이 모두를 입체적으로 정교하게 살펴야 한다.

고려 최고의 무인이자 덕장으로 이름을 날리던 태조는 새 나라 조선을 개국하고 왕이 되었다. 고려 무인으로서 이성계가 태양별자리인 전갈자리의 삶을 살았다면, 조선 왕으로서 태조는 달별자리인 물병자리의 삶을 보여준다.

물병자리는 천왕성의 지배를 받는다. 천왕성은 그리스 신화의 우라노스Ouranos다. 태초에 세계는 땅과 공기, 물 그리고 모든 생명이 한 덩어리

로 뭉쳐 있는 무한한 공간, 카오스chaos 상태였다. 가장 먼저 대지의 여신 가이아Gaea가 생겼다. 가이아는 홀로 하늘의 신, 우라노스를 낳았다. 천왕성의 회전축은 지구처럼 23.5도 정도가 아니라 98도로 아예 옆으로 누워 공전하는 독특한 천체다. 물병자리는 대개 오래된 관습은 모두 잘못되었다고 생각해 극적이고 혁명적인 변화를 이끈다. 그들은 모두가 '예스Yes'라고 말할 때 '노No'라고 말할 수 있는 자들이다. 노예를 해방한 링컨 대통령이 물병자리다. 전기 혁명으로 세상을 밝힌 에디슨, 촛불 혁명의 두 주인공 박근혜 전 대통령과 문재인 대통령도 물병자리다.

★링컨Abraham Lincoln 1809년 2월 12일
태양별자리_물병자리♒ * 달별자리_염소자리♑

★에디슨Thomas Alva Edison 1847년 2월 11일
태양별자리_물병자리♒ * 달별자리_사수자리♐

★박근혜 1952년 2월 2일
태양별자리_물병자리♒ * 달별자리_양자리♈ 혹은 황소자리♉(04:51 이후)

★문재인 1953년 1월 24일
태양별자리_물병자리♒ * 달별자리_황소자리♉ 혹은 쌍둥이자리♊(17:21 이후)

위화도 회군, 역성혁명의 시작

14세기 중반 원나라가 망하고 동아시아의 정세는 급변하고 있었다. 당시 고려도 혼란의 시기였다. 거듭되는 외침에 시달리고 권문세족權門勢族(고려 후기 대몽 항쟁 이후 형성된 정치세력)의 득세로 재정이 파탄 나자 왕권은 점차 약해졌다. 집권층의 부패와 수탈로 백성들도 살기 힘들었다. 요샛말로 헬

hell 고려였다.

그런데 1388년 명나라에서 사신을 보내 철령위鐵嶺衛를 설치하겠다고 통보했다. 철령(강원도 고산군과 회양군 경계에 있는 고개) 이북의 땅은 원이 지배했던 땅이므로 명의 영토라는 것이다. 고려 우왕과 최영崔瑩은 이성계에게 요동정벌遼東征伐을 명했다. 나라 안팎으로 어지러운데 명을 물리치고 고구려의 옛 땅 요동을 회복한다면 고려 왕권 또한 안정될 터였다. 고려에는 홍건적과 왜구를 거듭 물리친 영웅 이성계가 있었다. 한 번 해볼 만한 전쟁이었다. 그런데 이성계가 반대했다. 물병자리 링컨 대통령은 "항의해야 할 때 침묵하는 죄가 겁쟁이를 만든다(To sin by silence when they should protest makes cowards of men)"고 했다.

> 지금에 출사出師하는 일은 네 가지의 옳지 못한 점이 있습니다. 작은 나라로서 큰 나라에 거역하는 것이 한 가지 옳지 못함이요, 여름철에 군사를 동원하는 것이 두 가지 옳지 못함이요, 온 나라 군사를 동원하여 멀리 정벌하면, 왜적이 그 허술한 틈을 탈 것이니 세 가지 옳지 못함이요, 지금 한창 장마철이므로 활[弓弩]은 아교가 풀어지고, 많은 군사들은 역병疫病을 앓을 것이니 네 가지 옳지 못함입니다.
>
> —《태조실록》 1권, 총서(83번째 기사)

이성계의 4불가론에도 불구하고 우왕은 요동정벌을 단행했다. 국내에서의 반란을 걱정한 우왕은 최영을 곁에 두고 이성계만 보냈다. 최영과 우왕은 이성계의 가족을 인질로 잡고 있었기에 그가 감히 군사를 돌릴 수 없다고 생각했던 것이다. 이성계는 압록강에 이르러 큰비를 만나 더는 앞으로 나아갈 수 없게 되자, 군대를 돌려 수도 개경으로 향했다. 이기지 못할 싸움임을 알고도 왕의 명에 따라 요동으로 향했으나 큰비까지 만나자 이성계는 수많은 전장에서 생사고락을 함께한 병사들을 죽음으로 몰아갈 수 없었는지도 모른다.

전갈자리가 기필코 이기는 이유는 나아갈 때와 물러설 때를 알기 때문이다. 그들은 타이밍에 맞는 공격과 수비로 자신의 시대를 만들어간다. 전갈자리 이성계는 타이밍을 알았다. 우왕은 사자자리♌인데, 사자자리는 '내추럴 본 킹', 즉 타고난 왕이다. 사자자리는 힘든 일은 남에게 시키고, 인생을 휴일처럼 즐긴다. 편을 갈라 내 편이 아니면 적이라 여기니 정적이 생기기 쉽다. 진정한 사자자리는 위기에 용감하게 맞서지만 우왕은 그렇지 못했다. 또한 전갈자리의 가족은 건드리지 말아야 한다. 그들은 자신의 가족에 애정을 쏟고, 은혜든 원수든 받은 것은 반드시 두 배 이상 갚아준다. 이성계가 위화도威化島(평안북도 신의주시 상단리와 하단리에 위치한 섬)에서 군사를 돌릴 때 두 명의 부인은 개경이 아닌 포천으로 피신해 있었고, 이방원李芳遠은 아버지가 위화도에서 회군했다는 이야기를 듣자마자 두 어머니를 고향으로 모셨다.

★우왕 1365년 7월 25일

태양별자리_사자자리♌ * 달별자리_천칭자리♎ 혹은 전갈지리♏(15:16 이후)

위화도회군은 갑자기 내린 결정이 아니라 신진사대부新進士大夫들과 결탁한 이성계가 미리 준비하고 있었다고도 한다. 이성계와 그의 킹메이커 정도전鄭道傳은 이보다 5년 전부터 뜻을 함께했고, 가족을 먼저 피신시켰다는 것을 계획의 근거로 한다. 타임머신을 타고 돌아간다 해도 무엇이 진실인지 알기는 힘들 것이다. 물병자리는 돌발 행동이 주특기고, 전갈자리는 자신의 의도를 절대 드러내지 않은 채 기회를 기다리다 확실하게 장악한다. 그들의 야망이 세상에 드러났을 때는 이미 모든 준비가 끝난 뒤다.

고려의 멸망은 이미 진행 중이었다. 고려 후기 권문세족에 대항해 등장인 신진사대부는 권문세족과 불교의 비리를 비판하며 고려의 정치, 사회, 경제 전반에 걸친 개혁을 이끌었다. 신진사대부 중에서 이색李穡과 정몽주鄭夢周와 같은 온건파는 체제 내에서의 개혁을 주장했고, 정도전과 조준趙浚 등의 급진파는 고려는 더 이상 희망이 없다며 새 왕조를 세워야 한다고 했다.

특히 역사를 바꾸는 인물들은 달별자리를 주목해야 한다. 멸망해가는 고려와 정치적 파트너 정도전은 태조 이성계의 숙명으로서, 달별자리인 물병자리의 혁명 에너지를 강력하게 발동시켜 앞장서게 했다. 이성계는 위화도회군 이후 삼군도총제사三軍都摠制使가 되어 병권을 장악하고, 신진사대부 중에서도 급진파와 손을 잡았다. 그리고 최영을 제거하고 사전私田을 개혁해 특권층의 세력을 좌절시키는 한편 민심을 자신의 편으로 이끌며 새 나라를 준비했다. 결국 고려 공양왕恭讓王은 스스로 이성계에게 왕위를 선양했다. 이성계는 고려를 이어받았다가 새 나라 조선을 개국했다.

새 나라 조선의 개혁 정책

그리스 신화에 따르면, 세계가 악에 빠져 인간이 거짓을 일삼고 서로 죽고 죽이는 데 이르자, 제우스는 세계를 멸하려 하였다. 이에 프로메테우스는 심성이 바른 자신의 아들 데우칼리온을 살리기 위해 방주를 만들게 했다. 9일간 계속된 홍수로 세계가 멸망하고 홀로 살아남은 데우칼리온은 감사의 기도를 올렸는데, "머리를 천으로 싸서 숨기고, 너희 어머니의 뼈를 파내 등 뒤로 던지라"는 신탁神託을 받는다. 대지는 어머니요 그 뼈란 대지를 구성하는 바위니, 그는 주변의 돌을 던졌고 그 돌에서 인간이 새로 태어났다. 《성경》의 노아Noah와 유사한 데우칼리온은 인류 제2의 시조로서 물병자리가 되었다. 물병자리의 상징은 물을 쏟아붓는 사람이고, 기호 ♒는 물 혹은 파동을 표현한 것으로 수평을 향한다. 하늘에서 쏟아진 물, 대홍수로 새로운 인류를 탄생시킨 물병자리는 시대를 앞서는 개혁가다. 물병자리 태조는 고려의 폐단을 극복하고 덕으로 통치하는 새로운 나라를 천명했기에 조선을 고려와 완전히 다른, 새로운 나라로 설계했다.

조선의 3대 기본 정책은 숭유억불崇儒抑佛, 농본주의農本主義, 사대주의事大主義다. 고려시대 불교의 폐단을 극복하기 위해 유학儒學을 높이고, 농업을 국가 경제의 중심으로 하며, 정치적으로는 명나라에 국호 및 왕위의 승인을 받는 제후국을 자처해 평화를 도모했다. 신진사대부의 개혁 방향을 그대로 이은 것이다.

역성혁명을 이룩하고 조선을 개국한 것은 태조이지만 조선의 전반적인 모습을 디자인한 것은 신진사대부, 그중에서도 정도전이다. 위화도 회군으로 이성계가 권력을 잡은 후 정도전은 태종의 손에 죽기 전까지 이성계의 최측근이자 참모로서 뜻을 같이했다.

정도전은 구신과 세족이 오랜 세월 자리 잡아온 개경보다 새로운 도읍이 새 왕조의 정착에 더 유리하다며 천도를 주장했다. 권문세족의 세력을 약화시키고, 사전私田을 혁파한다 해도 아예 고려의 흔적을 완전히 지우는 데 도읍을 옮기는 것보다 좋은 방법은 없다.

> 인주人主의 직책은 한 사람의 재상을 잘 정하는 데 있다. 왕의 자질이 어리석거나 현명하기도 하며 강직하거나 유약하기도 하다. 국왕의 자질이 한

경복궁 광화문 경복궁의 이름은 정도전이 지었다. 《시경詩經》의 〈주아周雅〉 편에 "이미 술에 취하고 이미 덕에 배부르니 군자는 영원토록 그대의 크나큰 복을 모시리라(旣醉以酒 旣飽以德 君子萬年 介爾景福)"에서 '경복景福'을 따온 것이다. 남문을 정문正門으로 삼고 따로 명명하지 않았으나, 세종 때 집현전에서 《서경書經》의 글귀 '빛이 사방을 덮고 교화가 만방에 미친다(光被四表 化及萬方)'에서 따와 지었다.

> 곁같을 수 없으므로 이를 보좌할 인재가 필요하다. 왕이 자신을 보좌할 인재를 잘 선정한다면, 그들이 국왕의 장점은 본받고 단점은 바로잡아 주어서 국왕이 옳은 길을 갈 수 있게 한다.
>
> —《조선경국전》

정도전은 조선의 통치 철학과 시스템이 담긴 《조선경국전朝鮮經國典》을 집필했다. 그는 왕을 성군으로 만들 수 있는 국가 시스템이 중요하다고 생각했다. 그래서 그가 설계한 조선은 재상 중심의 이상적인 유교 국가다. 왕이 절대적인 권력을 누리지 못하도록 견제하는 시스템을 견고히 갖추었다. 정도전의 의견이 이처럼 적극 수용될 수 있었던 것은 태조가 수평의 리더십을 지향해 비록 아랫사람이라 해도 옳은 의견은 따를 줄 아는 물병자리이기 때문이다.

태종이 왕자의 난을 일으켜 정도전을 죽인 뒤부터 정도전은 천하의 역적이 되었다. 실록에는 정도전의 이름 앞에 '간신奸臣'이 따라붙는다. 이익李瀷도 《성호사설星湖僿說》에서 '죽을 만한 일을 한 위인'으로 기록했다. 1872년 고종 때가 되어서야 정도전은 개국공신으로 복원되었다. 태조 이성계의 건원릉健元陵 신도비를 보면 앞면에는 '간신 정도전姦臣 鄭道傳', 뒷면에는 개국공신으로서 '봉화백 정도전奉化伯 鄭道傳'으로 새겨져 있다. 봉화는 정도전의 친가가 있는 지명이고, 백은 고려시대 작위다.

태조는 왜 6년 만에 떠났을까?

새 나라를 열고 시스템을 정비하는 한편 도읍지를 옮기고 민생을 안정시키려면 왕이 해야 할 일이 너무나 많다. 그런데 태조는 조선을 개국하고 나라를 다스린 지 6년 2개월 만에 왕위를 물려주고 떠났다.

태종 이방원이 일으킨 왕자의 난 때문에 진절머리가 났다고 한다. 무력으로 조선을 개국하며 수많은 피를 보고, 왕자의 난으로 자식들의 칼부림까지 보며 인생무상도 느꼈을 것이다. 태조는 왕위를 물려주고 고향 함흥으로 가버렸다. 태종은 아버지에게 왕위 계승의 정당성을 인정받고자 여러 번 사신을 보냈다. 그러나 태조는 그들을 죽이거나 돌려보내지 않았다. 한 번 가면 깜깜무소식인 사람을 가리켜 '함흥차사咸興差使'라 하는데 이때 생긴 말이다.

그러나 실록은 이를 달리 기록하고 있다. 1400년 태종이 즉위하고 태조에게 성석린成石璘을 차사로 보내니 태조는 1401년 한양으로 환궁했다. 11월에 태조가 다시 떠나자 태종은 무학대사를 차사로 보냈다. 태조는 돌아오겠다 하고는 소요산에 머물렀다. 1402년 다시 성석린을 차사로 보내 환궁을 요청했으나 태조는 돌아오지 않다가 1402년 12월 환궁했다. 이때 태조는 시중을 드는 이에게 "내가 동북면에 있을 때 국왕이 사람을 보내지 않았고, 맹주孟州에 있을 때도 역시 사람을 보내지 않았으니, 감정이 없지 않은 것이다"(《태종실록》 4권, 2년(1402) 12월 2일)라고 말했다. 태조는 태종이 자신을 찾지 않는다고 오히려 섭섭해했다는 것이다.

1402년 차사로 파견한 박순朴淳, 송류宋琉 등이 죽었는데, 함경도에서 일어난 안변부사 조사의趙思義의 난 때 반군들이 죽인 것이었다. 함흥차사는 이것이 와전되고 왕자의 난을 일으킨 이방원과 오랫동안 아들을 용서하지 않았던 태조의 사이를 빗대어 누군가 지어낸 말이다. 태조는 아들 태종을 죽이려 하기도 했으니 이야기는 더 부풀려졌을 것이다.

태조가 왕위를 버리고 한양을 떠난 것은 물병자리 성향 때문인 것 같다. 물병자리는 모든 권위와 전통을 부정하고 남의 명령에 따르는 것을 본능적으로 싫어한다. 자유를 사랑해 한곳에 오래 머물지 못한다. 물병자리는 급진적 혁명을 추구하지만 그에 따르는 막중한 책임감까지 감당하기에는 너무나 자유로운 영혼이다.

정도전이 설계한 조선은 성리학을 기본으로 왕이 매우 성실하게 공부하고 일해야 했다. 경복궁의 정전도 임금이 항상 근면하라는 의미로 '근정전勤政殿'이라 이름 지었다. 왕의 일과는 아침부터 밤까지 조회와 경연經筵(왕과 신하가 유교 경전을 공부하는 것) 등 꽉 짜인 일정으로 숨 막히게 돌아가고, 왕은 무엇 하나 마음대로 할 수 없었다. 태조는 문인이 아니라 무장이었으니 더 힘들지 않았을까? 시대의 숙명을 받아들여 달별자리인 물병자리 에너지를 강력히 발동하여 역성혁명을 이끌었으나, 물병자리는 한곳에 묶여 오래 있지 못한다. 창업과 수성의 힘은 다르다. 게다가 태조는 조선

근정전 국보 223호 근정전은 현존하는 국내 최대의 목조건물이자, 경복궁의 중심이 되는 정전으로 조선 왕실을 상징한다. '근정勤政'이란 '부지런하게 정치하라'는 뜻으로 정도전이 지었다. 임진왜란 때 불에 타고, 1867년(고종 4년) 11월에 흥선대원군이 중건하였다.

의 기본 이념인 유학보다 불교를 숭상했다. 무학대사에 많이 의지했고 회암사檜巖寺를 별궁으로 꾸며 그곳에서 지냈다. 태조의 태양별자리는 전갈자리다. 전갈자리는 영적인 에너지가 강해 밀교와 같은 종교에 깊이 빠지기 쉽고, 자신의 가족에 애정을 깊이 쏟는다. 그는 "내가 부처를 좋아하는 것은 다만 두 아들과 한 사람의 사위를 위함이다"(《태종실록》 3권, 2년(1402) 1월 28일)라고 했는데, 태종에게 죽은 방번芳蕃과 방석芳碩, 경순공주慶順公主의 부마 이제李濟를 말한 것이다.

양주 회암사지 양주 회암사는 고려시대에 창건되어 조선 중기까지 왕실과 밀접한 관계를 맺었다. 그러나 19세기 양주 목읍지에는 "회암사는 회암면에 있다. 다만 절터와 옛 비석만 있다"고 전할 정도로 사라졌었다. 2005년 길이 12.8미터, 폭 2.2미터, 깊이 3.6미터의 거대한 석실이 발견됐는데, 현재까지 알려진 사찰 최대 규모의 뒷간이었다. 사적 128호 회암사지는 현재 약 3만 제곱미터 크기로 한때 약 3,000명의 중이 상주했다고 한다.

역성혁명으로 조선을 세운 물병자리 왕 태조

우리는 지구에 살고 있고, 지구에 가장 강력한 에너지의 근본은 태양이므로 별자리에서 태양별자리는 매우 중요하다. 그러나 시대의 변화, 주위 사람들의 작용 등으로 달별자리나 동쪽 별자리가 더 발달한 사람들이 있다. 태조는 전갈자리에 물병자리다. 고려 말에서 조선 초로 넘어가는 격변의 시기, 시대적 숙명을 받아들인 태조는 달별자리인 혁명가 물병자리의 삶을 개척했다.

태조는 무력으로 고려를 멸망시키고 새로운 나라 조선을 열고 스스로 왕이 되었다. 그러나 시대를 앞서가는 혁명가들은 새로운 세계를 준비하고 이끄는 것만으로 힘에 부쳐 그것을 책임지는 막중한 임무는 뒷사람에게 넘겨야 하나 보다. 시대의 변화를 자신의 운명으로 받아들여 물병자리의 에너지로 세상을 뒤집고 조선을 개국했으나, 말년에는 자신이 만든 조선의 기본인 숭유억불을 뒤집어 불교를 깊이 사랑했다. "세상에 규칙은 없다. 우리는 무언가 이루려 노력할 뿐이다(There are no rules here, we're trying to accomplish something)"라고 말했던 에디슨처럼 물병자리는 세상의 규칙을 깨는 것이 목적으로 개혁을 위한 개혁에도 앞장선다. 어디로 튈지 전혀 예측할 수 없는 것이 바로 물병자리다.

2

왕자의 난을 일으켜 스스로 왕이 된 염소자리 태종

정릉
정릉貞陵은 조선의 첫 번째 왕비인 신덕왕후 강씨의 능이다. 태조 이성계의 첫 번째 부인인 신의왕후 한씨 사후, 신덕왕후 강씨는 정비로 책봉되어 조선 개국을 맞이했다. 그러나 태종은 신덕왕후 강씨를 후궁으로 강등하고, 능은 묘로 격하시켜 한성 밖으로 이장했다.

염소자리♑

12월 22일 동지 ~ 1월 20일 대한

상징 산을 기어오르는 산양 음(−)의 별자리

원소 흙 **상태** Cardinal **지배 행성** 토성

★

염소자리는 밤이 가장 긴 동지冬至부터 대한大寒까지 한겨울에 태어난다. 염소자리의 상징은 인간 남자의 상반신에 산양의 다리와 뿔을 지닌 반인반수半人半獸다. 그가 태어나자 신들은 기뻐하며 그리스어로 '전부'라는 의미의 '판Pan'이란 이름을 붙여주고 가축의 신으로 삼았다. 이름 그대로 완벽을 추구해 일찌감치 자신의 목표를 정하고 그것에 맞추기 위해 자신의 인생과 시간을 조각하며 꾸준히 노력한다. 염소자리는 아무리 힘들어도 포기하거나 좌절하지 않고 은근과 끈기로 버틴다. 어차피 그들에게 인생은 장애물경주다. 현실과 안정이 키워드인 토성Saturn의 영향으로 규칙을 중요하게 생각한다. 토성은 시간의 신, 농업의 신이다. 윗사람(아버지)을 경외하고 자신보다 앞서간 선봉자들을 존경하며 수직적 위계를 중시한다. 별자리 나이로 60대인 그들은 어려서부터 노안에 사고방식도 행동도 꼬장꼬장하다. 남들보다 강한 야망으로 초반에 고생하다가 인생 후반전에 빛을 발하고 명예를 얻는 이들이 많다. 그러나 염소자리가 진짜 원하는 것은 명예보다 실질적 파워이자 특권이다.

#완벽지향 #장애물경주 #현실주의 #규칙준수 #사서고생 #인생은후반전부터 #특권

태종의 네이탈 차트

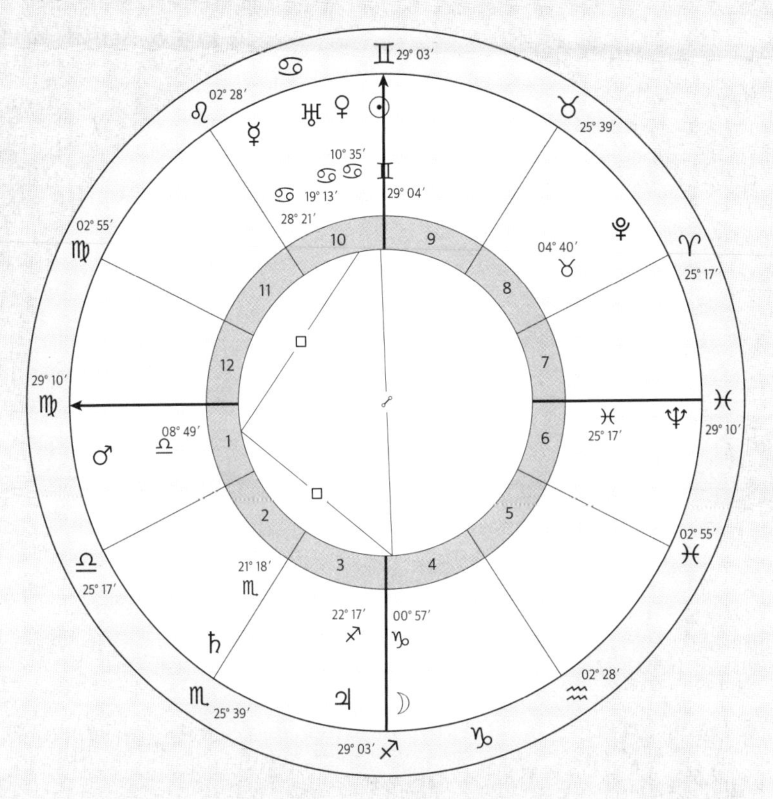

원元나라 지정至正 27년, 고려高麗 공민왕恭愍王 16년 정미 5월 16일 신묘辛卯에 함흥부咸興府 귀주歸州 사제私第에서 탄생하였다. —《태종실록》 1권, 총서

태종太宗은 1367년 5월 16일, 양력 6월 13일생으로 태양별자리가 쌍둥이자리♊다. 태종의 생시는 알려져 있지 않은데, 달별자리가 오전 10시 30분 이후 사수자리♐에서 염소자리♑로 바뀐다. 아버지 태조와 태종의 관계를 보았을 때 태종은 염소자리일 것이다.

정릉과 광통교

"정릉이 누구 능이지?"

"정…조? … 정…종? …… 정약용?"

—영화 〈건축학개론〉 중에서

영화 〈건축학개론〉(2012년, 이용주 감독) 덕분에 정릉이 조선의 첫 왕비였던 신덕왕후神德王后 강씨의 능이라는 사실이 많이 알려졌다. 신덕왕후는 태조의 두 번째 부인이지만 신의왕후神懿王后 한씨가 죽고 정비가 되었다. 태조가 조선을 개국할 때 곁에서 큰 힘을 보탰다. 강씨의 집안은 패서浿西(황해도) 출신으로 고려 권문세가와 이성계를 연결시켰다. 1392년 이성계가 해주에서 말을 타다 떨어져 크게 다쳤을 때 정몽주가 그를 제거하려 하자 이방원을 급히 보내 구해낸 것도 그녀였다. 이방원이 정몽주를 죽였을 때 이성계의 분노를 누그러뜨리기까지 했다. 신덕왕후 강씨는 1356

년 7월 12일생으로 태양별자리는 게자리♋고 달별자리는 염소자리♑다. 엄마 별자리인 게자리답게 자신의 아들을 사랑했고, 염소자리답게 자신의 노력에 대한 합당한 위치를 바랐으니, 자신이 조선의 첫 왕비가 된 것처럼 자신의 아들을 왕으로 만들고자 했다.

원래 신덕왕후의 능은 현재 중구 정동, 영국대사관 자리로 추정되는 곳에 있었다. 능이 옮겨진 것은 태종의 분풀이였다. 태종은 이복동생 의안대군宜安大君이 세자가 됐던 것에 불만을 품고, 왕이 된 이후 신덕왕후의 능을 당시 사대문 밖 경기도 양주(성북구 정릉동)로 이장했다. 능에 있던 석상과 석물은 해체했다가 1410년 광통교(광교)가 홍수에 무너지자 이를 보수하는 데 사용해 온 백성이 밟고 지나다니도록 했다. 태종은 왜 이토록 분노했을까?

태조의 브레인 이방원

태조 이성계의 아들 가운데 가장 영민하고 대범했다는 태종은 1367년(공민왕 16년) 6월 13일생으로 태양별자리가 쌍둥이자리♊고 달별자리는 염소자리♑다.

쌍둥이자리는 머리 회전도 말도 행동도 빠르다. 태종 이방원은 일찍이 고려의 과거에 합격했다. 무인 집안에서 문과 과거에 합격하니 이성계가 매우 기뻐하며 "내 뜻을 성취할 사람은 반드시 너일 것이다"라고 했다. 역시 이방원은 태조가 역성혁명으로 조선을 개국하는 데 브레인 역할을 톡톡히 했다. 위화도회군 때 가족을 보살피고, 정몽주 등 반대파를 제거하는 등 새 왕조를 여는 중요한 고비마다 그 중심에는 이방원이 있었다. 조선의 또 다른 쌍둥이 왕 광해군은 임진왜란壬辰倭亂 때 선조를 도와 임시로 설치한 조정인 분조分朝를 이끌었다. 이방원도 광해군도 동에 번쩍 서에 번쩍 분주히 돌아다니며 아버지를 도울 때 빛을 발한 것은 마치 헤르메스Hermes 같다. 헤르메스는 제우스의 심부름꾼으로, 발에 날개를 달고 머리에 빛나는 은 투구를 썼다. 쌍둥이자리는 헤르메스, 수성의 지배를 받는다.

★광해군 1575년 6월 4일
태양별자리_쌍둥이자리♊ * 달별자리_양자리♈

태조와 태종의 애증과 반목

태종 이방원도 태조 이성계처럼 태양별자리보다 달별자리가 더 우세하다. 그들은 고려가 망하고 조선이 개국하는 역사적 격변기의 중심에 있었다. 시대의 흐름을 운명으로 받아들인 차트의 주인은 자신의 달별자리를 따라 살아간다.

염소자리는 아버지 우라노스를 배신했다 결국 쫓겨난 크로노스Cronos의 지배를 받는다. 고대 그리스 서사시인 헤시오도스Hesiodos가 기록한 〈신통기神統記〉에 따르면 대지의 여신 가이아가 홀로 아들을 낳았는데 그가 우라노스, 즉 하늘의 신이다. 가이아와 우라노스 사이에서 12명의 티탄Titan과 외눈 또는 둥근 눈의 거인 키클롭스Cyclops 3형제, 그리고 손이 100개 달린 거인 헤카톤케이레스Hekatonkheires 3형제가 태어났다. 우라노스는 사나운 몰골의 자식들을 수치로 여겨 어미 배 속에 가두었다. 가이아의 배 속에는 무한지옥 타르타로스Tartaros가 있었다. 가이아는 남편에게 복수하기 위해 대지에서 쇠를 뽑아내어 거대한 낫을 만들었다. 모두

<자식을 잡아먹는 크로노스Saturn, Jupiter's father, devours one of his sons> 페테르 루벤스, 유화, 1636년, 마드리드 프라도 미술관.

가 아버지를 죽이기 두려워할 때 티탄 중 막내아들인 크로노스가 나서서 우라노스를 거세했다. 아들의 낫이 무서워 세상 가장 높은 곳으로 올라간 우라노스는 진정한 하늘이 되었고, 크로노스는 2대 최고신이 되었다. 그러나 그는 자신의 형제들을 구해주지 않고 어머니 배 속에 계속 가두었다. 가이아는 다시 아들에게 아버지 우라노스에게 했듯 자식에게 지배권을 빼앗긴다는 신탁을 내린다. 신탁이 두려운 크로노스는 자식이 태어날 때마다 모두 삼켜버렸다. 막내아들 제우스가 태어났을 때 아내 레아Rhea(대지의 여신)는 크로노스를 속여 돌을 삼키게 했다. 제우스는 자라서 메티스Metis(지혜의 신)와 결혼하고, 그에게 얻은 구토제를 크로노스에게 먹여 형제들을 구한 뒤 최고신이 되었다. Χρόνος(크로노스)는 고대 그리스어로 '시간'을 의미하고 '연대기'를 뜻하는 영어 chronicle의 어원이다. 또한 로마 신화에서 농업의 신 사투르누스인데, 낫은 수확할 때 사용하는

농기구다. 농사를 지을 때 씨를 뿌리고 수확하는 시기가 중요하므로 크로노스가 시간의 신이자 농업의 신인 것은 나름 타당하다.

염소자리를 지배하는 토성의 기호 ♄는 십자 아래에 반원이 있다. 묘지나 교회의 십자가가 연상되듯 안정과 시련의 행성이다. 염소자리는 시간의 신의 지배를 받아 자신보다 앞서 자신의 길을 걸어간 선봉자들을 존경한다. 그러나 우라노스—크로노스—제우스 3대처럼 아버지와 사이가 좋지 않은 경우도 많다.

태종은 평생 아버지에게 인정받지 못한 것에 대하여 콤플렉스가 있었고, 아버지 태조는 그를 두 번이나 죽이려 했다. 염소자리인 헤밍웨이는 우울증으로 권총 자살한 아버지 때문에 고통받았는데 아버지와 같은 방식으로 생을 마감했다.

★루벤스Peter Paul Rubens 1577년 6월 28일
태양별자리_게자리♋ ＊ 달별자리_염소자리♑

★어니스트 헤밍웨이Ernest Miller Hemingway 1899년 7월 21일
태양별자리_게자리♋ ＊ 달별자리_염소자리♑

염소자리 다음이 물병자리인데 바로 앞뒤에 위치한 별자리는 기질상 반대되는 점이 많다. 그래야 단점을 보완하면서 앞으로 더 발전하기 때문이다. 수직적 위계를 중시하는 염소자리와 수평의 리더십을 지향하는 물병자리는 서로 의견을 맞추기가 쉽지 않다. 태조는 정몽주와 정도전, 세자 등 자신의 야심에 방해가 되는 인물을 죽여 없앤 이방원을 이해하기 힘들었고, 이방원은 아버지를 돕기 위해 장애물을 제거하는 자신을 몰라주는 태조가 야속했을 것이다.

> 처음에 공신功臣 배극렴裵克廉·조준·정도전이 세자를 세울 것을 청하면서, 나이와 공로로써 청하고자 하니, 임금이 강씨康氏를 존중하여 뜻이 이방번李芳蕃에 있었다.
>
> —《태조실록》 1권, 1년(1392) 8월 20일

공신들의 뜻에 따라 나이와 공로가 있는 자를 세자로 한다면 처음부터 태종 이방원이 세자가 되었을 것이다. 그러나 실록에 따르면 태조 앞에서 "장자長子로서 세워야만 되고, 공로가 있는 사람으로서 세워야만 된다고 간절히 말하는 사람이 없었다". 결국 피로 개국한 조선의 2대, 3대 왕도 피로써 결정되었다.

염소자리는 내심 칭찬과 인정을 바란다. 그들이 삶에서 집중하는 성취감이란 의무를 완전히 이행하면 최대의 보상으로 나타나는 것이다. 그러나 이방원은 아버지에게 인정받지 못했다. 개국에 힘을 보탰으나 어린 동생에게 밀려 세자로 선택받지 못했고, 왕자의 난 이후 스스로 왕위에서 물러난 태조는 고향 함흥으로 가버렸다. 이방원은 아버지에게 인정받고자 여러 번 차사를 보냈다. 태종은 결국 태조가 죽기 전에야 인정을 받았다. 인내와 끈기로 버티는 염소자리가 끝내 승리한 것이다.

태종은 왜 두 번이나 왕자의 난을 일으켰을까?

태종은 개국에 기여한 공로는 물론 수직적 위계까지 무시하고 의안대군을 세자로 삼는 것에 반발할 수밖에 없었다. 염소자리의 기호 ♑는 무릎의 슬개골을 형상화한 것인데, 무릎은 자신의 의지로 몸을 낮추는 데 사용된다. 조직을 중시하는 염소자리는 자신보다 윗사람이라 생각하면 확실하게 무릎을 꿇고 몸을 낮춘다. 반대로 아랫사람에게는 그에 합당한 복종을 원한다. 다툼이 생기면 경쟁자도 장애물로 여겨 기필코 이겨야 겠다는 생각만 남는다. "독가스로 그 타락한 히브리 민족을 1만 2,000명 내지 1만 5,000명 정도 죽일 수 있다면, 전선에서 수백만 명이 희생된다고 해도 헛된 일은 아니다"라고 말했던 히틀러의 달별자리가 염소자리다. 태양별자리가 황소자리인 히틀러는 젊어서 오페라와 바그너에 심취하고 화가를 꿈꾸었으나, 민족 투쟁의 시대적 숙명에 달별자리 염소자리를 따라 민족 간의 위계를 따지는 선민의식에 빠져 유대인을 탄압하고 2차 대전을 일으켜 세계를 공포에 빠뜨렸다. 극심한 공포, 공황 상태를 의미하는 '패닉panic'이라는 단어는 염소자리, 가축의 신 판Pan에서 유래했다. 판은 가축들을 다루기 위해 목소리가 엄청나게 컸다고 한다.

★아돌프 히틀러Adolf Hitler 1889년 4월 20일
태양별자리_황소자리♉ ＊ 달별자리_염소자리♑

이방원에게 닥친 첫 번째 좌절은 조선 초 개국공신 선정 과정에서 누락된 것이었다. 태조는 아들의 공은 인정하되 친자親子라는 이유로 공신에서 제외했다. 제1차 왕자의 난으로 정종이 즉위한 뒤 그는 자신을 비롯해 방의芳毅·방간芳幹 두 형을 개국 1등 공신에 추가했다. 정도전은 이방원의 공을 알았으나, 자신이 설계한 재상 중심의 나라를 위해 계속 그를 소외시키며 견제했다. 세자로 방석을 내세웠고, 사병 혁파로 이방원의 세력을 약화시키려 했다. 명나라 주원장朱元璋이 아들을 변방으로 보낸 것처럼 이방원과 이방번을 지방으로 보낼 것을 주장해 태조에게 승인을 받아냈다.

이방원은 미래에 대한 두려움(왕이 될 수 있을까), 현재에 대한 걱정(지방에 가야 하

는가), 그리고 과거에 대한 후회(정몽주 등을 죽여 아버지의 눈 밖에 났으니 어쩌면 좋을까)로 번뇌에 빠졌을 것이다. 이것들은 모두 토성의 안정감을 흔들고 우울함을 극대화한다. 염소자리는 잘나가면 믿음직하고 기댈 수 있는 사람이지만 반대의 경우 놀라울 만큼 잔인하거나 무자비해진다.

1398년 태조가 병든 틈을 타 이방원은 하륜河崙과 아내 원경왕후元敬王后 민씨, 민씨 외척의 후원을 받아 1차 왕자의 난을 일으켰다. 이때 정도전, 남은南誾, 심효생沈孝生 등의 개국공신들과 이복동생 방번과 세자 방석 등을 살해하고 정권을 장악했다. 이방원은 몸을 낮춰야 한다는 아내의 말에 따라 살아 있는 형들 가운데 가장 맏형인 영안대군永安大君 방과芳果(정종)에게 왕위를 양보했는데, 수직적 위계를 중시하는 염소자리에게는 당연한 일이다.

그런데 왜 두 번일까? 염소자리는 장애물경주를 좋아해 인생을 단계별로 올라가기 좋아한다. 게다가 태종의 태양별자리인 쌍둥이자리는 둘 혹은 네 명의 영혼이 한 몸에 있는 쌍둥이로 하나보다 둘을 좋아한다. 타고난 멀티플레이어로 직업을 두 가지 갖는 것은 물론 집이나 차도 두 개인 경우가 많다.

조선의 2대 왕이 된 정종定宗은 1357년 7월 18일생으로 태양별자리와 달별자리가 모두 타고난 왕, 사자자리♌다. 사자자리는 자신에게 왕권을 물려줄 아버지를 따르고, 위기에는 용감하게 맞서 싸워 자기 백성을 지킨다. 그는 아버지 태조를 따라 21년 동안 전쟁터를 누빈 군인이었으나 정치적 야심이 없었다. 정종의 차트를 보면 태양과 달, 수성과 화성 등이 모두 사자자리에 위치해 있다. 사자자리 에너지가 너무 강해 반대 별자리인 물병자리♒처럼 된 것 같기도 하다. 그는 역성혁명에 힘을 보탰으나 권력 욕심은 없었다. 2년 재위 기간에도 동생 이방원의 대리청정을 받았고 2차 왕자의 난 이후에는 선위했다. 상왕이 되어 19년 동안 사냥

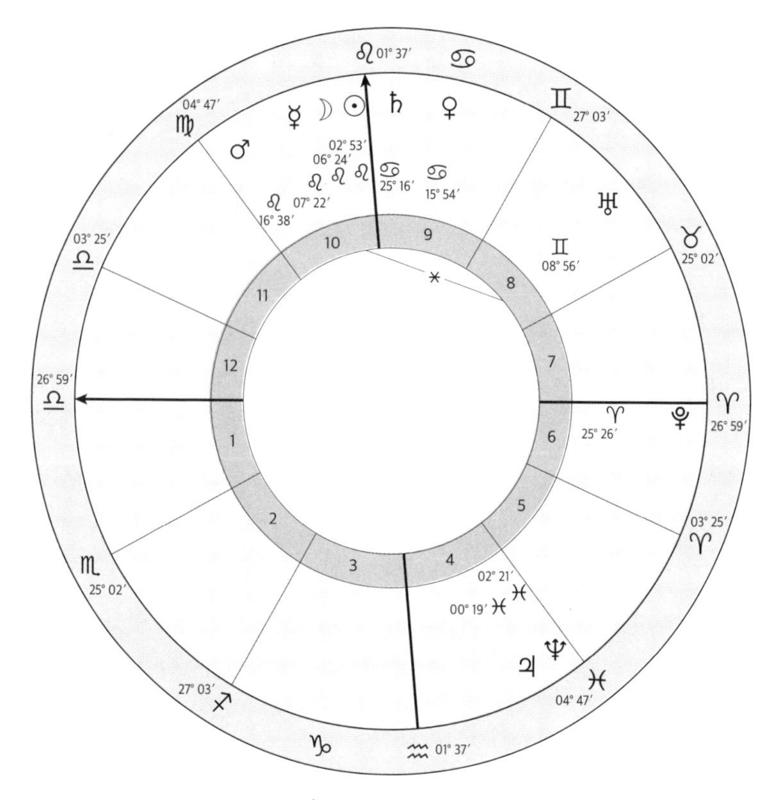

정종의 네이탈 차트

과 격구, 연회, 온천 여행 등으로 세월을 보냈다. 사자자리가 진정 원하는 것은 인생을 휴일처럼 즐기는 것이다. 태종도 말년에는 정종을 부러워했다고 한다.

1400년 이방원의 넷째 형인 회안대군懷安大君 방간이 박포朴苞와 함께 제2차 왕자의 난을 일으켰다. 이방원은 쉽게 이 난을 진압하고 왕위에 점차 다가가고 있었다. 염소자리는 자신이 원하는 것을 얻어내기까지 차근차근 단계를 밟아 나아간다. 시작하는 위치가 높든 낮든 결국 산꼭대기에 오른다. 달별자리가 염소자리인 헤밍웨이는 '평생을 바쳐 쓴 소설'에서 이렇게 말했다. "나는 그에게 한 인간이 무엇을 할 수 있는지, 한 인간이 무엇을 인내하는지 보여줄 것이다(I will show him what a man can do and what a man endures)." "인간은 파괴될 수 있을지 모르지만 패배할 수는 없다(A man can be destroyed but not defeated)." 84일간 한 마리의 생선도 잡지 못한 늙은 어부는 85일 만에 커다란 청새치를 잡는다. 소설《노인과 바다》는 인간의 의지와 목표에 대한 염소자리의 성찰이 응축된 걸작이다.

태종의 킹메이커 하륜

태조의 정치 파트너가 정도전이었다면 태종의 곁에는 하륜이 있었다. 하륜은 목은牧隱 이색의 제자로 신진사대부 중에서 역성혁명에 반대하는 온건파에 속하다 정도전, 권근權近과 이성계의 조선 건국에 뜻을 같이했다. 하륜은 1348년 1월 22일생으로 태양별자리는 물병자리♒고 달별자리는 천칭자리♎다. 개혁가(물병자리)고 처세의 달인(천칭자리)이며 둘 다 공기별자리로 머리가 좋았다. 하륜은 요즘 말로 흙수저, 지방 향리 가문 출신이었다. 그러나 과거에 합격하고 고려 말 실세였던 이인임李仁任의 형 이인복李仁復의 조카와 결혼했다. 천칭자리답게 혼맥으로 이인임의 신임을 받아 중앙에 등장한 것이다. 물병자리인 그는 조선 개국에 두각을 나타냈고 한양 천도에 앞장섰다.

도읍은 마땅히 나라의 중앙에 있어야 될 것이온데, 계룡산은 지대가 남쪽에 치우쳐서 동면·서면·북면과는 서로 멀리 떨어져 있습니다. 또 계룡산의 땅은, 산은 건방乾方에서 오고 물은 손방巽方에서 흘러간다 하오니, 이것은 송宋나라 호순신胡舜臣이 이른바, '물이 장생長生을 파破하여 쇠패衰敗가 곧 닥치는 땅'이므로, 도읍을 건설하는 데는 적당하지 못합니다.

—《태조실록》 4권, 2년(1393) 12월 11일

처음 태조는 도읍을 계룡산 부근으로 옮기려 했고 공사도 시작했다. 그러나 하륜은 계룡산 대신 한양을 주장했다. 결국 무학대사와 하륜의 주장대로 도읍은 한양이 되었다. 하륜은 유학자였으나 음양, 의술, 풍수지리, 관상 등에도 두루 능하였다. 특히 천문지리와 음양오행에 밝았다. 물병자리는 예지력이 뛰어나고 천칭자리는 하늘에 관심이 많다. 그가 처음 태종을 만나게 된 것도 관상 때문이었다.

내가 사람을 상 본 것이 많지마는, 공公의 둘째 사위 같은 사람은 없었소. 내가 뵙고자 하니 공은 그 뜻을 말하여 주시오.

—《태종실록》 1권, 총서

세조의 한명회韓明澮처럼 하륜은 태종의 옆에서 두 차례 왕자의 난을 직접 기획하고 실행했다. 하륜도 한명회도 달별자리가 천칭자리다. 천칭자리는 정의의 여신 아스트라이아Astraea의 저울이다. 인간 영혼의 죄를 저울로 재듯이 그들은 살생부를 만들고 처단했다.

★한명회 1415년 11월 26일

태양별자리_사수자리♐ * 달별자리_천칭자리♎

공동의 적 정도전은 하륜과 이방원을 더욱 가깝게 만들었다. 하륜은 처음에는 정도전과 잘 지냈으나 점차 사이가 틀어졌다. 1396년 명나라 홍무제(주원장)가 조선에서 보낸 외교 문서 중 표전문表箋文(황제에게 올리는 글인 표문과 황제나 황태자에게 올리는 전문을 합쳐 부르는 말)의 표현이 불손하다며 글을 지은 정도전을 소환했다. 하륜은 정도전을 보내자고 했으나 정도전은 거부했다. 태조도 반대했으므로 하륜은 정도전을 대신해 명으로 가서 홍무제의 오해를 풀고 돌아왔다. 그런데 정도전은 하륜을 지방으로 좌천시켰다. 불공정한 처사를 참지 못한 하륜은 자신의 최고 인맥인 이방원에게 은밀히 계책을 전했다.

> 이것은 다른 계책이 없고 다만 마땅히 선수를 써서 이 무리를 쳐 없애는 것뿐입니다.
>
> —《태종실록》 32권, 16년(1416) 11월 6일, 하륜의 졸기

《연려실기술燃藜室記述》에 따르면 하륜은 태종의 목숨을 두 번이나 구했다. 이방원이 왕자의 난을 일으키자 태조 이성계는 정종에게 왕위를 물려주고 함흥에 가 머물렀다. 세자가 된 이방원은 아버지의 인정을 받고 싶었으나 태조는 꿈쩍도 안 했다. 신하들의 간곡한 건의로 태조가 한양으로 환궁하던 날 이방원은 마중을 나갔다. 하륜은 아직 아버지의 노기가 풀리지 않았다며 말렸지만, 이방원이 말을 듣지 않았다. 하륜은 "차일遮日의 중간 기둥을 굵은 나무이되 수령이 오래된 조밀한 나무로 만들라"고 했다. 환궁하던 태조가 활을 쏘았는데 이방원이 몸을 피해 화살은 기둥에 꽂혔다. 그래서 이곳을 화살이 꽂힌 곳, '살꽂이, 살곶이'라 불렀다. 조선 초기에 세워진 살곶이다리가 있는 곳이다.

또 한 번은 태조의 환영 연회에 참석할 때 하륜은 이방원 대신 내관에

살곶이다리(보물 제1738호) 한양과 한반도 남동부를 잇는 주요 교통로에 세워진 것으로 조선 시대 다리 가운데 가장 길다. 태조가 마중 나온 이방원에게 화살을 쏘았다 기둥에 꽂힌 곳이라 '살곶이'라는 지명이 붙었다.

게 곤룡포를 입혀 보내라 했다. 세자의 곤룡포를 입은 내관이 술을 올리는데 태조가 숨겨둔 철퇴를 내리쳐 그 자리에서 죽였다. 태조는 태종을 죽이려는 시도가 두 번이나 실패하자 그제야 하늘의 뜻이라며 포기했다. 태조는 사도세자를 죽인 영조와 같은 전갈자리다. 전갈자리는 세상 모든 것을 자기 뜻대로 통제하기 위해 불필요한 것은 제거하니, 하륜이 없었다면 태종도 죽었을지 모른다.

오늘날 태조의 참모 정도전이나 한양 천도에 기여한 무학대사에 대해서는 잘 알려져 있으나 하륜은 그들만큼 유명하지 않다. 당시에는 최고의 권력을 휘두르며 천수를 누렸던 하륜은 잊히고, 간신으로 죽은 정도전의 이름이 오늘날 높은 것을 보면 두 사람의 운명이 참 아이러니하다.

토성은 시간의 신으로 모든 질서와 법칙을 만들고, 염소자리는 어떤 어려움도 이겨낸다. 만유인력의 법칙을 발견한 뉴턴과 시간과 우주의 법칙을 연구한 스티븐 호킹도 염소자리다. 운동신경 질환(일명 루게릭병)에도 불구하고 77세까지 활발한 블랙홀 연구와 강연, 저술 활동을 펼쳤던 호킹 박사를 생각하면 염소자리에게는 시한부 생명조차 극복하지 못할 좌절이 아니다.

★뉴턴Isaac Newton 1642년 12월 25일
태양별자리_염소자리♑ * 달별자리_게자리♋

★스티븐 호킹Stephen William Hawking 1942년 1월 8일
태양별자리_염소자리♑ * 달별자리_처녀자리♍ 혹은 천칭자리♎

태종은 염소자리답게 차근차근 단계를 밟아 왕이 되었고, 철저히 준비된 왕으로 자신의 맡은 바 책임을 다했다. 고려 말 과거에 급제해 관리로 일했던 경험이 있어 실무는 물론 신하들을 어떻게 다루어야 하는지도 잘 알고 있었다.

태종은 개국 초기의 혼란을 종식시키기 위해 관제 개혁을 통한 왕권 강화와 유교 정치에 온 힘을 쏟았다. 중앙 제도와 지방 제도를 새로 정비해 고려의 잔재를 완전히 없앴다. 그리고 사병을 혁파해 병권을 일원화하고, 군사 제도를 정비해 국방력을 강화했다. 앞서 정도전의 사병 혁파에 반발하던 그는 왕위에 올라서는 사병을 혁파해버렸다. 입장과 위치가 바뀌었기 때문이다. "자리가 사람을 만든다"는 말은 특히 염소자리에게 잘 맞는 말이므로 염소자리 직원에게 적당한 직함을 주면 일을 더

잘한다.

한편, 태종은 자신의 왕권에 도전하는 세력들, 위협이 될 만한 세력은 모두 축출했다. 크로노스가 자신의 신탁을 막기 위해 자식들을 먹어치운 것처럼 위험을 미리 대비한 것이다. 영의정까지 지낸 이거이李居易는 사병 혁파에 반대했다는 이유로 제거되었다. 그는 태조의 장녀 경신공주慶愼公主의 남편 이애李薆, 태종의 장녀 정순공주貞順公主의 남편 이백강李伯剛의 아버지로 사병이 가장 많았다. 그다음 자신을 도와 왕위에 오르는 데 큰 공을 세웠던 원경왕후 민씨의 집안을 제거했다. 장인 민제閔霽의 가문이 외척으로 성장하면서 그 주변에 인물들이 모이자 장인과 처남들까지 죽여 후환을 없앤 것이다.

태종은 인재 중심의 관리 선발을 위해 성균관成均館과 오부학당五部學堂 등 교육과 과거제도를 정비했다. 불교를 탄압하고 유학을 장려해 문묘文廟 제도를 정비하는 등 조선의 기틀을 확립했다. 백성의 억울한 사정을 직접 들어주는 신문고申聞鼓를 설치하고, 호패법號牌法을 실시해 인구를 파악하고, 유통계의 혼란이 극심해지자 지폐 저화楮貨를 발행했다. 이 모든 일에는 그의 충실한 신하 하륜이 함께했다.

특히 6조직계제六曹直啓制의 실시로 왕권을 강화했다. 정도전은 왕권의 비대함을 견제하기 위해 의정부서사제議政府署事制를 만들었다. 의정부서사제는 6조에서 각기 맡은 업무를 의정부에 보고하고, 의정부에서 3정승이 모여 왕에게 보고한다. 왕에게 집중되는 국정을 정승들이 나누어 처리한다는 의미가 있지만, 의정부가 왕권을 견제할 수 있다. 태종은 직접 왕의 명령을 6조에 하달하고 보고도 직접 받았는데 이를 6조직계제라 한다. 세조도 6조직계제를 통해 강력한 왕권을 행사했다. 수평의 리더십을 지향하는 물병자리 태조는 신권臣權 강화, 시스템에 의해 굴러가는 왕조라는 정도전의 의견을 받아들였으나, 수직적 위계를 중시하는 염소자리 태종은 이를 되돌려 절대왕권을 지향했다. 정도전이 태종 이방원을 견제한 이유가 있다.

> 불행히도 간신奸臣 정도전과 남은 등이 연줄을 타서 권세를 부리고 몰래 권력을 마음대로 하기를 도모하였다. 이에 어린 서자庶子를 세자로 세워 후사後嗣로 삼고서 장유長幼의 차례를 빼앗고 적서嫡庶의 구분을 문란시키고자, 우리 형제를 이간시켜 서로 선동하여 변고를 발생시켰다.
>
> —《태조실록》 15권, 7년(1398) 9월 12일

조선의 적서차별은 태종의 작품으로 1차 왕자의 난 이후 정종의 즉위 교서에 처음 등장했다. 태종은 신덕왕후 강씨의 아들 방석을 세자로 세운 것에 대한 분풀이로 정릉을 이장하고, 서자 및 서얼들의 관직 임용 제한 규정도 만들었다.

> 종친宗親과 각 품의 서얼庶孽 자손子孫은 현관 직사顯官職事에 임명하지 말아서, 적첩嫡妾을 분별하소서.
>
> —《태종실록》 29권, 15년(1415) 6월 25일

사실 신덕왕후는 태조의 정비였지만 태종은 신덕왕후를 후궁으로 강등시켜 방석을 서자로 만든 것이다. 치졸한 염소자리는 이처럼 무섭다.

콤플렉스의 극복, 성군 세종의 발판을 마련하다

태종은 아버지에게 인정받지 못했을 뿐 아니라 결과적으로는 아버지를

숭례문 현판 남대문의 '숭례문崇禮門'이라는 현판 글씨는 양녕대군 친필이다. 숭례문은 서울 4대문 중 정문으로 양녕대군이 직접 현판을 썼다는 것은 그가 당대 빼어난 명필이었음을 알 수 있다. 2008년 숭례문 화재 때 훼손되었는데, 지덕사 소장 탁본 등을 근거로 복원했다.

몰아낸 장본인이 되었다. 그러나 그 콤플렉스를 잘 이겨내 크로노스와 같은 저주의 신탁은 면했다. 나이 들어 현명해진 염소자리는 매우 멋지다. 로맨스 그레이romance grey는 늦되어 인생 후반전에 더 빛을 발하는 염소자리를 위한 말이다.

태종도 말년에 세자 책봉 문제로 골치를 썩었다. 아버지 태조의 역성혁명을 완성하기 위해, 그리고 자신이 왕이 되기 위해 손에 피를 묻혔던 태종은 자식에게 왕위를 물려줄 때만은 피를 보지 않기 원했을 것이다. 그런데 첫째 아들 양녕대군讓寧大君이 문제였다. 양녕대군은 열 살에 세자가 되었다. 그런데 15년 동안 세자로 있었던 양녕대군은 태종 18년 6월 "세자의 행동이 지극히 무도無道하여 종사宗社를 이어받을 수 없다" 하여 쫓겨났다. 태종은 어진 사람을 고르라는 신하들의 말에 따라 셋째 아들 충녕대군忠寧大君을 세자로 삼았다.

양녕대군은 학문에 뜻이 없고 여색을 밝히는 등 비행을 일삼아 폐위廢位되었다고도 하고, 한편으로는 태종의 뜻이 충녕에게 있어 스스로 미친

척하여 양보했다고도 한다. 아버지 태종은 그에게 '양녕讓寧', 즉 '편안하게 살아라'라는 뜻의 이름을 내렸다. 세종은 평생 양녕대군을 형으로 극진히 모셔, 왕이 되지 못한 세자 중 유일하게 천수를 누리다 세조 대代에 죽었다. 손자뻘인 단종과 세조의 비극을 지켜보며 과연 그의 이름처럼 편안하게 살았는지는 모르겠다.

태종은 충녕을 세자로 삼고 두 달 만에 양위했다. 세자를 길들이기 위해 양위 소동을 벌였던 선조나 영조와 달리 깨끗이 물러났다. 그러나 세종은 처음 왕이 되고서도 왕이 아니었다. 태종은 양위하고 나서도 군사권을 내놓지 않고 중요한 결정은 직접 하며 4년을 더 통치했다. 이때 태종은 며느리 소헌왕후昭憲王后의 아버지 심온沈溫에게 역모의 죄를 뒤집어씌워 숙청했다. 자신의 장인 민제 집안이 외척으로 권세를 누리지 못하게 제거한 것처럼 왕권을 위협할 어떠한 불씨도 남겨놓지 않으려 한 것이다. 다만 소헌왕후 심씨의 폐출은 막아주었다.

태종은 염소자리, 세종은 황소자리로 둘 다 흙의 별자리로 안정성이 중요하다. 태종은 충녕대군이 왕이 되기 위해 충분히 공부하고 실전을 익힐 시간을 주었고, 덕분에 세종은 탄탄한 기반 위에 뜻을 펼쳐 오늘날 우리가 가장 사랑하는 성군이 되었으니 태종은 죽어서도 마음이 흡족했을 것이다. 크로노스처럼 아버지를 몰아내고 자신도 자식에게 쫓겨나는 대신 스스로 물러나 성군 세종의 발판이 되어준 것은 태종 최고의 치적이 아닐까.

스스로 왕이 된 염소자리 태종

염소자리는 스스로 운명을 만들기 위해 노력하고 또 노력한다. 염소자리 태종은 이복형제는 물론 개국공신 정도전까지 죽이고 마침내 스스로 왕이 되었다. 미국 행정학의 아버지로 불리는 28대 대통령 우드로 윌슨도 염소자리인데, "운명에 우연이란 없다. 어떤 운명에 부딪치기 전에 인간이 그것을 만든다"고 했다. 그는 1차 세계대전 참전으로 미국을 '세계의 지도자'가 되게 했다.

★우드로 윌슨Thomas Woodrow Wilson 1856년 12월 28일
태양별자리_염소자리♑ * 달별자리_물병자리♒

태조가 역성혁명으로 새 나라 조선을 열고 큰 그림을 그렸다면 태종은 그 뒤를 이어 조선의 기틀을 확립한 왕이다. 물병자리 에너지로 역성혁명을 통해 나라를 창업한 태조 다음에 염소자리 태종과 황소자리 세종이 든든하게 받쳐주었기에 조선은 500년 역사를 지킬 수 있었으리라. 태조와 태종은 그 행보가 서로 어긋나고 부자간에 애정보다 애증의 관계가 유별났으나 각자의 방식으로 조선을 만들어나갔다. 그래서 어떤 별자리가 좋고 어떤 별자리가 나쁘다고 말할 수 없는 것이다. 고유한 가치와 의미로 서로 다른 빛을 발한다.

3

밥심으로 조선의 하늘을 연

황소자리 세종

선농단
선농단先農壇은 중국에서 농사짓는 법을 가르쳤다는 신농씨神農氏와 후직씨后稷氏를 모시고 풍년을 기원하는 제단이다. 우리나라는 신라시대부터 선농의 기록이 보이는데, 조선은 태조 원년 단을 만들고 왕이 친히 제를 지냈다.

황소자리♉

4월 20일 곡우 ~ 5월 21일 소만

상징 풍만한 암소　　음(-)의 별자리

원소 흙　**상태** Fixed　**지배 행성** 금성

★

황소자리는 봄비가 내려 백곡을 기름지게 하는 곡우穀雨에서 소만小滿까지 봄의 한가운데 태어난다. 상징은 풍만한 암소인데, 금성Venus과 미의 여신 아프로디테의 영향으로 아름다운 흰 소다. 제우스의 사랑을 받았으나 암소로 변했던 이오Io라고 한다. 별자리 나이로 7세에서 14세인 황소자리는 '내 것'에 대한 소유욕이 강하다. 아이가 초등학생이 될 무렵부터 내 장난감, 내 방, 내 물건에 집착하는 것과 같다. 황소는 집짐승이기 때문에 안정감 있는 가정, 저 푸른 초원 위의 그림 같은 집이 중요하다. 황소자리는 본능에 충실하고 오감이 발달했으며, 아름다운 자연과 조용하고 느긋한 시간을 사랑한다. 클래식 음악과 그림을 좋아하고 보수적이다. 육중한 몸에 느릿느릿 아재처럼 팔자걸음을 걷기도 하지만 일 하나는 뚝심 있게 잘한다. 소 울음소리가 날까 두려워했던 이오처럼 속말을 잘하고, 말이나 감정도 느리다. 양자리가 금방 화르륵 뜨거워지는 양은 냄비라면 황소자리는 천천히 달아올라 오래 뜨거운 무쇠솥 같다. 소가 네 개의 위로 씹어 삼킨 풀을 되새김질하듯 끝날 때까지 끝난 게 아니라, 뒤끝이 무섭다.

#금성 #소유욕 #이오 #오감만족 #자연 #클래식 #식욕 #목 #뚝심 #뒤끝 #무쇠솥

세종의 네이탈 차트

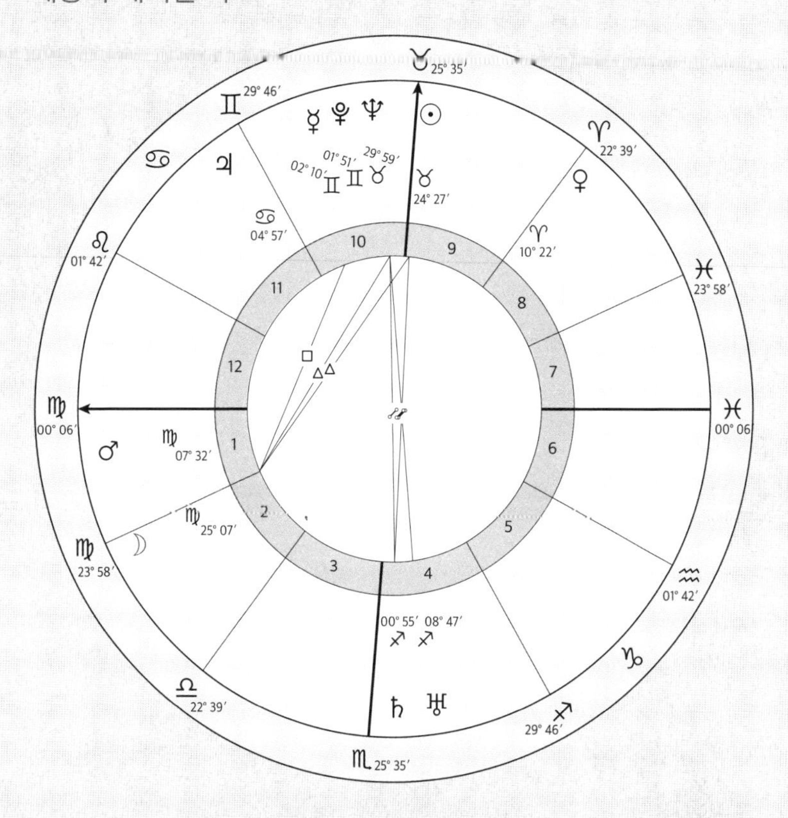

태조太祖 6년 정축 4월 임진에 한양漢陽 준수방俊秀坊 잠저潛邸에서 탄생하였으니, 명나라 태조太祖 고황제高皇帝 홍무洪武 30년이다.

—《세종실록》 1권 총서

세종世宗은 1397년 4월 10일, 양력 5월 7일생으로 태양별자리가 황소자리♉고 달별자리는 21시 40분에 처녀자리♍에서 천칭자리♎로 바뀐다. 세종의 달별자리는 처녀자리일 것이다.

조선, 고기를 탐하다

한국을 대표하는 음식인 불고기는 고구려의 맥적貊炙에서 유래되었다고 한다. 맥적은 고기를 양념해 꼬챙이에 꿰어 구워 먹는 음식이다. 불교를 국교로 내세운 신라와 고려에서는 육식을 금했다. 불교를 폐하고 유교를 숭상하는 조선의 개국은 곧 밥상에 고기를 허許한 것이다. 그러나 농자천하지대본農者天下之大本의 조선에서 소는 농가의 제일가는 재산인 데다, 그 힘을 빌려 농사를 지으면서 고기까지 먹는 것이 미안했던 모양이다. 조선은 시시때때로 우금령牛禁令을 실시했다.

12첩 수라상을 받는 왕도 우금령을 내리고 고기를 먹을 수는 없었다. 실록에는 우금령을 내리거나 가뭄이 들면 왕의 밥상에 육선肉膳, 즉 고기 반찬을 금하라는 명령이 자주 보인다. 그런데 조선의 왕 중에 유독 고기를 사랑한 왕이 있다. 선왕先王은 유언을 남겨 자신의 상중에도 고기를 먹을 수 있게 배려했다.

> 주상은 고기가 아니면 진지를 들지 못하니 내가 죽은 후 권도를 좇아 상제喪制를 마치라.
>
> —《세종실록》 18권, 세종 4년(1422) 11월 1일

바로 우리나라 최고 성군으로 존경받는 세종이다. 세종은 1397년 5월 7일생으로 태양별자리가 황소자리♉고 달별자리는 처녀자리♍다.

오감이 발달한 황소자리는 식욕이 강하다. 선홍빛 질 좋은 살코기를 잘 달궈놓은 불판에 올렸을 때 '치이익' 하는 소리는 황소자리에게 그 어떤 클래식보다 황홀하게 들린다. 맛있는 음식은 눈과 코와 귀, 입과 혀를 넘어 내장까지 완벽하게 만족시키기 때문이다. 누구나 배가 고프면 성질이 좀 사나워지지만 황소자리를 배고프게 만들면 정말 무섭게 화를 낸다. 그렇다고 맛없는 음식으로 배를 채우지도 않는다. 황소자리는 맛집을 찾아다니는 미식가나 요리사가 많다. 본래 몸집이 크고 느린 데다 맛있는 음식을 사랑하는 황소자리들은 비만을 조심해야 한다. 태종은 세종이 살찐 것을 걱정해 사냥을 권했다.

제왕의 학문, 천문과 역법

> 함길도의 화주和州에 흙이 있는데, 빛깔과 성질이 밀[蠟]과 같았다. 굶주린 백성들이 이 흙을 파서 떡과 죽을 만들어 먹으매, 굶주림을 면하게 되었는데, 그 맛은 메밀[蕎麥] 음식과 비슷하였다.
>
> —《세종실록》 19권, 5년(1423) 3월 13일

당대에 이미 해동요순海東堯舜으로 불렸던 세종이지만, 즉위 후 10년 동

광화문 세종대왕 동상 광화문에는 세종대왕 동상이 있다. 우리가 가장 사랑하는 최고의 성군이자 경복궁에서 즉위하고 승하한 최초의 임금이었던 역사적 사실을 고려해 동상을 세웠다 한다.

안 가뭄이 계속되었다. 굶주린 백성들이 흙을 파서 먹을 정도였다니 황소자리 세종은 더욱 참을 수 없었을 것이다. 황소자리 기호 ♉는 황소의 뿔 혹은 태양에너지를 달의 그릇에 담아 대지에 뿌리내리는 모습이다. 가뭄 때문에 세종은 꼬박 열하루를 앉아서 아침을 맞이하는가 하면 경회루 옆에 초가를 짓고 2년 3개월을 살기도 했다.

슈퍼컴퓨터로 날씨를 예측하는 과학의 시대인 오늘날에도 기상예보는 틀리기 일쑤다. 태풍의 진로는 번번이 예측을 벗어나고, 천재지변에 속수무책으로 당할 때가 많다. 농업이 산업의 근간이었던 조선 시대에 날씨는 지금보다 중요했다. 천재지변은 모두 왕의 잘못이라 가뭄에는 기우제를 지내고, 왕이 직접 '내 탓이오'를 외치는 반성문을 썼다. 왕을 상징하는 해가 달에 가리는 일식은 전쟁이나 전염병 등 불길한 징조로 여겨, 해가 다시 나오길 기원하는 의식인 구식례求蝕禮를 행했다.

조선의 왕은 통치자이자 제사장으로 백성을 대표하여 하늘과 땅, 인간([illegible])의 신에게 제사를 지내는 것이 중요했다. 우리가 영화나 드라마의 사극에서 자주 듣는 "이 나라 종묘와 사직을 어찌하려고 이러시나이까"에서 종묘宗廟는 역대 왕과 왕비에게 제사를 지내는 곳이고, 사직社稷은 토지신 사社와 곡식신 직稷에게 제사를 지내는 곳인데, 유교 문화를 대표하는 공간인 두 곳을 합쳐 조선 왕실의 대명사로 사용한 것이다.

농사를 짓는 데 가장 중요한 강우량을 측정하는 측우기測雨器는 조선 세종 이래로 널리 쓰였다.

조선 시대 기우제 현황

왕명 / 재위	횟수	연평균	왕명 / 재위	횟수	연평균
태종 / 18	38	2.1	효종 / 10	31	3.1
세종 / 32	199	6.2	현종 / 15	80	5.3
세조 / 14	23	1.6	숙종 / 46	177	3.8
성종 / 25	47	1.8	영조 / 52	174	3.3
중종 / 39	113	2.9	정조 / 24	92	3.8
명종 / 22	51	2.3	순조 / 34	128	3.7
선조 / 41	45	1.1	철종 / 14	34	2.4
광해 / 14	42	3.0	고종 / 43	186	4.3
인조 / 27	48	1.7			

* 기우제 횟수 20회 미만은 생략.
* 횟수는 재위 기간 동안 기우제를 지낸 총 횟수.

1639년 로마에서 이탈리아의 가스텔리Benedetto Castelli가 처음 측우기로 강우량을 관측했다고 한다. 조선이 이보다 약 200년이나 앞섰으니 측우기는 세계 최초로 우리나라에서 발명한 것이다. 측우기를 장영실蔣英實의 발명품으로 아는 이가 많은데, 실록에 따르면 문종이 만들었다.

> 근년 이래로 세자가 가뭄을 근심하여, 비가 올 때마다 젖어 들어간 푼수[分數]를 땅을 파고 보았었다. 그러나 적확하게 비가 온 푼수를 알지 못하였으므로, 구리를 부어 그릇을 만들고는 궁중宮中에 두어 빗물이 그릇에 괴인 푼수를 실험하였다.
>
> —《세종실록》 92권, 23년(1441) 4월 29일

문종은 1421년 여덟 살 어린 나이에 세자가 되어 1450년 즉위하기까지 세자 기간만 30년을 지냈다. 그는 세종 말년에 대리청정을 하는 동안 측우기를 발명할 정도로 천문학과 산술에 뛰어났다고 한다. 문종文宗은 1414년 11월 15일생*으로 태양별자리가 사수자리♐다. 사수자리는 자기의 목표를 이루기 위해 큰 그림을 그리고 탄탄한 허벅지의 힘으로 일을 강력하게 추진한다.

서기전 221년 진시황이 중국을 최초로 통일하고 강력한 중앙집권 체제를 확립한 이래 동아시아 국가들은 모두 중국의 달력을 사용했다. 중국은 제후국에 책력을 하사하고, 독자적인 역법 연구를 금했다. 우주의 운행질서는 천자天子의 전유물로 역법과 천문은 제왕의 학문이었기 때문이다. 우리도 세종 이전까지, 그리고 일본은 1873년 서양의 태양력을 받

* 문종이 태어난 날의 달별자리는 오후 5시 13분에 사수자리에서 염소자리로 바뀐다.

아들이기 전까지 중국의 달력을 따랐다. 그런데 중국의 책력을 받아 쓰다 보니 중국과 우리의 하늘이 달라 맞지 않는 경우가 많았다. 일식 예보 시각이 틀리면 곤장을 맞거나 옥에 가두던 때니 이는 매우 중요한 일이었다.

서운관書雲觀은 고려 말부터 조선 초까지 천문, 기상, 역법 등을 관장하는 기관이었는데, 세종 대에는 총책임자를 영의정으로 하고 인원을 늘렸다. 오늘날 국무총리가 천문대장과 기상청장을 겸한 것이다. 그리고 우리 하늘에 맞는 우리 고유의 달력을 만들었다. 그 집대성이 《칠정산七政算》이다. 《칠정산내편七政算內篇》은 명나라 원통元統이 편찬한 《대통통궤大統通軌》를 바탕으로 우리의 달력을 만든 것이고, 《칠정산외편七政算外篇》은 원나라 때 전래된 아라비아의 천문서인 《회회력回回曆》을 조선의 실정에 맞게 고친 것이다.

《칠정산》은 해와 달, 수성·금성·화성·목성·토성 등 일곱 행성의 움직임을 관측해서 만든 것으로, 1년을 365.2425일로 계산하고, 한 달을 29.530593일로 계산할 정도로 정확했다. 당시의 일식 예보는 지금 계산해도 1~3분 정도의 오차밖에 나지 않는다고 한다. 조선이 독자적 달력을 갖게 된 것은 요즘으로 말하면 핵무기 개발만큼이나 큰 혁명이고, 제후국으로서 중국에 대한 도전이었다. 조선의 시간과 하늘을 만들고자 했던 세종대왕과 장영실의 이야기를 담은 영화 〈천문: 하늘에 묻는다〉(2019년, 허진호 감독)에서도 신하들이 중국을 겁내는 모습이 나온다.

> 제후 나라에 어찌 두 가지 역서曆書가 있을 수 있겠는가. 우리나라에서 개별적으로 역서를 만드는 것은 매우 떳떳하지 못한 일이다. 중국 조정에서 알고 힐문하여 죄를 가한다면 답변할 말이 없을 것이다.
>
> —《선조실록》 107권, 31년(1598) 12월 22일

혼천의 우리나라는 삼국시대 후기에서 통일신라 시대부터 천체의 위치와 운행을 통해 시간을 측정하는 혼천의를 만들어 사용했을 것으로 추측된다. 조선 시대 천문학은 천체의 움직임, 기후의 변화를 살펴 통치와 농사에 이용했는데, 독자적인 달력인 《칠정산》을 만들 정도로 수준이 높았다. 국립고궁박물관 소장.

임진왜란 때 선조는 《칠정산》이 중국에 알려질까 두려워 달력 제작을 금지했다. 그러나 다행히 효종이 금지를 풀고 청나라의 시헌력에 《칠정산》을 응용해 계속 활용했다.

밥이 하늘이다

제우스가 바람을 피우다 헤라에게 딱 걸려 흰 암소로 변했던 이오가 하늘에 올라가 만들어진 황소자리는 열두 별자리 가운데 두 번째 별자리로, 별자리 나이는 7세에서 14세다. 첫 번째 양자리가 0세에서 7세로 자아 정체성을 확립하는 시기라면, 황소자리는 내 것에 대한 소유욕을 보이며 나와 남을 구분하는 시기다. 아이가 초등학교에 들어가 처음 내 방,

내 책가방, 내 장난감이 생기면서 이에 집착하는 것과 같다. 그들은 신용과 물질적 풍요를 중시하는데, 소처럼 근면을 무기로 자신의 삶을 성실히 일구어간다. 황소자리를 지배하는 금성은 사랑과 미의 여신으로, 그 기호 ♀는 태양이 십자를 통해 물질계, 지구에 닻을 내리고 있다. 물질계에 활기를 주어 그 성장을 촉진하니 미의 여신은 풍요와 다산의 신으로 숭배받았다. 태양과 천체의 에너지를 받아들여 양분을 만드는 인간의 활동이 농사다.

> 밥은 백성의 하늘이요, 농사는 정치의 근본이다.
>
> —《세종실록》 86권, 19년(1437) 7월 23일

세종은 궁에서 직접 논을 일구며 농경과 치수 방법을 정리해《농사직설農事直說》을 편찬했다.《농사직설》은 이앙법에서 비료 만드는 법까지 자세하게 다룬 실용 농학서다. 밥이 하늘임을 알았던 황소자리 왕 세종은《칠정산》과《농사직설》을 편찬해 조선만의 하늘을 열고 백성을 편안케 함으로써 농자천하지대본 조선의 경제적 기틀을 확립했다.

세종대왕과 함께 우리가 가장 사랑하는 영웅 이순신李舜臣도 황소자리다. 육군 출신으로 임진왜란 때 수군으로 발령받은 그는 망망대해에서도 먼저 섬에 둔전屯田을 설치하고 군대의 먹거리부터 해결했다. tvN 예능 프로그램 〈삼시세끼〉로 유명해진 전남 고흥과 보성 사이의 섬, 득량도得粮島가 이순신이 식량을 얻은 곳이다. 미국의 역사가 폴 케네디Paul Kennedy가 "비전과 애국심으로 모두를 감동시킬 줄 아는, 뚝심 있고 부지런한 리더"라고 평했던 트루먼 대통령도 황소자리인데, 미주리 주 시골에서 태어난 농부의 아들로 1차 세계대전이 일어나기 전까지 농장에서 일했다.

★이순신 1545년 4월 18일
태양별자리_황소자리♉ ＊ 달별자리_게자리♋

★트루먼Harry S. Truman 1884년 5월 8일
태양별자리_황소자리♉ ＊ 달별자리_전갈자리♏

흙의 별자리인 황소자리는 부동산을 좋아하고, 농업생산량을 늘리려면 경작 면적을 늘리는 것이 우선이다. 세종은 왜구의 침략으로 버려졌던 경상남도 남해를 개간하고 오랑캐의 수탈로 피폐해진 압록강과 두만강에 4군 6진을 설치해 국경을 바로 했다. 모두 농지를 넓히기 위함이었다. 한반도 농지 면적은 고려 말 70만 결에서 세종 대 약 170만 결로 늘었다. 농업생산량도 1결당 300말 정도에서 1,200말까지 4배 급증했다.*

조선의 황소자리 왕: 세종·중종·단종

조선의 황소자리 왕은 세종과 중종 두 명이다. 그러나 중종반정은 신하들에 의한 것으로 왕권이 약했고, 중종은 세자를 거치지 않아 왕이 될 준비가 되어 있지 않았다. 조강지처 단경왕후端敬王后와 강제 이혼까지 당한 중종은 38년 2개월 오랜 시간 왕위를 지켰으나 뚜렷한 치적을 남기지 못했다. 황소자리에게 가장 중요한 가정이 깨지고 안정감이 부족해 훌륭한 왕이 되지 못하고 재위 기간만 길었다.

* 최지희, 〈기후변화와 가뭄, 그리고 홍수—선조들과 선진국의 대처법〉, 《건설경제신문》, 2016년 1월 4일.

★중종 1488년 4월 16일
태양별자리_황소자리♉ * 달별자리_쌍둥이자리♊

달별자리가 황소자리인 왕은 단종이다. 조선 최초의 적장자였던 아버지 문종이 일찍 죽고 단종은 너무 어린 나이에 왕이 되었다. 조선 최초 왕세손으로 기대가 컸으나 왕이 될 준비가 아직 되지 않았고, 수렴청정垂簾聽政해줄 할머니나 어머니도 없는데 한창나이의 숙부들만 많았다. 결국 당연히 자신의 것이었던 왕위를 숙부 세조에게 빼앗기고 천리 먼 곳 영월로 유배를 갔으니 단종은 얼마나 원통했을까. 그러나 "끝날 때까지 끝난 것이 아니다(It ain't over till it's over)"라는 황소자리 야구선수 요기 베라의 명언처럼 그는 세조보다 더 오래, 지금까지도 사람들의 사랑을 받고 있다.

★단종 1441년 8월 9일
태양별자리_사자자리♌ * 달별자리_황소자리♉

★요기 베라Yogi Berra 1925년 5월 12일
태양별자리_황소자리♉ * 달별자리_황소자리♉

세종 CEO의 인큐베이팅, 집현전

세종의 지혜가 나온 원천은 역사 공부다. 태종이 글 읽기에 열중하는 세종의 건강을 염려해 책을 치워버리자 세종은 책 한 권을 천 번이나 읽었다고 한다. 아무리 책을 좋아해도 성격 급한 양자리나 호기심 많은 쌍둥이자리로서는 할 수 없는 일이다. 풀도 되새김질하는 황소자리니 가능한 일이다. 돌다리도 두드려보고 건너는 보수적인 황소자리는 생각과 행동에 시간이 필요해 늦되는 편이지만, 한 번 생각을 정하면 그 길을 우직하게 걸어가 마침내 성과를 이룬다.

세종의 세자 시절은 겨우 2개월이었고, 세자가 아닌 왕자는 제왕학을 공부할 수 없었다. 다행히 세종은 태종이 양위하고도 손에서 국사를 놓지 않던 4년 동안 공부와 실전을 함께하며 시간을 벌었다. 태종이 황소자리 세종의 토대를 닦아준 것이다. 황소자리는 탄탄한 기반 위에서 일을 시작하며 느리지만 확실하게 자기 왕국을 건설한다.

흙의 별자리 중에서도 가장 현실감각이 강한 황소자리는 책도 고대 영웅 이야기나 제국을 건설한 위인의 일대기를 좋아한다. 세종은 즉위 후 고려사를 철저히 공부했다. 그는 30년 만에 김종서金宗瑞와 정인지鄭麟趾에게 139권 75책에 이르는 《고려사高麗史》를 완성케 하고 중국의 사서도 열심히 연구했다. 대표적인 역사서인 《자치통감資治通鑑》 완질을 구해 읽고, 학자들로 하여금 주석서 《자치통감훈의資治通鑑訓義》를 편찬케 했다. 그 바탕에는 세종의 싱크탱크, 집현전集賢殿이 있다.

황소자리의 별명은 녹색 엄지손가락green thumb이다. 화분 하나를 키워도 잘 키우는 마법의 손으로 식물만이 아니라 재물, 사업과 사람 등 무엇이든 자라고 번성하게 하는 재능이 있다. 황소자리 CEO는 마치 미숙아를 인큐베이터에서 키우듯 직원을 성장시킨다. 주식에서 불마켓bull market은 장기간에 걸친 주가 상승이나 강세장으로 증식과 번영을 촉진하는 황소bull에 비유한 것이다.

원래 정종 때 만들었으나 유명무실했던 집현전을 세종은 확대하여 개편했다. 즉위 2년 되던 해 궁내에서 가장 전망이 좋은 경회루 옆에 집현전을 설치하고 학자들이 연구에 몰두할 수 있도록 10년, 20년씩 머물게 했다. 세종은 사람을 키우고 학문을 연구하는 데 시간이 필요하다는 것을 알고 그에 알맞은 환경을 조성해준 것이다. 트루먼 대통령도 "아이들에게 조언하는 가장 좋은 방법은 아이들이 무엇을 원하는지 알아내 그것을 하라고 조언하는 것"이라고 했다. 황소자리 직원이 조금 느려 보이더라도 기다려주라. 그들은 시간이 좀 걸려도 우직하고 성실하게 일해서 최고의 성과로 보답할 것이다.

집현전은 인재 양성과 학문 진흥을 위한 텃밭, 인큐베이터로 황소자리 세종의 생산력을 더욱 키워주었다. 부산 동래현의 관노였던 장영실이 천문기구와 금속활자 등의 발명에 혁혁한 공을 세우며 조선 최고의 발명왕이 될 수 있었던 것도 황소자리 세종의 인큐베이팅 덕분이었으리라. 영화 〈천문: 하늘에 묻는다〉에서 손꼽히는 명대사가 "제 소원은 평생 전하의 곁에서 사는 것이옵니다"이다. 자신의 재능을 알아봐 준 임금에 대한 신하들의 마음이 모두 그와 같지 않았을까.

애민군주, 한글을 만들다

세종이 집현전을 바탕으로 만든 최고의 걸작은 《칠정산》과 더불어 '훈민정음', 곧 한글이다.

> 나랏말이 중국과 달라 한자漢字와 서로 통하지 아니하므로, 우매한 백성들이 말하고 싶은 것이 있어도 마침내 제 뜻을 잘 표현하지 못하는 사람이 많다. 내 이를 딱하게 여기어 새로 28자字를 만들었으니, 사람들로 하여금 쉬 익히어 날마다 쓰는 데 편하게 할 뿐이다.
>
> —《세종실록》 113권, 28년(1446) 9월 29일

세종이 한글을 만든 이유는 훈민정음 어제御製에 밝히고 있어 우리

가 잘 알고 있다. 언어는 그 언어를 사용하는 이들의 고유한 생각과 사고 체계, 생활상을 반영한다. 북극의 원주민 이누이트족의 이누이트어는 눈에 관한 단어를 aput(땅에 쌓인 눈), qana(내리고 있는 눈), piqsirpoq(바람에 흩날리는 눈), qimuqsuq(바람에 흩날려 한곳에 쌓인 눈) 등 다양하게 사용한다. 우리 고유의 말이 있으나 이를 표현할 우리글이 없어 빌려서 쓴 중국 한자는 어렵고, 뜻이 잘 통하지 않을 수밖에 없었다. 세종은 일찍부터 이에 대해 걱정해 왔다.

> 비록 사리事理를 아는 사람이라 할지라도, 율문律文에 의거하여 판단이 내린 뒤에야 죄罪의 경중輕重을 알게 되거늘, 하물며 어리석은 백성이야 어찌 범죄한 바가 크고 작음을 알아서 스스로 고치겠는가. 비록 백성들로 하여금 다 율문을 알게 할 수는 없을지나, 따로이 큰 죄의 조항만이라도 뽑아 적고, 이를 이두문[吏文]으로 번역하여서 민간에게 반포하여 보여, 우부우부愚夫愚婦들로 하여금 범죄를 피할 줄 알게 함이 어떻겠는가.
>
> —《세종실록》 58권, 14년(1432) 11월 7일

세종은 법을 몰라 죄를 짓는 백성을 안타깝게 생각해 큰 죄의 조항만이라도 이두문으로 번역해 반포하려 했었다. 그러나 신하들은 간악한 백성이 법을 알게 되면 이를 농간하는 무리가 있을 것이라며 반대했다. 세종은 "모름지기 세민細民으로 하여금 금법禁法을 알게 하여 두려워서 피하게 함이 옳겠다" 하며 뜻을 굽히지 않았고, 한발 더 나아가 백성이 배워 쓰기 편한 우리글, 한글을 만든 것이다.

처녀자리는 아스트라이아, 정의의 여신이다. 법원 앞에 저울과 칼을 들고 서 있다. '금金의 시대'에는 신과 사람들이 어울려 지상에서 살았다. 지상에 계절이 생기고 농업이 시작되면서 사람들 사이에 분쟁과 싸움이

일어나자 신들은 지상을 버리고 하늘로 돌아갔다. 아스트라이아만은 인간을 믿고 지상에 살면서 열심히 정의의 길을 설명했다. 이 시대를 '은銀이 시대'라고 한다. 인간이 거짓과 폭력을 일삼고 친구와 부모 형제들까지 서로 죽이며 피를 흘리는 '동銅의 시대'가 되자 아스트라이아도 끝내 참지 못하여 하늘로 돌아가 처녀자리가 되었다. 백성을 위하고 가르치는 세종의 마음과 아스트라이아의 마음이 비슷하다. 세종의 달별자리가 처녀자리♍다.

처녀자리의 기호 ♍는 알파벳의 m 자를 닮아 마리아Maria, 처녀maiden, 의술medicine, 측량measure, 세심함meticulous 등의 단어를 연상시킨다. 처녀자리는 극소수의 인간들만이 달성할 수 있는 순결과 완벽을 이상으로 삼는다. 전갈자리의 기호 ♏도 알파벳의 m 자를 닮았으나 금전money과 연결되어 유산과 부채를 다스린다. 전갈자리 왕 태조는 왕의 비상금인 내탕금內帑金을 조성했다.

한글 창제에 관한 내용은 실록에 자세히 전하지 않는다. 최근에는 세종의 둘째 딸 정의공주貞懿公主와 집현전 학사 출신인 신미대사信眉大師가 한글 창제의 숨은 공신이라는 설도 있다.

> 즉 세종이 우리말과 한자가 서로 통하지 못함을 딱하게 여겨 훈민정음을 만들었으나, 변음과 토착을 다 끝내지 못하여서 여러 대군에게 풀게 하였으나 모두 풀지 못하였다.
>
> 드디어 공주에게 내려 보내자 공주는 곧 풀어 바쳤다.
>
> 세종이 크게 칭찬하고 상으로 특별히 노비 수백을 하사하였다.
>
> —《죽산안씨대동보竹山安氏大同譜》 중에서

죽산 안씨 문중의 족보에 따르면 정의공주가 훈민정음에 공이 크다.

그동안 해석이 완전하지 못했는데, '변음變音'은 '말로 할 때 변하는 음', '토착吐着'은 '한문 구절 아래에 토를 다는 것'으로 해석한 것이다. 정의공주는 여자에 출가외인이었다. 학자들이 훈민정음을 여자들이나 쓸 '암글'이라 낮추어 부르는데, 공주가 나서기 어려웠을 것이다. 정의공주는 1415년 8월 16일생으로 태양별자리는 처녀자리♍고 달별자리는 염소자리♑로 맡은 바 책임을 성실히 수행해도 앞으로 나서지는 않았겠다. 세종이 칭찬하고 상을 내린 것에 만족했으리라.

신미대사는 영의정을 지낸 김훈金訓의 아들로, 명신 김수온金守溫이 친동생이다. 세종이 훈민정음을 반포(1446년)하기 8년 전에 이미 《원각선종석보圓覺禪宗釋譜》에서 한글의 글자 원리를 실험했다는 것인데, 학계에서는 《원각선종석보》를 위작으로 보고 있다. 신미대사는 집현전 학사 출신으로 중국어, 범어(산스크리트어), 티베트어 등 외국어에 능통했다. 〈복천암사적기福泉庵事蹟記〉에도 "세종은 복천암에 머물렀던 신미대사로부터 한글 창제 중인 집현전 학자들에게 범어의 자음과 모음을 설명하게 했다"고 기록되어 있다.

창제자가 알려진 세계 최고의 과학적인 문자, 한글이 창제될 당시의 상황은 잘 알려져 있지 않다. 집현전 학자들과 만들었다고도 하는데, 집현전 학자 중 최만리崔萬理 등은 이를 반대하는 상소를 올려 의금부에 갇히기도 했다. 당대에도 비밀스럽게 진행된 프로젝트라서 오늘날 그 흔적을 찾기는 더욱 어렵다. 황소자리는 소 울음소리가 날까 봐 한동안 말하지 못했던 이오처럼 과묵하다. 반포까지 다시 2년의 시간이 더 필요했던 것은 반대하는 신하들을 어르고, 한글이 잘 쓰일 수 있는지 확인하는 절차를 위해서였다. 더디게 가더라도 확실하고 완벽한 것을 추구한 것이다.

《성종실록》에 한글 창제를 위해 기울인 세종의 노력이 기록되어 있다. 세종은 당시 명나라의 언어학자인 한림학사翰林學士 황찬黃瓚을 만나려 했으나 명나라 조정에서 허용하지 않았다고 한다. 마침 황찬이 죄를 짓고 요동遼東에 귀양 가 있어 세종은 성삼문成三問과 신숙주申叔舟 등을 보내지만 처음에는 거절당했다. 성삼문 일행은 삼고초려三顧草廬 끝에 그를 만나고, 열세 번이나 요동과 조선을 왕래해 음운音韻에 관한 것을 의논했다.

외국의 언어학자를 삼고초려했을 정도니 곁에 있는 왕사王師 신미가 외국어에 정통한데 세종이 그의 도움을 받지 않았을까? 실록에 기록된 신미는 세종을 꾀어 불교를 믿게 한 요망한 중이었다. 그러나 세종은 신미를 우국이세祐國利世, 나라를 도와서 세상을 이롭게 한 이라 칭송했다. 세종이 불교를 좋아하는 것이나, 조선의 하늘을 열고 독자적인 달력을 만들고, 중국의 글 대신 한글을 만든 것 모두 조선의 기본 정책인 숭유억불, 사대주의에 반하는 것이니 당시 학자들이 좋아하지 않았다.

수용의 커뮤니케이션, 소통의 왕

황소자리 기호 ♉는 영靈 위에 달이 올라간 모습이고, 달은 모든 그릇의 원형으로 수용을 의미한다. 처녀자리의 기호 ♍ 역시 처녀 상태의 여성 생식기, 폐쇄적인 구조로 수용적이다. 황소자리나 처녀자리는 모두 앞에 나서는 이들이 아니다. 발산하고 진취적으로 나아가는 양의 별자리가 아니라 받아들이고 머무는 음의 별자리다. 세종은 이를 바탕으로 수용의 커뮤니케이션을 발달시켜 소통의 왕이 되었다. 왕위에 오른 바로 다음 날, 세종은 종묘에 고하고 신하들에게 처음 말했다.

내가 인물을 잘 알지 못하니, 좌의정·우의정과 이조·병조의 당상관堂上官

과 함께 의논하여 벼슬을 제수하려고 한다.

—《세종실록》 1권, 즉위년(1418) 8월 12일

조선왕조 연구의 권위자인 박현모 여주대 교수에 따르면, 세종은 회의를 통한 의사결정이 63퍼센트, 명령이 29퍼센트였다. 수많은 정치인들이 소통을 이야기하며 세종을 내세우는데, 세종은 진정한 소통이란 듣는 것이 먼저임을 알았다.*

실록에 기록된 조선 최초의 여론조사는 세종의 수용 커뮤니케이션을 잘 보여준다. 1430년 세종은 172,806명의 백성을 대상으로, 약 5개월에 걸친 여론조사를 실시했다. 하늘의 뜻을 땅에 펼치는 절대 권력자 왕이 파격적으로 여론조사를 실시한 이유는 조세 개혁 때문이었다. 세종은 농지 소득에 따라 세금을 거두는 과전법科田法을 정액세인 공법貢法으로 바꾸어 토지의 크기에 따라 동일한 세금을 내게 함으로써 조세의 공정성과 투명성을 높이고자 했다. 그러나 조정의 대신들은 토지를 소유하고 있기 때문에 자신들의 이익에 반하는 공법제도를 반대했다. 세종이 아껴 조선의 명재상으로 손꼽히는 황희黃喜 정승도 이를 반대했다. 요즘 국회에도 자신의 이익을 위해 공익을 저버리는 이들이 많아 안타까운데, 조선 시대나 현재나 마찬가지인 모양이다.

그러나 세종은 무조건 개혁 시행만을 주장하지 않았다. 과거시험에 공법의 개선책에 대해 논하게 하고 여론조사를 실시했다. 여론조사는 전국에 걸쳐 지역별로 고을 수령에서 평민에 이르기까지 조사 대상을

* 〈[역사대담] 21세기 영웅 소환 프로젝트② 세종—세조: 문화강국과 부국강병 이끈 쌍두마차〉, 《중앙시사매거진》 201611호, 2016년 10월 17일.

고르게 배분했다. 처음 공법을 시행하겠다고 말한 1427년부터 충청, 전라, 경상도에 먼저 시행한 1443년까지 무려 17년 동안 공을 들여 마침내 뜻을 이루었다. 신중하게 계획을 세우고 구체적으로 실행에 옮겼으니 황소자리와 처녀자리가 조화를 잘 이루었다.

밥심으로 하늘을 연 황소자리 세종

조선 개국 30년, 나라의 기틀을 확립해야 할 시기에 황소자리 왕 세종이 있었던 것은 하늘의 뜻이었을까? 세종은 절대왕권의 조선에서 신하와 의견을 나누고 백성을 돌아보며 현장에서 답을 찾는 진정한 애민군주였다. 천하의 중심 중국에 반反하더라도 중심을 잡고 우직하게 자신이 뜻한 바를 이루었다. 우리 하늘을 열고, 우리 땅에 맞는 농사법을 발전시키고, 우리말에 맞는 편하고 쉬운 우리글을 만든 세종의 업적은 모두 조선을 중심에 두고 조선 고유의 것을 만든 것이다. 조선은 개국부터 중국의 제후국을 자처했지만 독립국으로서의 면모를 보인 것은 황소자리 세종이 밥심으로 조선의 하늘을 열고 조선의 언어를 만든 덕분 아니겠는가.

농부가 농사를 지을 때 계절과 날씨의 변화를 무시할 수 없다. 또 그 변화에만 맡기고 게을리하면 풍성한 수확을 기대할 수 없다. 별자리와 개인의 운명도 마찬가지다. 타고난 별자리의 의지와 가능성도 중요하지만, 시대와 문화적 흐름을 타고 주변 사람들과 조화를 이루는 것이 중요하다. 별들이 운명을 지배하는 것이 아니라 사람이 운명을 지배하는 것이다. 별들과 우주의 리듬을 파악함으로써 우리는 더 강력하게 자신의 운명을 만들어갈 수 있다.

☆ 세종은 왜 며느리들을 쫓아냈을까?

태양계에서 가장 큰 목성은 수많은 위성을 거느렸는데, 2018년까지 공인된 위성만 79개다. 국제천문연맹IAU의 천체 명명 규정에 따라 제우스를 상징하는 목성의 위성에는 그의 자손 또는 연인의 이름을 붙인다. 아직 확인하지 못한 위성이 100개가 훨씬 넘을 것으로 예측되지만, 그리스 신화의 수많은 이야기가 제우스의 바람에서 비롯됐기에 위성을 명명하는 데 부족함은 없을 것이다.

목성과 가장 가까운 위성 이오Io는 열두 별자리 가운데 두 번째인 황소자리와 관련이 있다. 어느 날 제우스가 강의 신 이나코스Inachus의 아름다운 딸 이오에게 반했다. 검은 구름으로 감추고 사랑을 나누는데 갑자기 아내 헤라가 다가오자, 제우스는 놀라서 이오를 암소로 바꾸었다. 헤라는 소가 아름답다며 선물로 달라고 해서는 눈이 100개 달린 아르고스Argos에게 24시간 감시를 맡겼다. 결국 제우스가 다시는 이오를 만나지 않겠다고 약속한 다음에야 이오는 헤라의 손에서 풀려났다. 제우스는 미안한 마음에 이오가 변한 소를 하늘로 올려 황소자리를 만들어주었다. 결혼과 가정윤리, 출산을 주관하는 여신 헤라에게 미움을 받아 고생한 때문일까. 황소자리는 신용과 안정된 가정, 배우자를 매우 중시한다.

황소자리 세종은 소헌왕후와 사이가 매우 좋았다. 소통의 왕으로 유명한 세종이 고집을 피운 게 딱 두 번 있는데, 한글을 만들 때와 소헌왕후가 승하하고 창덕궁 옆에 불당을 세우려 할 때였다.

> 만일 어진 임금이라면 반드시 경들의 말을 따르겠지만, 나는 부덕否德하니까 따를 수가 없다.
>
> —《세종실록》 121권, 30년(1448) 7월 19일

조선은 숭유억불, 유학을 숭상하고 불교를 배척하는 정책을 앞세웠는데 왕이 불당을 세우려 하자 영의정부터 모두 나서 반대 상소를 올리고 사직 성명을 냈다. 성균관 유생들은 단식투쟁도 했다. 신하들이 강하게 반발하자 세종은 왕 노릇 못해 먹겠다며 출궁까지 감행하고, 결국 소헌왕후를 위한 법당을 지었다.

세종은 자신이 일찍이 지켜주지 못했던 왕비의 넋이라도 위로하고자 고집을 피운 것이다. 태종은 외척의 횡포를 막기 위해 자신을 왕위에 오를 수 있도록 도운 장인 집안을 제거했다. 소헌왕후의 아버지 심온도 반역자로 몰아 죽였다. 또한 외척 세력을 경계하기 위해 십여 명의 후궁을 두었고, 아들 세종도 그렇게 하도록 해 소헌왕후 외에 열 명의 후궁이 있었다. 덕분에 세종은 아들만 열여덟 명으로 조선의 왕 스물일곱 명 중 아들이 가장 많았다.

뿌리 깊은 나무는 바람에 흔들리지 않지만, 가지 많은 나무에 바람 잘 날 없는 걸까. 세종은 죽어서 아들들이 문제였고, 살았을 때는 며느리 문제로 골머리를 썩었다. 시작은 큰 아들, 왕세자 향珦(문종)의 세자빈 간택부터였다.

> 지금 세자의 비妃를 간택揀擇하기 위하여 13세 이하의 처녀들에게 모두 혼인을 금지했는데, 그중 부모가 늙고 병들어서 속히 혼인을 이루려는 자가 어찌 없겠는가. 빨리 합당한 자 2, 3명을 간택하고, 나머지는 모두 혼인을 허용하도록 하라.
>
> —《세종실록》 27권, 7년(1425) 1월 5일

조선 시대에 세자빈이나 왕비를 간택할 때 백성들의 결혼은 금지되었다. 최고의 여인을 왕가에 들이기 위해서다. 세종은 백성들의 불편을 최소화하기 위해 세자빈의 빠른 간택을 명했으나 결혼 금지령은 넉 달 뒤인 5월 1일에나 풀렸다. 혼례식은 2년 뒤에 거행되었다. 황소자리답게 명가의 딸 중에 완벽한 며느리를 고르고 고르느라 오래 걸린 모양이다. 그런데 휘빈 김씨는 2년도 못 되어 쫓겨났다.

> 총부冢婦가 덕을 잃어 세자의 배필이 될 수 없으므로 대의大義를 위하여 '사사로운' 은의恩義를 끊고, 감히 폐빈廢嬪을 고유하오니 밝게 살피소서.
>
> —《세종실록》 45권, 11년(1429) 7월 19일

김씨는 아버지 세종을 닮아 학문에 정진하고 자신에게 관심 없는 세자 때문에 속앓이를 했다. 그런데 자신은 가까이하지 않으면서 다른 여자를 좋아하니 마음이 좋을 리 없었다. 여자의 질투는 오뉴월에도 서리를 내리게 하는 법, 김씨는 시녀 호초胡椒에게 들은 대로 세자가 좋아하는 여인의 신발을 가져다 불에 태워 가루를 만들고 이를 술에 몰래 타서 세자에게 마시게 했다. 또 두 뱀이 교접할 때 흘린 정기精氣를 수건으로 닦아서 차고 다녔다. 왕가의 여인이 해괴한 주술을 사용하다니 세종은 며느리를 내쫓고 호초는 목을 베었다.

전국에 다시 금혼령이 내려졌다. 세자의 나이 이미 16세니 후사를 잇는 일이 중대했다. 석 달 만에 순빈 봉씨가 간택됐다. 그러나 7년 만에 또 일이 터졌다. 세자빈이 거짓 임신 소동에 이어 동성애를 했다는 것이다. 세종이 직접 궁궐의 여종 소쌍을 불러 진상을 확인했다.

> 지난해 동짓날에 빈께서 저를 불러 내전으로 들어오게 하셨는데, 다른 여종들은 모두 지게문 밖에 있었습니다. 저에게 같이 자기를 요구하므로 저는 이를 사양했으나, 빈께서 윽박지르므로 마지못하여 옷을 한 반쯤 벗고

병풍 속에 들어갔더니, 빈께서 저의 나머지 옷을 다 빼앗고 강제로 들어와 눕게 하여, 남자의 교합하는 형상과 같이 서로 희롱하였습니다.

—《세종실록》 75권, 18년(1436) 10월 26일

세종은 두 번째 맏며느리마저 내쫓았다. 당시 세자에게는 후궁으로 종4품 승휘承徽 문씨와 권씨 둘이 있었다. 세종은 경혜공주敬惠公主를 낳은 승휘 권씨를 세자빈으로 올렸는데, 권씨는 단종을 낳고 그다음 날 죽었다. 문종은 왕이 되고도 새로운 왕비를 맞지 않아, 조선 시대 유일한 홀아비 왕이다. 문종은 소유보다 경험을 택하는 사수자리다. 사수자리는 연애는 좋아해도 결혼 생활을 잘 유지하지 못하는 경우가 많다.

그보다 앞서 세종은 넷째 며느리 남씨도 쫓아냈다.

임영대군臨瀛大君의 아내 남南씨는 나이가 12세가 넘었는데 아식 오줌을 싸고, 안정眼精이 바르지 못하여 혀가 심히 짧고, 행동이 놀라고 미친 듯한 모습이 있기에 병이 있는 줄 의심하였으나, 감히 말을 내지 못하고 있은 지가 달포나 되었다.

—《세종실록》 60권, 15년(1433) 6월 14일

병이 있는데 어떻게 대군의 배필이 되었을까? 세종은 "동궁東宮이 아내를 버렸는데 또 임영이 아내를 버리는 것은 대단히 부끄러운 일"이라 하면서 결국 넷째 며느리를 3년 만에 내쫓았다. 임영대군은 1420년 1월 20일생으로 태양별자리가 물병자리♒ 달별자리는 양자리♈다. 세상 모든 법칙과 관습을 새롭게 해석하는 물병자리는 결혼제도와도 어울리지 않는다.

다섯째 며느리 평산 신씨는 불교를 숭상했다. 광평대군廣平大君이 스무

봉은사 서울 도심 빌딩 사이에서 규모와 위용이 대단한 봉은사. 《성종실록》에 따르면 "광평대군의 부인이 그 양모 왕씨와 광평대군 부자를 위하여 각각 불사佛舍를 세우고 영당影堂이라 일컫고, 그 전지田地와 노비의 반半을 시납施納하니, 전지가 모두 70여 결結이고 노비가 모두 930여 구口이니…" 당시에도 조정의 논란을 일으킬 정도였다.

살에 요절하자 신씨는 비구니가 되었다. 이를 불쌍히 여긴 세종이 막대한 재산을 내려주자, 그 절반을 털어 지은 것이 서울 강남의 봉은사奉恩寺다. 신씨가 광평대군 묘역 부근의 견성암을 크게 중창했는데, 성종의 능 선릉이 들어오고 광평대군 묘가 이장된 이후에도 견성암은 능침사로 유지되었다. 연산군 때 정현왕후貞顯王后가 지금의 위치로 옮기고 봉은사로 개칭했다.

세종은 서른일곱 살에 얻은 막내인 영응대군永膺大君 이염李琰을 자신을 쏙 빼닮은 아들이라며 매우 사랑했다. 마지막에 영응대군의 집에서 죽음을 맞이했을 정도다. 그러나 그 사랑이 너무 지나쳤을까?

> 세종이 일찍이 송복원宋復元의 딸을 택하여 배필配匹로 삼았는데, 송씨가 병이 있어서 세종이 명하여 그를 버리게 하고 정충경鄭忠敬의 딸에게 다시 장가들게 하였다.
>
> 세종이 승하昇遐하자, 염이 송씨를 그리워하여 정씨를 내쫓고 '송씨와' 다

시 합하여 살았다.

—《세조실록》 41권, 13년(1467) 2월 2일

세종은 막내며느리 여산 송씨도 직접 간택했는데 5년 만에 병에 걸렸다고 쫓아냈다. 영응대군 이염은 재혼했으나 송씨와 은밀히 만나 딸을 낳았고, 세종이 승하하자 송씨와 재결합했다. 이를 도운 것이 바로 수양대군(세조)이다. 영응대군 이염은 1434년 5월 23일생으로 태양별자리는 쌍둥이자리♊고 달별자리는 사수자리♐다. 쌍둥이자리는 차나 집, 직업 등을 두 개 갖는 것을 좋아한다. 이염은 한 여자와 두 번 결혼했다.

세조는 왜 이염과 송씨의 재결합을 도왔을까?

세조世祖는 1417년 11월 2일생으로 태양별자리가 전갈자리♏고, 달별자리는 사자자리♌다. 왕이 되고자 하는 마음(사자자리)을 때가 될 때까지 숨기고 기다렸다가 손에 피를 묻히고(전갈자리) 스스로 왕이 되었다.

전갈자리는 자신의 비밀은 꽁꽁 숨기고, 자신은 물론 타인의 마음까지 통제하며 은밀하게 세상을 지배한다. 수양대군은 송씨의 오빠 송현수宋玹壽와 친구였다. 수양대군은 세종이 내쫓은 막내며느리와 영응대군을 재결합시키고, 친구 송현수의 딸을 조카 단종에게 시집보냈다. 수양이 계유정난癸酉靖難을 일으키고 김종서의 집을 찾아가 머리에 철퇴를 내리기 전에 한 말이 이렇다.

종부시宗簿寺(왕실의 족보에 관한 일을 맡아보던 관아)에서 영응대군 부인의 일을 탄핵하고자 하는데, 정승이 지휘하십니까?

—《단종실록》 8권, 1년(1453) 10월 10일

세조는 김종서를 죽이고, 동생 안평대군安平大君과 금성대군錦城大君을 죽였다. 조카 단종을 죽이고, 친구 송현수도 죽였다. 송현수의 딸, 단종의 비는 노비로 강등시켰다가 비구니 사찰 정업원淨業院에 보내주었다.

세조가 막냇동생 영응대군의 재결합을 도운 것은 그 사랑을 응원해서라기보다 정치적 야망을 위해 철저히 계산하고 준비한 것이 아닐까. 일찍이 세종은 늦둥이 아들 영응대군을 둘째 아들 수양대군에게 부탁했다. 세종의 막내아들 사랑을 안 큰형 문종이 막대한 재물을 이염에게 주었으니, 고양이에게 생선을 맡겼다 어물전을 통째로 넘겨준 격이다.

> 세종이 일찍이 내탕고의 진귀한 보물을 염에게 모두 주려고 하다가 이를 하지 못하고 훙薨하였으므로, 문종이 즉위하고 얼마 있다가 내탕고의 보물을 내려주어 그 집으로 다 가져갔다.
> 이로써 어부御府의 대대로 전해 내려오던 보화寶貨가 모두 염에게로 돌아가니, 그 재물財物이 누거만累巨萬이 되었다.
>
> —《세조실록》 41권, 13년(1467) 2월 2일

세종에게 쫓겨났다가 세조의 도움으로 영응대군과 재결합한 송씨는 어떤 사람이었을까? 세종이 병들어 내쫓았다 하는데, 그녀는 영응대군과 아이를 여럿 낳았고, 영응대군보다 오래 살았다. 영응대군은 그녀를 매우 사랑했으나 나중에는 사납고 질투가 심해 두려워했다고 한다. 영응대군 사후에 송씨는 보물을 모두 팔아 사찰을 짓고 귀의했는데 군장사窘長寺라는 절에 올라가 설법을 듣다가 계집종이 잠들면 승려 학조學祖와 사통을 했단다. 성종 때 중전 윤씨가 폐위되고 어린 원자(연산군)는 잠시 송씨의 보살핌을 받기도 했으므로 연산군이 잘못을 덮어주었다.

송씨와 학조의 스캔들은 훗날 무오사화戊午史禍가 일어난 원인 중 하나다. 학조는 세조의 후원으로 중종에 이르기까지 권세를 누린 당대의 명

승으로, '웅문거필雄文巨筆의 문호'라는 칭송을 받았다. 그러나 부패와 월권, 간통 스캔들로 물의를 빚자 김종직金宗直이 비판했다. 불교를 반대하는 사림이 이를 그냥 넘어갈 리 없었다. 그런데 김종직의 제자 김일손金馹孫은 사관으로 있을 때 송씨와 학조의 스캔들은 물론, 김종직이 생전에 세조의 왕위찬탈을 항우에게 살해당한 의제에 은유한 조의제문弔義帝文까지 사초에 실었다. 이를 훈구파勳舊派가 연산군에게 알리면서 김일손은 극형에 처해졌고, 김종직은 부관참시당하는 등 사림파가 제거되는 무오사화가 일어났다.

세종이 내쫓지 않은 둘째 며느리는 계유정난 당시 김종서의 집으로 떠나는 수양에게 갑옷을 끌어 입혔을 정도로 세조에게 큰 힘이 되었다. 아들 예종이 요절하고 손자 성종이 즉위하자 조선 최초로 수렴청정을 한 정희왕후貞熹王后다.

> 계유년에 세조世祖께서 기회를 잡아 정난靖難하였으며, 태후太后도 계책을 같이해서 임금을 도와 큰일을 이루었다.
>
> —《성종실록》 155권, 14년(1483) 6월 12일

정희왕후는 조선 최초로 대왕대비의 칭호를 받았고, 수렴청정을 하는 동안 가장 강력한 정치를 한 인물이기도 하다. 정희왕후는 1418년 12월 8일생으로 태양별자리가 사수자리♐고 달별자리는 양자리♈ 혹은 황소자리♉다. 스케일이 크고 멀리 내다보는 혜안에 뒷심이 세다고 할 수 있다. 세종과 같은 황소자리라 통하여 내침을 당하지 않았을까?*

* 달별자리가 20시 54분에 양자리에서 황소자리로 바뀐다.

황소자리는 사랑하는 아내와 행복한 가정에 대한 애착이 강하고 아이들에 대한 기대가 높다. 소헌왕후는 1395년 10월 12일생으로 태양과 달 모두 천칭자리♎다. 세종의 사랑을 듬뿍 받았고, 내명부를 가장 안정적으로 다스린 조선 최고의 국모였다는 평가를 받는다. 세종은 소헌왕후를 기준으로 삼아, 자신의 아들들에게 완벽한 이상형의 며느리를 찾아 짝 지워주고 싶은 욕심이 지나쳤던 모양이다.

뇌물로 금을 받고 매관매직을 일삼았던 '황금 대사헌' 황희도 오래 곁에 두고 함께해 오늘날 명재상으로 남게 한 세종이 유난히 며느리 문제에 있어서는 까다롭게 굴고 마음에 들지 않으면 내쫓아버렸다. 훗날 계유정난과 세조의 단종 찬탈, 연산군의 무오사화까지 조선 초기의 비극이 모두 성군 세종의 며느리 문제에서 비롯되었으니 참 아이러니한 왕의 선택이다.

4

숙부에게 빼앗긴 내추럴 본 킹
사자자리 단종

청령포
단종의 유배지, 청령포는 육지고도다. 평창강과 주천강이 합류한 영월의 서강은 산지의 깊은 골짜기를 구불구불 휘감아 흐르는 감입곡류嵌入曲流로 청령포나 한반도 모양처럼 독특한 지형이 생기게 됐다.

사자자리 ♌

7월 22일 대서 ~ 8월 23일 처서

상징 사자 양(+)의 별자리

원소 불 **상태** Fixed **지배 행성** 태양

★

사자자리는 대서大暑부터 처서處暑 사이에 태어난다. 뜨거운 태양이 작열하는 한여름에 태어난 사자자리는 태양처럼 밝고 당당하며, 창조와 예술을 사랑한다. 아폴론Apollon이 무사Mousa를 거느리고 음악뿐만 아니라 시, 연극, 무용, 역사, 천문학 등 예술 전반을 주관하듯 인생을 휴일처럼 느긋하게 즐긴다. 별자리 나이는 이제 35세에서 42세로 자신에 대한 프라이드pride, 즉 자부심이 강해지는 시기다. 생애 단계로 보면 개성화 단계로 '나는 나다'라고 외치며 주인이 되고 싶은 때다. 온갖 짐승들의 제왕인 사자는 지배하기 위해 태어났다. 일은 자신을 따르는 백성과 신하들에게 시키되 내 사람은 확실하게 책임진다. 위기의 순간이 닥치면 항상 공격할 준비가 되어 있다. 백수의 제왕에게 타인은 내 백성이 아니면 적, 둘로 나뉜다. 확실한 편 가르기를 하고 자신을 일찍 드러내 적을 쉽게 만들어 정적에게 일찌감치 제거되기도 한다. 게자리가 마마보이라면 사자자리는 파파걸이다. 왕에게 왕관을 물려준 존재는 아버지이기 때문이다. 자기만족이 가장 중요하고, '벌거벗은 임금님'처럼 거짓말이라도 칭찬하면 좋아한다.

#백수의제왕 #창조 #라인 #파파걸 #심장 #자기만족 #벌거벗은임금님 #칭찬

단종의 네이탈 차트

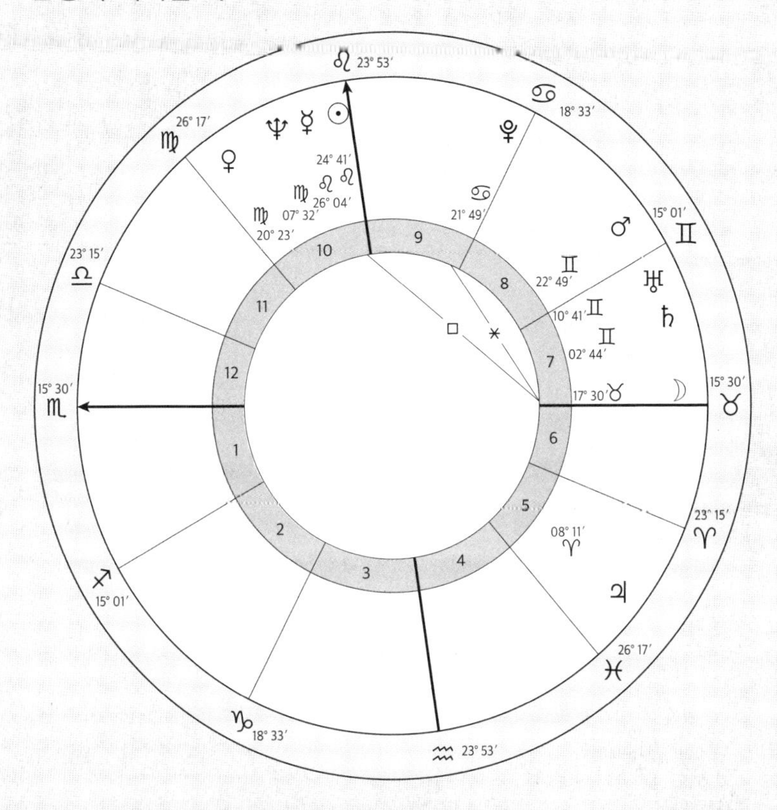

정통正統 6년 신유년 7월 23일 정사丁巳에 나서 무진년 4월 초3일 무오戊午에 세종世宗이 왕세손王世孫으로 봉하고….

—《단종실록》1권, 총서

단종端宗은 1441년 음력 7월 23일, 양력으로는 8월 9일에 태어났다. 단종의 태양별자리는 사자자리♌고 달별자리는 황소자리♉다.

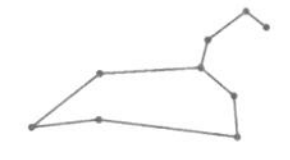

조선 최고 비운의 왕 단종

부슬부슬 비오는 날, 영월 청령포에 도착했다. 육지지만 섬처럼 삼면이 강으로 둘러싸여 있고 나머지 한쪽은 깎아지른 절벽이라 배를 타고 들어가야 한다. 조선 최고 비운의 왕, 단종이 숙부에게 왕위를 빼앗기고 천릿길을 걸어 유배 왔던 곳, 단종도 이곳을 육지 속의 외로운 섬, 육지고도陸地孤島라 불렀다.

배에서 내리자 습지가 펼쳐진다. 한때는 강이었으나 오랜 세월 퇴적물이 쌓여 습지가 되었다. 습지를 지나자 하늘을 향해 쭉쭉 뻗은 소나무가 일품이다. 마치 소나무가 섬의 주인인 듯하다. 소나무는 생육 기간이 더디기 때문에 다른 나무와 함께 심으면 그늘에 가려 자라지 못한다. 그래서 소나무는 소나무들끼리 자라는 곳이 많다. 섬의 한가운데는 수령이 600년 넘은 천연기념물 소나무가 자리하고 있다. 단종이 유배 당시 나무의 갈라진 틈에 걸터앉아 쉬었다는 이야기가 전해지는데, 단종의

관음송 천연기념물 제349호. 높이 30미터, 수령 600년 정도의 소나무. 지상 1.2미터 높이에서 줄기가 둘로 갈라져 있는데, 단종이 유배 생활을 할 때 이 사이에 걸터앉아 쉬었다 한다.

비참한 모습을 보고 들었다 하여, 관음송觀音松이라 한다.

담을 넘어 횡으로 자라는 소나무가 눈길을 끈다. 햇빛을 따라 살짝 휘는 정도가 아니라 아예 90도 숙여 인사하는 것처럼 옆으로 자랐다. 10미터도 넘는 소나무는 결국 지지대 위에 안착해 있다. 중력을 무시하고 하늘로 솟아야 할 나무가 위도 아래도 아닌 옆으로 뻗어 자라는 특별한 이유라도 있을까? 문화관광 해설사는 단종에 대한 충성심으로 소나무도 고개를 숙인 것이라 이야기한다. 나무 하나에도 단종의 이야기를 갖다 붙이는 영월은 단종의 도시다.

소나무를 지나 전망대에 오르니 과연 한쪽은 절벽이다. 자연의 감옥,

유배의 최적지다. 조선 시대 왕이나 왕족은 대개 강화도로 유배 갔는데, 세조는 왜 청령포로 단종을 보낸 것일까?

타고난 왕 사자자리 단종

《세종실록》에 따르면 단종은 1441년 음력 7월 23일, 양력으로 8월 9일에 태어났다. 비운의 왕 단종의 태양별자리는 사자자리♌고 달별자리는 황소자리♉다.

> 사赦라는 것은 군자君子에게 불행이요, 소인小人에게는 다행이 되는 고로, 내가 오랫동안 행하지 아니하였다. 내 마음에는, 오늘의 일은 비록 경사慶事라고는 하지만 원자元子의 예例가 아니므로, 우선 근년에 수인囚人을 방사放赦한 예例에 의하여, 유流* 이하의 이미 결정結正하였거나 결정하지 못한 죄를 석방할까 하는데…….
>
> —《세종실록》 93권, 23년(1441) 7월 23일

세종이 즉위 23년 만에 원손을 낳아 사면령을 내리고자 하나 세자가 아닌 세손이라 염려했다. 신하들은 이보다 더한 경사가 없다며 적극 찬동했다. 단종은 세종의 장남인 문종과 현덕왕후顯德王后의 외아들로 조선

* 유배. 조선 시대는 형벌을 크게 다섯 가지로 나누어 사형死刑, 유형流刑, 도형徒刑, 장형杖刑, 태형笞刑으로 구분하였다. '유 이하의' 죄를 석방한다는 것은 사형에 해당하는 죄 이외에 모든 죄 지은 자를 풀어주는 대사면령을 뜻한다.

최초의 왕세손이었다. 세종은 맏며느리를 두 번이나 내쫓았다. 문종의 후궁 중에 권씨가 이미 딸이 있어 세자빈으로 맞아들였다. 어렵게 얻은 세손이니 그 기쁨이 얼마나 컸겠는가. 단종은 태어나면서부터 왕으로 정해져 있었고 당연히 세종과 문종의 사랑을 듬뿍 받고 자랐다.

사자자리의 기호 ♌는 하나의 곡선이 바깥쪽으로 향하고 있다. 태양이 자기 주위로 빛과 열을 아낌없이 발산하는 모습이며, 엎어놓은 컵이 내용물을 쏟아내는 모습이다. 백수의 왕인 사자가 갈기를 부풀려 뒤로 흩날리는 모습 같기도 하다. 80년대 미스코리아의 헤어스타일을 상상해보라. 주변에 얼굴이 크고 머리에 힘을 좀 주거나 아예 대머리로 밀고 다니는 이가 있다면 사자자리일 확률이 높다. 양자리부터 시작해 다섯 번째 별자리인 사자자리는 개성화 단계로 '나는 나다'라고 외치며 스스로 주인이 되려 한다. "내 삶이 마음에 들지 않기 때문에 나는 내 인생을 창조했다"고 말한 코코 샤넬이 사자자리다. 세계에서 가장 성공한 여성 중 한 명으로 20세기 여성의 패션을 선도한 그녀는 21세기에도 여전히 인기다.

★코코 샤넬Gabrielle Chanel 1883년 8월 19일
태양별자리_사자자리♌ * 달별자리_물고기자리♓

'내추럴 본 킹natural born king' 사자자리답게 단종은 태어나면서부터 왕이었으나 열두 살 어린 나이에 너무 일찍 왕이 되었다. 어머니 현덕왕후는 단종을 낳고 산후병으로 사망했다. 세종은 말년에 자신은 물론 병약한 아들 문종 역시 오래 살지는 못할 것이라 생각했다. 어린 손자 단종을 늘 걱정하던 세종은 야심가인 둘째 아들 수양과 셋째 아들 안평을 궐에서 떨어져 살게 했다. 그러나 수양과 안평은 세자와 함께 성균관에서

공부했고, 세종의 병환으로 정사에도 참여했다.

세종은 생전에 황보인皇甫仁, 김종서, 성삼문, 박팽년朴彭年, 신숙주 등에게 왕세손을 지켜줄 것을 부탁하였다. 황보인, 김종서 등은 문종이 재위 2년 만에 죽고 어린 단종이 즉위하자 단종을 위한 충신이 되었다. 너무 어린 왕은 정사를 제대로 볼 수 없어 충신들에 의지했다. 백수의 왕 사자에게 내 편이 아니면 적이듯, 사자자리는 사람을 내 편과 적으로 나눈다. 직접 일하기보다 남을 시켜 일하며 그것을 자신의 것으로 가로채는 경우가 많다. 사자자리 입장에서는 가로챈 게 아니다. 내 사람이 한 일은 내가 한 일이 되는 것이 당연하다. 만일 당신의 사장이나 팀장이 사자자리라면 부하직원이 한 일을 자기가 한 것처럼 해도 참아야 한다. 가족처럼 확실히 챙겨주기는 할 것이다. 그것이 싫다면 떠나거나 몰아내야 한다. 쉽게 빌미를 잡을 수 있을 것이다.

> 고을의 장수와 수령은 반드시 3인의 성명을 썼으나, 그중에 쓸 만한 자 1인을 취하여 황표黃標를 붙여서 아뢰면 노산군魯山君이 다만 붓으로 낙점落點할 뿐이었다. 당시 사람들은 이를 '황표정사黃標政事'라고 일컬었다.
>
> —《단종실록》 2권, 즉위년(1452) 7월 2일

황표정사란 의정부 대신들이 상의하여 세 명을 추천하고, 그중 적격자 1인의 이름 밑에 노란 점을 찍어 아뢰면 임금이 형식적으로 낙점하던 일을 말한다. 어린 왕이 약하니 의정부의 권한이 강화되었고, 수양대군 등 종친의 세력은 더욱 세졌다. 특히 황표정사는 계유정난의 표면적 이유가 되었다.

사자자리의 영역 싸움

태어나기를 왕으로 태어난 사자자리, 그러나 조선의 사자자리 왕 가운데 왕위를 잘 지켜낸 이가 없다. 태조와 태종의 사이에 징검다리 왕이었던 정종, 할머니 정순왕후貞純王后의 수렴청정을 받은 순조, 허수아비 왕의 결정판 철종 등이 모두 사자자리다. 달별자리가 사자자리인 왕은 세조와 성종이 있다. 세조는 1417년 11월 2일생으로 태양별자리가 전갈자리♏고, 달별자리는 사자자리♌다. 왕이 되고자 하는 마음(사자자리)을 때가 될 때까지 숨기고 기다렸다가(전갈자리) 스스로 왕이 되었다. 성종은 태양별자리가 타고난 2인자 처녀자리♍라 킹메이커(정희왕후와 소혜왕후, 한명회)의 도움을 받아 왕이 되었는데, 곡연曲宴(임금이 궁중 내원에서 가까운 사람들만 불러 베풀던 소연)을 좋아해 밤마다 음주가무를 즐겼고 시를 지었다.

★정종 1357년 7월 18일
태양별자리_사자자리♌ * 달별자리_사자자리♌

★순조 1790년 7월 29일
태양별자리_사자자리♌ * 달별자리_물고기자리♓

★철종 1831년 7월 25일
태양별자리_사자자리♌ * 달별자리_물병자리♒

★성종 1457년 8월 19일
태양별자리_처녀자리♍ * 달별자리_사자자리♌

사자자리가 둘 이상 모이면 영역 싸움이 펼쳐진다. 한 나라에 왕이 둘일 수 없으므로 최후의 한 명이 남을 때까지 싸움은 계속된다. 세조의 단종 찬탈의 비극은 태양별자리가 사자자리인 단종과 달별자리가 사자

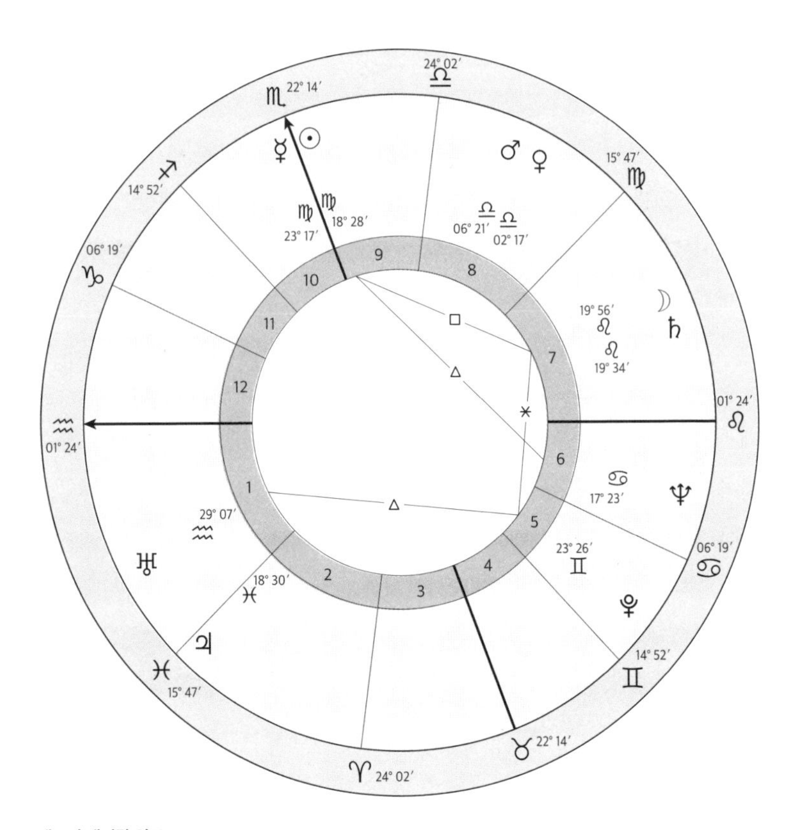

세조의 네이탈 차트

자리인 세조의 싸움이었다. 결국 태양별자리가 전갈자리인 세조가 이겼다. 전갈자리는 자신의 때가 언제 도래할지 알고 있으며 그때까지 어떤 고난이나 시련도 이겨낸다. 시련을 통해 영혼의 연금술을 거치며 더욱 강해진다. 사자자리는 자신에게 왕관을 물려주는 아버지를 공경하므로 세조는 아버지 세종이 살아 있을 때는 몸을 낮추고, 궐에서 떨어져 지냈다. 그러다 어린 조카 단종이 즉위하자 발톱을 드러냈다. 사자가 새끼를 벼랑에 떨어뜨려 기어오르는 놈만 키운다는 것은 터무니없는 이야기라고 한다. 그러나 세조는 벼랑 아래로 떨어졌으나 끝내 자기 힘으로 기어오른 용감한 사자 같다.

> 지금 간신 김종서 등이 권세를 희롱하고 정사를 오로지하여 군사와 백성을 돌보지 않아서 원망이 하늘에 닿았으며, 군상君上을 무시하고 간사함이 날로 자라서 비밀히 이용李瑢에게 붙어서 장차 불궤不軌한 짓을 도모하려 한다. 당원黨援이 이미 성하고 화기禍機가 정히 임박하였으니, 이때야말로 충신 열사가 대의를 분발하여 죽기를 다할 날이다. 내가 이것들을 베어 없애서 종사를 편안히 하고자 하는데, 어떠한가?
>
> —《단종실록》 8권, 1년(1453) 10월 10일

역사는 승자의 기록이다. 《단종실록》은 《노산군일기魯山君日記》라 하여 10대 어린 조카에게서 강제로 왕위를 빼앗고 스스로 왕이 된 세조 때 편찬됐으니 세조의 입장에서 기록됐을 것이다. 《단종실록》에는 영의정 황보인, 좌의정 남지南智, 우의정 김종서 등의 대신이 안평대군 등 종친뿐 아니라 혜빈 양씨, 환관 등과 모의하여 궁중에까지 세력을 폈다고 전한다. 한편 황표정사를 통해 자신의 세력을 요직에 배치하여 붕당朋黨을 조성하고 끝내는 종실을 뒤엎고 수양대군에게 위협을 가한 것이 계유정난의 원인이라고 기록하고 있다. 조선 후기 학문적·정치적 입장을 같이하는 붕당은 정치사회의 중심이 되지만 원래 붕당은 중국에서 정치인 집단을 가리키는 말로, 붕당의 형성은 역모에 버금가는 범죄였다.

수양대군은 종친의 대표로서 단종의 최측근 보호자를 자청하며 왕위를 찬탈할 기회를 호시탐탐 노리고 있었다. 그러던 중 안평대군 계열이

세조의 어진 초본 세조의 어진은 전쟁의 참화를 세 번 당했다 한다. 임진왜란 때 이이첨이 구했고, 병자호란 때 숭의전에서 분실했다가 성 밖에서 극적으로 찾았으나, 한국전쟁 때 불탔다. 화가 이당以堂 김은호가 1935년에 모사한 초본만 전한다. 국립고궁박물관 소장.

먼저 손을 쓰려 하자 1453년에 계유정난을 일으켰다. 전갈자리는 자신의 비밀은 철저히 숨기고 자신의 때가 올 때까지 기다리며 싸움에 임하면 반드시 이긴다. 목숨 걸고 싸우니 이기거나 죽어버린다.

수양대군은 황표정사 등으로 지나치게 비대해진 신권을 억압한다는 명분을 앞세워 왕족과 성리학자들의 지지를 받았다. 계유정난으로 조선의 핵심 관직인 의정부영사, 이조판서, 병조판서, 내외병마도통사 등 모든 핵심 권력을 장악하고 단종을 그야말로 허수아비 왕, 벌거벗은 왕으로 만들었다.

> 노산군이 군국軍國의 중한 일을 모두 세조에게 위임하여 총치摠治하게 하고, 삼군진무三軍鎭撫한 사람에게 명하여 군사 140인을 거느리고 따르게 하였다.
>
> —《단종실록》 8권, 1년(1453) 10월 10일

태어날 때부터 왕이었으나 어머니, 할머니, 할아버지와 아버지를 모두 여읜 어린 왕은 겨우 2년도 못 되어 숙부에게 모든 권력을 빼앗겼다.

세조와 헤라클레스의 선택

사자자리는 그리스 신화 최고의 영웅 헤라클레스와 관련이 있다. 제우스와 미케네Mycenae 왕녀 알크메네Alcmene 사이에서 태어난 헤라클레스는 헤라의 미움을 받아 열두 가지 모험을 하게 되었다. 그 첫 번째 모험이 네메아Nemea의 사자를 죽이는 일이었다. 하늘의 유성이 떨어진 황금 사자 혹은 괴물 에키드나Echidna와 티폰Typhon이 낳은 사자는 성질이 포악하여 네메아 사람들을 괴롭혔다. 헤라가 일부러 사자를 풀어놓았다고도 한다. 헤라클레스는 활과 창 등 어떤 무기로도 사자를 이길 수 없었다. 그는 모든 무기를 버리고 사자와 뒤엉켜 격투 끝에 물리쳤다고 한다. 그 후로 네메아 사람들은 평화를 되찾았고, 제우스는 아들 헤라클레스의 용맹을 기리기 위하여 사자를 하늘의 별자리로 만들었다.

사실 헤라클레스는 열여덟 살에 자신의 인생을 선택했다. 아름다운 님프 둘이 그를 방문해 언제나 즐겁고 안락한 쾌락의 삶과 숱한 고난 후 불멸의 삶을 누리는 미덕의 삶 중에 선택하라고 하자, 그는 미덕을 택했다. 헤라의 저주로 광기에 사로잡혀 자신의 아들들을 죽이고, 그 죗값을

치르기 위해 에우리스테우스Eurystheus 밑에서 열두 가지 과업을 수행한 것은 모두 그의 선택에 따른 것이다.

헤라클레스가 죽은 후 제우스는 그의 육신을 하늘로 올려 별자리로 만들고, 영혼은 올림포스로 받아들여 불멸의 신이 되게 했다. 헤라의 질투는 시도 때도 없이 바람을 피운 제우스가 아니라 그의 연인이나 자식을 향했는데, 최대 희생양이 헤라클레스였다. 하지만 그의 고난은 그의 선택이었고 덕분에 그리스 최고의 영웅이자 신이 되었다. 헤라클레스는 그의 힘과 용기를 상징하는 사자 가죽을 걸치고 몽둥이를 든 모습으로 표현되는데, 그리스어 κλης(클레오스)란 '명예, 영광glory'이니 헤라클레스는 '헤라의 영광'이라는 뜻이다.

영화 〈관상〉(2013년, 한재림 감독)에서 수양대군(이정재)이 짐승의 털가죽을 뒤집어쓰고 위풍당당하게 등장하는 모습은 역대 최고의 등장 신scene으로 손꼽히는데 마치 헤라클레스 같다. 사자자리 단종을 폐위시킨 세조에게도 일찍이 헤라클레스처럼 선택의 기회가 있었다. 세조의 야심을 알았던 세종은 1445년에 둘째 아들의 이름을 '진양대군晉陽大君'에서 '수양대군'으로 바꾸었다. 최초의 중국 왕조였던 상商나라(서기전 1600년경 ~ 서기전 1046년경)가 망하고, 주周나라가 세워지자 수양산首陽山에 들어가 현실 정치를 초월해 살았던 백이伯夷, 숙제叔齊처럼 해주길 바라는 마음이었다. 그러나 세조는 자신의 이름처럼 조용하고 안락한 삶이 아니라 조카를 죽이고 왕이 되는 삶을 선택했다. 단종 폐위 후 생육신이 백이와 숙제처럼 두 임금을 섬기지 않고 끝까지 충절을 지키는 의인의 삶을 선택했다. 타고난 별자리보다 중요한 것은 별자리 주인의 선택이다.

단종은 왜 영월로 유배를 갔을까?

안평대군이 강화도로 유배되었다 사사賜死되고, 숙부 중 유일하게 단종의 편에 섰던 금성대군도 유배를 가자 단종은 결국 수양대군에게 양위했다. 그러나 세종 대부터의 충신들은 어린 조카에게서 왕위를 빼앗은 세조를 받아들일 수 없었다. 조선은 왕의 나라만이 아니었다. 왕이 중심이었으나 왕권과 신권이 끝없이 대립하며 견제했다. 세조가 즉위한 이듬해인 1456년에 성삼문, 박팽년, 유성원柳誠源, 하위지河緯地, 이개李塏 등 집현전 학사 출신 관료들과 무인들은 연회 때 별운검을 설치하고 세조 삼부자를 제거해 단종의 복위를 꾀할 계획을 세웠다.

> 근일에 혜성이 나타나고, 사옹방司饔房의 시루가 저절로 울었다니, 장차 무슨 일이 있을 것인가? (중략) 상왕上王과 세자世子는 모두 어린 임금이다. 만약 왕위에 오르기를 다투게 된다면 상왕을 보필하는 것이 정도이다. 모름지기 그대의 장인[婦翁]을 타일러보라.
>
> —《세조실록》 4권, 2년(1456) 6월 2일

그러나 세조의 측근인 정창손鄭昌孫의 사위 김질金礩의 밀고로 무산되었다. 세조는 즉시 성삼문, 박팽년 등 6인을 모두 친국하였다. 그러나 이들은 살이 찢기는 고문을 받으면서도 뜻을 꺾지 않았다. 세조는 박팽년 등을 총애해 회유하려 했으나 이미 죽음을 각오한 그는 세조를 가리켜 '나으리(進賜)'라 하고 '상감上監'이라 부르지 않았다.

결국 박팽년은 옥사했고, 하위지는 수레에 사지를 묶어 찢기는 거열형車裂刑을 당했다. 유성원은 잡히기 전에 집에서 스스로 목을 찔렀다. 이후 세조는 단종을 노산군으로 끌어내려 강원도 영월로 유배 보내고, 집

단종 어진 단종이 유배길을 떠나는데 충신 추익한秋益漢이 단종에게 머루와 달래를 바치는 모습이다. 목조각으로 새겼다가 훼손되어 그림으로 그렸는데 이 또한 한국전쟁 때 불타고 화가 김기창이 복원했다. 본 저작물은 '호야지리박물관'에서 작성하여 공공누리 제1유형으로 개방한 '단종 영정'을 이용하였으며, 해당 저작물은 'e뮤지엄, www.emuseum.go.kr'에서 무료로 다운받으실 수 있습니다.

현전을 폐지했다. 그리고 사육신과 관련자들, 집현전 학사들을 대대적으로 숙청했다. 많은 문사들은 목숨을 구하기 위해 혹은 세조의 처사를 참지 못해 시골로 돌아가 숨어지냈다.

단종은 당연히 '내 것'이었던 왕위를 숙부에게 빼앗기고 한양에서 천릿길 떨어진 영월 청령포로 유배를 갔다. 단종의 태양별자리와 세조의 달별자리는 사자자리로 같다. 사자자리는 연극적 허세, 행진을 좋아한다. 세조는 단종의 유배길을 이용해 만천하에 자신의 힘을 똑똑히 보여주려 한 것이 아닌가 생각한다. 세조가 소나무에 벼슬을 내려 자신의 왕권을 드러내려 한 것도 같은 맥락이다.

태조가 천문도를 이용해 자신의 왕권이 하늘에서 내린 것임을 스토리텔링한 것처럼 세조는 회암사에서 원각법회를 베푸는데 부처님이 현신했다거나(세조 10년 5월 2일), 원각사 위에 황색 구름이 둘러싸고 꽃비가 내려

향기가 가득했다(세조 10년 6월 19일)는 등 전국에서 일어난 기이한 현상들을 실록에 기록하고 있다. 조카를 죽여 왕이 된 잘못을 덮고 자신의 왕권이 하늘이 뜻임을 알리려 한 것이다. 영화 〈광대들: 풍문조작단〉(2019년, 김주호 감독)은 이러한《세조실록》의 기록에 상상력을 더한 이야기다.

황소자리, 뒤끝이 긴 단종

단종의 달별자리는 황소자리다. 황소자리는 안정된 흙의 기운이 강한 별자리이나 조금 늦되는 경향을 보인다. 황소자리 세종은 뒤늦게 세자가 되고 왕이 되었으나 태종이 강력하게 받쳐주고 왕권을 위협할 요소를 제거하며 진정한 왕이 되도록 시간을 벌어주고 토대를 닦아주었다. 그러나 단종에게는 아무도 없었다.

단종이 열두 살 어린 나이에 즉위했다지만 명종과 순조도 열두 살, 열한 살에 즉위했다. 조선 왕 가운데 가장 어린 나이에 즉위한 것은 헌종으로 여덟 살이었다. 명종에게는 문정왕후文定王后가, 순조에게는 정순왕후가 있었으며 헌종은 순원왕후純元王后의 수렴청정으로 왕으로 성장했다. 그러나 어린 단종에게는 엄마도 할머니도 없고, 혈기왕성한 숙부들만 많았다. 병약한 문종이 죽고 단종이 즉위했을 때 수양대군은 36세, 안평대군은 35세였다. 성종 때 구성군龜城君 사건* 이후, 왕으로부터 5촌까

* 세조는 왕권 강화를 위해 종친을 요직에 임용했는데 이시애의 난과 남이옥사南怡獄事에 공을 세운 구성군의 정치적 비중이 날로 커졌다. 예종이 즉위 1년 만에 죽고 성종이 13세 어린 나이로 즉위해 왕권이 불안정할 때, 구성군이 성종의 왕위를 위협할까 두려운 왕실은 구성군을 정권에서 배제시키고자 유배를 보냈다.

지는 명예직 외의 관직을 못 하게 되었다. 그러나 조선 초기에는 왕족의 정치를 금하지 않았다. 수양은 일찍부터 세종을 도와 훈민정음 창제에 관여하고 명나라 사신을 접대하는 등 정사에 깊숙이 참여했다.

황소자리는 무쇠솥 같아서 인연을 맺기는 힘드나 한 번의 인연이 굳건히 오래간다. 세조가 단종을 찬탈하자, 단종 복위를 위해 반란을 일으키려 했던 사육신과 벼슬을 버리고 단종에 대한 절의를 지킨 생육신인 김시습金時習, 원호元昊, 이맹전李孟專, 조려趙旅, 성담수成聃壽, 남효온南孝溫을 생각해보라.

열두 별자리가 달리기를 한다면 1위는 앞으로 돌진해 나가는 양자리다. 물병자리나 물고기자리는 경기 자체에 관심이 없을 것이고 꼴찌는 느려 터진 황소걸음의 황소자리 차지다. 그러나 단거리 경기가 아닌 마라톤이나 그 이상의 경기라면 이야기는 달라진다. 양자리는 일찌감치 경기를 포기할 테고 1등은 단연코 황소자리다. 쇠심줄처럼 버티고 지켜서 마침내 이겨내는 것이 황소자리의 미덕이다. 염소자리는 장애물경주에 강하다.

정치적 욕심에 조카를 폐하고 스스로 왕위에 오른 세조와 그 희생양 단종. 처음엔 세조가 이기는 듯했으나 오늘날 세조는 조카를 찬탈한 파렴치한이고 단종은 그의 영원한 신하, 생육신·사육신 등과 함께 섬김을 받고 있다. 세조가 노산군으로 강등했으나 241년 만인 숙종 대에 가서 성리학자들의 건의로 복위되어 단종이 되었다.

> 묘호廟號는 단종端宗이라 하니, 예禮를 지키고 의義를 잡음을 단端이라 한다.
>
> —《숙종실록》 32권, 24년(1698) 11월 6일

씹어 삼킨 풀을 되새김질하는 황소자리는 고집도 세고 그만큼 뒤끝도

장릉莊陵 사적 제196호. 영월에서 죽임을 당한 후 동강에 버려진 단종, 시신을 거두는 자는 삼족을 멸한다는 어명에도 불구하고 엄흥도嚴興道가 몰래 수습하여 동을지산冬乙旨山 자락에 암장하였다. 세계문화유산으로 등록된 조선의 왕릉 중 유일하게 강원도에 위치해 있다.

길다. 백의종군해 끝끝내 임진왜란을 막아낸 이순신 장군도, 장희빈 때문에 쫓겨나 서인庶人이 되었다가 다시 돌아온 인현왕후仁顯王后도 황소자리다. 단종은 숙종 대에 복위되었을 뿐만 아니라 국장國葬이 제때 치러지지 못했다고 550년 만인 2007년에 영월에서 국장을 성대하게 치러주었다. 또한 영월의 영모전永慕殿 서낭당을 비롯하여 정선군, 삼척시 등 태백산 인근에서는 오늘날까지 단종을 산신령 혹은 신으로 받들고 있다. 영월에서는 매년 4월 마지막 주말에 단종의 한을 달래는 단종제를 행한다. 이즈음 저녁의 남쪽 하늘에서 가장 밝게 빛나는 별이 바로 사자자리의 으뜸별인 레굴루스Regulus다. 레굴루스는 우리말로 '어린 왕'이란 뜻인데, 영월에서 단종의 별로 부른다.

★이순신 1545년 4월 18일
태양별자리_황소자리♉ ＊ 달별자리_게자리♋

★인현왕후 민씨 1667년 5월 15일
태양별자리_황소자리♉ * 달별자리_물병자리♒

숙부에게 빼앗긴 내추럴 본 킹 사자자리 단종

"내 사전에 불가능이란 없다"고 말했던 나폴레옹이 사자자리다. 프랑스 혁명이라는 격동기에 구국의 영웅으로 30대 초반에 황제로 등극해 유럽의 절반을 제패했다. '위대한' 프랑스를 만들기 위해 노력했으나 시기와 질투를 많이 받았다. 러시아 원정과 워털루 전투에 패하고 유배된 나폴레옹은 "나는 식물처럼 되어버렸소. 이제 사는 것이 아니오"라고 했단다. 에고ego와 프라이드가 강한 사자자리는 상처받으면 차라리 죽는 편이 낫다고 생각한다. 자부심은 홀로 존재할 때 생기는 것이 아니라 자신을 따르는 사람들로부터 생겨난다. 영어로 자부심, 자랑 등을 뜻하는 '프라이드pride'에는 '한 떼의 사자들'이라는 의미도 있다.

★나폴레옹Napoleon 1769년 8월 15일
태양별자리_사자자리♌ * 달별자리_염소자리♑

백성이 없는 왕은 왕이 아니다. 세조가 단종을 폐하고 천릿길 영월까지 유배를 보내 자신이 왕이 된 것을 널리 알린 것도, 육지고도 청령포에 가두어 백성 중 아무도 만나지 못하게 한 것도 그 때문일 것이다. 세조의 달별자리도 사자자리로 단종과 같으니 그 마음을 더 잘 알았으리라. 연인이 서로 비슷한 점에 끌려 사랑하면 나중에는 오히려 그것에 질리고 서로를 더 힘들게 하는 것과 마찬가지다. 그러나 오늘날 세조는 수많은 업적에도 불구하고 조카를 죽인 못된 숙부로 남았고, 단종은 왕으로서 한 일이 아무것도 없으나 여전히 우리 곁에 살아 있다. 사자는 죽어서 가죽을 남기듯, 사자자리는 죽어서 이름을 남기는 것일까?

5

낮과 밤이 다른 모범생

처녀자리 성종

창경궁
성종은 할머니 정희왕후, 성종의 어머니 인수대비仁粹大妃, 성종의 작은어머니 안순왕후安順王后 세 여인을 모시기 위해 창경궁을 지었다.

처녀자리 ♍

8월 23일 처서 ~ 9월 23일 추분

상징 보리 이삭을 든 여인　　음(-)의 별자리

원소 흙　**상태** Mutable　**지배 행성** 수성

★

처녀자리는 처서處暑부터 추분秋分까지 가을 수확기를 앞두고 한창 바쁜 때에 태어난다. 날 때부터 보리 이삭을 들고 나온 처녀자리는 일복이 많은데 별자리 나이도 한창 일할 때인 40대다. 전령의 신 헤르메스, 수성Mercury의 지배를 받아 일을 재빠르고 빈틈없이 처리한다. 어떻게 하면 가장 효율적으로 일할 수 있을까 계획을 세우고, 티끌 모아 태산을 이룰 정도로 성실하다. 운동을 좋아하고 체격이 좋은데 언제나 최적의 몸 상태를 유지해야 효율성을 높일 수 있기 때문이다. 하지만 세상일은 계획대로 되지 않으니 스트레스를 많이 받는다. 처녀자리는 남에게 도움 되는 일, 쓸모 있는 사람이 되는 데 관심이 많다. 청소와 반성에 있어서 언제나 1등이고, 아내보다 비서 같은 느낌의 여자다. 연애도 책으로 배울 정도로 책과 배우는 것을 좋아하고, 배운 것을 가르치는 데도 능력이 있다. 다만 상대에 대한 기대가 높아 칭찬보다 지적질이 많고, 정의의 여신 아스트라이아로 도덕적 잣대에 민감하다.

#워커홀릭 #계획 #스트레스 #쓸모 #청소본능 #비서 #현실감각 #책 #지적질 #도덕

성종의 네이탈 차트

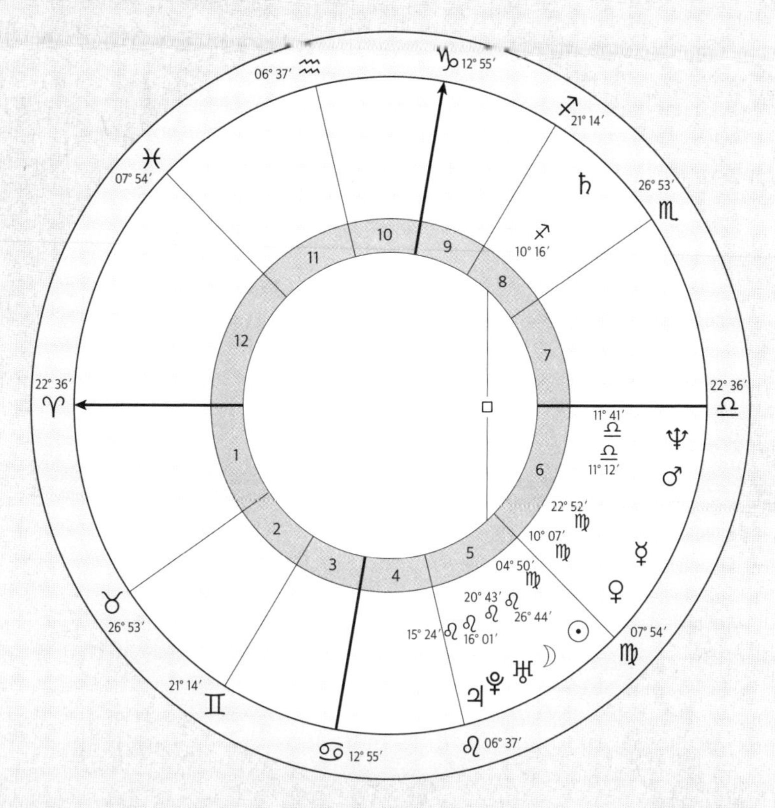

국립고궁박물관에 소장된 성종成宗의 태지석에는 "皇明天順元年七月三十日戌時生懿敬世子男慶新胎 天順二年三月初一日戊子子時藏"이라고 새겨져 있다. '천순원년'은 1457년이고 음력 7월 30일을 양력으로 바꾸면 8월 19일이다. 술시戌時는 19시 30분부터 21시 30분이므로 네이탈 차트는 20시 30분으로 본다. 성종은 태양별자리가 처녀자리♍고 달별자리는 사자자리♌다.

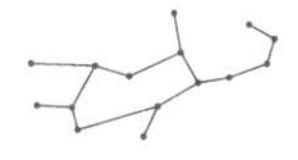

조선의 처녀자리 왕들

조선 시대 태양별자리가 처녀자리인 왕은 성종과 헌종, 고종 세 명이 있다. 이들의 공통점은 무엇일까?

성종은 열세 살에 왕이 되어 정희왕후의 수렴청정을 받았다. 조선 최초의 수렴청정이었다. 친정한 이후에도 한명회 등 외척에 휘둘렸다. 헌종은 아버지 효명세자孝明世子가 요절하는 바람에 할아버지 순조의 뒤를 이어 여덟 살 어린 나이에 왕이 되었다. 조선 최연소 왕으로 순원왕후와 그녀의 친정 안동 김씨가 섭정攝政을 했다.

조선 말, 헌종과 철종 역시 후사가 없어 왕 자리를 다투는 암투가 심했다. 고종은 철종의 호적상 6촌으로 승계 순위가 멀었으나 흥선대원군興宣大院君과 신정왕후神貞王后(조대비)의 후원으로 왕이 되었고 역시 섭정을 받았다.

★성종 1457년 8월 19일
태양별자리_처녀자리♍ * 달별자리_사자자리♌

★헌종 1827년 9월 8일
태양별자리_처녀자리♍ * 달별자리_양자리♈

★고종 1852년 9월 8일
태양별자리_처녀자리♍ * 달별자리_쌍둥이자리♊ 혹은 게자리♋(09:42 이후)

처녀자리는 정의의 여신 아스트라이아 혹은 대지의 여신 데메테르Demeter의 딸 페르세포네Persephone라고 한다. 풀과 나무를 사랑하는 페르세포네가 하루는 아름다운 수선화를 보고 꺾으려다 저승의 신 하데스Hades에게 납치되었다. 수선화는 그녀에게 반한 하데스의 미끼였던 것이다. 페르세포네가 지하 세계로 끌려가자 데메테르는 분노했고, 지상의 모든 작물이 싹을 내지도 열매를 맺지도 못했다. 내기근으로 곤란해진 신들은 하데스에게 페르세포네를 돌려보내게 했는데, 그는 다시 꾀를 내어 그녀가 저승을 떠나기 전에 석류를 먹게 했다. 저승의 것을 먹은 이는 다시 저승으로 돌아가야 하기 때문이다. 페르세포네는 어머니 곁에 머물다 1년 중 4개월(페르세포네는 석류 알 네 개를 먹었다)은 하데스에게로 돌아갔다. 그동안 데메테르는 신전에 틀어박혔으므로 지상에 초목이 마르고 싹이 나지 않는 '겨울'이 생겼다. 이때부터 데메테르는 대지의 여신이자 계절의 여신이 되었다. 처녀자리가 계획과 효율성을 중시하는 일 중독자가 된 것은 정해진 시간 안에 일을 끝내고 하데스에게 가야 하기 때문이다.

처녀자리의 기호 ♍는 처녀 상태의 생식기처럼 폐쇄적인 구조로 수용적이다. 음의 기운을 타고난 데다 구성 원소가 흙인 처녀자리는 앞에 나서서 권력을 행사하는 보스와는 거리가 있다. 전형적인 처녀자리는 권력의 뒤에서 실무를 행하는 2인자로 있을 때 최고의 능력을 발휘한다.

마치 대지의 여신 데메테르와 저승의 신 하데스의 곁에 머무는 페르세포네처럼 말이다. 쌍둥이자리와 같이 수성의 지배를 받아, 신들의 전령 헤르메스처럼 머리가 총명하고 몸이 재빠르다. 조선 최고의 성군으로 불리는 세종도 달별자리가 처녀자리다. 세종도 왕에 즉위하고 4년 동안은 직접 통치하지 못했다. 국정의 중요한 일과 병권은 상왕 태종이 직접 지휘했다. 세종은 기반을 탄탄하게 준비한 다음 진짜 왕이 됐다.

성종의 킹메이커들

처녀자리 중에서 가장 빛나는 업적을 남긴 성종은 1457년 8월 19일생으로 태양별자리가 처녀자리♍고 달별자리는 사자자리♌다.

> 이제 원자元子가 바야흐로 어리고 또 월산군月山君은 어려서부터 병에 걸렸으며, 홀로 자을산군者乙山君이 비록 어리기는 하나 세조께서 일찍이 그 도량을 칭찬하여 태조에 비하는 데에 이르렀으니, 그로 하여금 주상을 삼는 것이 어떠하냐?
>
> —《예종실록》 8권, 1년(1469) 11월 28일

예종이 즉위 14개월 만에 승하하자, 바로 그날 왕대비 정희왕후는 자을산군(성종)을 예종의 양자로 입적해 왕위에 올렸다. 성종은 세조의 장남 의경세자懿敬世子의 둘째 아들로 왕위와는 거리가 있었다. 게다가 의경세자는 20세의 나이로 요절해 성종은 궁 밖에서 살았다. 예종의 아들 제안대군齊安大君은 나이가 세 살이라 너무 어리다고 하지만 의경세자의 장남 월산대군月山大君이 그다음이었다.

세조의 정비 정희왕후는 세종의 며느리 수난사를 피하고 끝끝내 버텼다. 그리고 마침내 남편 수양대군이 계유정난을 일으킬 때 손수 갑옷을 입혀 내보낸 여장부였다. 성종을 왕으로 만들고 조선 최초의 수렴청정을 한 여인이기도 하다. 정희왕후는 태양별자리가 사수자리다. 사수자리는 목성의 지배를 받는데, 목성은 태양계의 행성 중 가장 크다. 그들은 스케일이 크고 시스템의 확장을 추구해 때로는 기존의 틀을 과감히 깨버리고 새로운 방식으로 자신의 목적을 달성한다. 사람들이 가장 싫어하는 쥐를 미키마우스 캐릭터로 만들어 떼돈을 벌고 광활한 사막을 개척해 디즈니랜드를 만든 월트 디즈니가 사수자리다.

★정희왕후 1418년 12월 8일
태양별자리_사수자리 ♐ ＊ 달별자리_양자리 ♈ 혹은 황소자리 ♉(20:55 이후)

★월트 디즈니Walt Disney 1901년 12월 5일
태양별자리_사수자리 ♐ ＊ 달별자리_천칭자리 ♎

정희왕후는 50세의 나이에 남편과 두 아들을 먼저 보냈으나 슬픔보다 먼저 왕권의 안정을 생각했다. 그녀는 일찍이 문종이 갑자기 죽고 어린 단종이 즉위했을 때 어떤 일이 벌어졌는지 누구보다 잘 알고 있었다. 다시 예종이 갑자기 죽고 어린 왕이 즉위해야 하는 일이 벌어지자 정희왕후는 자을산군, 성종을 택해 왕으로 만들고 수렴청정을 한다. 법도에 따르면 월산군이 우선순위였으나 훈구세력의 정점인 한명회를 장인으로 둔 자을산군의 손을 들어준 것이다.

한명회는 세조와 결탁해 계유정난을 일으킨 일등 공신이다. 계유정난의 모든 계책을 세운 그는 이른바 살생부를 작성하고 돈과 무인을 동원해 난을 성공시켰다. 한명회는 1415년 11월 26일생으로 태양별자리는

성종 태실과 태실비 조선 왕실은 왕가의 태胎와 태의 주인공 이름과 출생일을 기록한 태지석을 길지吉地에 묻고 태실을 조성하여 왕실의 안녕을 기원했다. 성종의 태실은 경기도 광주에 있었는데 1928년 일본이 조선 왕실의 태실을 경기도 고양 서삼릉으로 모으면서 창경궁으로 옮겨 오늘에 이르렀다.

사수자리♐고 달별자리는 천칭자리♎다. 추진력이 강하고 관계 지향적으로 인덕을 많이 본다.

오로지 지략과 인맥으로 권력의 정점에 섰던 인물 한명회는 매우 똑똑했다. 그가 만든 오가작통五家作統과 면리제面里制는 다섯 집을 하나의 통으로 묶고, 다시 다섯에서 열 개의 통을 리로 정했는데, 지역을 세분하여 중앙의 지배력을 촌락 단위까지 확장하는 데 유용했다. 오늘날 아파트에서도 통장을 뽑고, 면리제가 행정구역제도로 통용된다. 그러나 과거에 번번이 떨어지고 마흔이 넘어 겨우 개성의 경덕궁 궁지기가 되었다. 그의 할아버지 한상질韓尙質이 개국공신이었던 덕분이다.

강력한 훈구세력으로 권력을 잡은 그는 한발 더 나아가 왕의 장인이 되었다. 그러나 예종에게 시집간 한명회의 딸은 원손을 낳은 뒤 산후통으로 왕비가 되지 못하고 죽었다. 의경세자의 둘째 아들 자을산군과 겹사돈을 맺은 것이 신의 한 수였다. 예종이 즉위 14개월 만에 죽자, 그는 정희왕후와 함께 자을산군을 성종으로 만든 것이다. 송시열宋時烈이 《조선왕조실록》에 3,000번 이상 등장하는데 한명회 또한 이름이 2,300번 이상 나온다. 한명회는 세조의 책략가로 예종과 성종의 장인으로 오랫동안 권력을 잡았다. 성종의 비 공혜왕후恭惠王后도 자식을 남기지 못하고 일찍 죽었는데 만약 그렇지 않았다면 한명회가 송시열보다 실록에 더 많은 이름을 남겼을지 모른다.

> 미처 계달啓達(임금에게 의견을 아룀)하기 전에 자을산군이 이미 예궐하였다가 부름을 받고 안으로 들어갔다.
>
> —《예종실록》 8권, 1년(1469) 11월 28일

왕이 승하하면 초상을 먼저 치르고 며칠 후에 즉위하는데, 성종은 당일 즉위했다. 왕실 최고 권력자 정희왕후와 훈구세력의 대표 한명회가 손잡고 자을산군을 왕으로 만들기로 합의하지 않고서는 이렇게 빨리 진행될 수 없다. 모두 사전에 계획한 대로 성종을 왕으로 만든 것이다. 처녀자리는 계획을 세우는 데 최선을 다한다. 어머니 데메테르와 남편 하데스를 주기적으로 오가며 보필해야 하기 때문이다. 한국영화 100년의 쾌거, 칸 영화제 황금종려상과 아카데미 국제장편영화상, 각본상, 감독상, 작품상을 받은 봉준호 감독도 처녀자리다. 오스카상을 텍사스 전기톱으로 5등분해 나누고 싶다는 수상 소감이 처녀자리에 천칭자리답다. '봉테일'이라는 별명처럼 디테일에 강하고 유독 현실을 꼬집는 대사가 많은 영화 〈기생충〉(2019년, 봉준호 감독)의 명대사가 "넌 계획이 다 있구나"다.

★봉준호 1969년 9월 14일

태양별자리_처녀자리♍ * 달별자리_천칭자리♎

의경세자의 비이자 성종의 친모인 수빈 한씨, 소혜왕후昭惠王后는 인수대비로 우리에게 많이 알려져 있다. 세조의 최측근 공신인 한확韓確의 딸로 왕세자의 비가 되어 장차 왕비가 될 꿈을 꾸었던 그녀는 갑자기 남편이 죽어 권력의 중심에서 멀어졌다.

> 나는 문자文字를 알지 못하지만 수빈粹嬪은 문자도 알고 사리에도 통달하니, 가히 국사를 다스릴 것이다.
>
> —《예종실록》 8권, 1년(1469) 11월 28일

나이 어린 성종이 즉위할 때 대신들이 정희왕후에게 수렴청정을 청했다. 이때 정희왕후는 성종의 친모인 수빈 한씨가 똑똑하다며 한발 물러섰으나 재상들이 반대했다.

정희왕후는 세조의 아내이자 성종의 할머니로 왕실의 가장 큰 어른이었다. 성종이 즉위할 때 예종의 아들로 입적되었으니 예종비 안순왕후가 법적인 어머니였다. 성종의 친모 수빈 한씨는 인수왕비가 되었으나 서열이 밀릴 수밖에 없었다. 결국 성종의 수렴청정은 정희왕후가 했으나 현왕의 생모인 인수대비의 정치적 영향력도 대단했기에 오늘날 사극의 단골 소재가 되었다. 성종은 세 어른을 모시기 위해 창경궁까지 지었다.

인수대비는 혼례 예절과 부녀자의 도리를 기록한 《내훈內訓》을 지었는데 태양별자리가 천칭자리♎다. 천칭자리는 저울의 특성상 일대일의 관계를 중시하고, 인간 관계 중 가장 중요한 일대일 관계는 결혼이다.

★소혜왕후(인수대비) 1437년 10월 7일

태양별자리_천칭자리♎ * 달별자리_물병자리♒ 혹은 물병자리♒(14:11 이후)

세조는 의경세자가 일찍 죽자 그 첫째 아들 월산대군을 명문가 병조판서의 딸에게 장가들였다. 예종에게 위협이 될 수 없도록 권세가를 피한 것이다. 세조의 의도를 파악한 수빈 한씨는 꾸준히 궁을 드나들며 한명회, 신숙주와 친분을 쌓았다. 그리고 세조가 병든 틈에 둘째 아들 자을산군을 한명회의 딸에게 장가보냈다. 인수대비는 세자빈이 되었으나 남편이 요절해 왕비가 되지 못했다가 아들을 왕으로 만들고 자신도 왕비가 되었으니 과연 천칭자리답다.

유유상종類類相從이라는 말은 별자리에서도 통한다. 태양이나 달, 동쪽별자리 중에 하나쯤은 같아야 서로 잘 통하고 친하다. 성종의 킹메이커인 정희왕후와 한명회는 사수자리로, 인수대비와 한명회는 천칭자리로 같다. 정희왕후와 한명회는 명분으로, 인수대비와 한명회는 혼맥으로 뜻을 같이해 성종을 왕으로 만드는 데 성공했다.

문화 황금기를 이룬 성종

사수자리 이사가 낙관론을 펼치며 원대한 이상을 펼치면 처녀자리 편집장은 그것의 문제점을 조목조목 지적한다는 말이 있다. 결국 현실적인 방안을 찾아 실행하는 것은 처녀자리다. 처녀자리 성종은 사수자리 정희왕후와 한명회의 섭정을 받아 왕의 자리에서 성실한 일꾼, 실행가로서 자신의 책임을 다했다.

성종은 우선 《경국대전經國大典》을 완성했다. 《경국대전》은 조선 왕조의

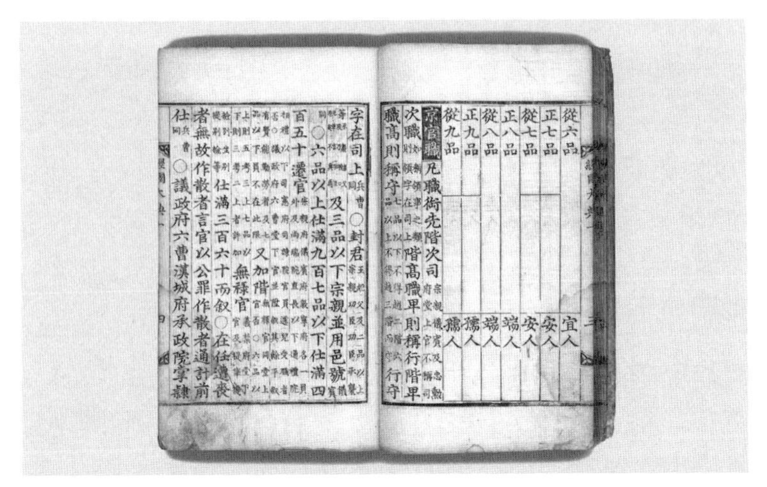

《경국대전》 보물 제1521호. 《경국대전》은 조선의 기본 법전으로 세조가 편찬하기 시작해 경종 때 완성됐으나 시행되지 못하다가 성종이 다시 수정 완성해 시행되었다. 국립중앙박물관 소장.

가장 기본적인 법전으로 기존의 관습법과 중국 법률에 의존하던 차원에서 벗어나 조선의 정치체계와 사회문화 전반에 걸친 법 제도를 가지게 된 데 의의가 있다. 태조는 즉위 교서에서 조선을 법치국가로 천명하고 통일된 법전을 마련하기 위해 노력했다. 정도전이 지어 올린 《조선경국전》을 바탕으로 《경제육전經濟六典》을 제정해 시행했으나 현실과 모순된 것들이 많아 계속 수정 보완했다. 세조는 즉위하고 곧 육전상정소六典詳定所를 설치해 《경국대전》을 편찬하기 시작했는데, 성종 때 비로소 완성된 것이다. 아스트라이아, 정의의 여신이 처녀자리니 성종이 《경국대전》을 완성한 것은 우연이 아니다.

처녀자리의 기호 ♍는 몇 개의 칸막이가 있는 책꽂이처럼 보이지 않는가? 처녀자리는 책을 좋아하고, 삶의 모든 분야를 문서 정리하듯 세분하는 기질이 있다. 대통령기록관을 입법 시행하고, 755만 건의 기록을 남겼던 노무현 전前 대통령이 처녀자리다. 노무현의 필사筆士로 불렸던 윤태영에 따르면 노 전 대통령은 처녀자리답게 디테일에 강하고 잔소리도 제법 했다. 한편, 사도세자의 기록을 없앤 영조, 집권 18년 동안 5만 건의 기록을 남긴 박정희 전前 대통령은 비밀을 꽁꽁 감추는 전갈자리다.

★노무현 1946년 9월 1일
태양별자리_처녀자리♍ ＊ 달별자리_전갈자리♏

★영조 1694년 10월 31일
태양별자리_전갈자리♏ ＊ 달별자리_양자리♈

★박정희 1917년 11월 14일
태양별자리_전갈자리♏ ＊ 달별자리_전갈자리♏

성종은 지방의회인 유향소留鄕所를 부활하고, 세종 때 젊은 문신들에게 휴가를 주어 학문에 전념하게 한 사가독서제賜暇讀書制를 확대해 독서당讀書堂을 설립하는 등 학문 진흥에 앞장섰다. 《대전속록大典續錄》, 《동국여지승람東國輿地勝覽》, 《동국통감東國通鑑》, 《동문선東文選》, 《악학궤범樂學軌範》 등을 편찬, 간행하여 조선 초기 문물제도를 완성하였다.

성종은 세조가 없앤 경연을 부활시켰다. 왕도정치를 표방한 성종은 경연을 통해 성리학적 사상으로 무장하여 재위 25년 동안 9,009회나 진행했다. 2위 영조 3,458회, 3위 세종 1,898회인 것에 비하면 단연 으뜸인 데다 세 왕 가운데 재위 기간이 짧은 것을 생각하면 진정 경연의 왕이다. 처녀자리는 성실하고 매사를 철저하게 준비한다. 한 번의 실패나 시행착오 없이 세계 최고의 부자가 된 워렌 버핏은 "나는 노아의 법칙을 위반했다. 비를 예측하는 것은 중요하지 않지만, 방주를 만드는 것은 중요하다(I violated the Noah rule: Predicting rain doesn't count; building arks does)"고 말했다. 그는 11세부터 현재까지 오로지 주식과 투자에만 열중해 투자의 신이 되었다. "내가 하는 일은 읽고 또 읽는 것"이라며 기업의 대차대조표는 물론 스탠더드앤드푸어스(S&P), 무디스 등의 매뉴얼과 신문, 책 읽기를 강조한다. 처녀자리는 연애도 책으로 배운다는 말이 있다.

★워렌 버핏Warren Buffett 1930년 8월 30일
태양별자리_처녀자리♍ * 달별자리_사수자리♐

사림의 등용과 언론 강화

성종은 훈구대신을 견제하기 위해 세조에 의해 숙청됐던 사림을 적극 등용하고 대간臺諫을 육성하는 한편 세조 때 폐지되었던 집현전을 대신해 홍문관弘文館을 설치했다. 홍문관은 오늘날 대통령 자문기관으로 관리의 죄를 조사해 임금에게 알리는 탄핵권이 있었다. 사헌부司憲府, 사간원司諫院과 함께 삼사三司로 불린다. 처녀자리는 날카로운 비판과 지적질이 특기니 자신의 별자리 성향을 잘 살렸다.

성종은 세조가 폐지한 많은 것들을 부활시켰고, 반대로 세조가 만들었던 원상제院相制는 폐지했다. 태종은 왕자의 난을 도왔던 공신들을 대개 토사구팽兎死狗烹했으나 세조는 계유정난의 공신들을 내치지 않고 오히려 원상으로 만들어 정치적, 경제적 기반을 마련해주며 가까이했다. 쌍둥이자리에 염소자리인 태조는 자리와 입장에 따라 태세를 바꾸고, 전갈자리에 사자자리인 세조는 자신의 사람들을 끝까지 챙긴 것이다.

세조 대의 훈구대신들은 예종, 성종을 거쳐 왕권보다 강한 신권을 형

성했다. 친정을 시작한 성종은 원상제를 폐지해 한명회 등 훈구파를 약화시킬 필요가 있었다. 훈구파 대신들과 사림 중심의 대간이 서로 견제하고 경쟁하게 함으로써 균형을 이뤄 왕권의 안정을 꾀했다. 이는 수준 높은 유교 정치의 발전으로 성종 대의 중요한 변화로 평가받는다. 정신적이고 이상 지향적인 공기의 성질을 지닌 수성의 기운과 처녀자리의 구성 원소인 흙이 섞인 견고한 실용성이 성종의 리더십과 왕권 안정에서 빛을 발한 것으로 생각된다.

또한 성종의 달별자리는 사자자리로 사람들을 내 편이 아니면 적으로 나누고 자기 사람들을 확실히 챙기는 경향이 있어 사림을 자기 편으로 챙겼다. 성종에게 장인 한명회는 자신을 왕으로 만든 킹메이커로 최고의 정치적 후원자다. 그러나 훈구파의 중심으로 왕권의 최대 걸림돌이 되는 존재였으니 그를 몰아내고 그 자리에 김종직 등 사림파를 등용했다. 김종직은 도학 정치를 표방하며 성리학의 기본에 충실하고 불교를 배척하는 등 성종과 뜻을 같이해 신임을 받았다. 김종직은 중앙 요직을 두루 거치며 자신의 문하생을 천거해 조정에 대거 진출시켰다. 본래 사림은 학문하는 재야의 양반 사대부라는 의미였으나 성종 대에 이르러 훈구대신들을 견제하는 신흥 정치세력을 뜻하게 되었고, 조선 중기 선조 이후부터 정치를 주도한다.

성종의 이중생활, 주요순 야걸주

성종의 태양별자리와 달별자리는 처녀자리와 사자자리로 별자리 순서상 바로 앞뒤에 위치해 있다. 앞뒤 별자리는 양과 음으로 서로 다르고, 기질상 대조를 이루기 때문에 한 차트에서 조화를 이루기 힘들다. 사자자리는 양성陽性의 대표이고, 처녀자리는 내향적인 음의 별자리다. 처녀자리는 2인자를 자처하지만 사자자리는 왕으로 군림하며 지배하고 싶어 한다. 사자자리는 타고난 파티피플이지만 처녀자리는 일의 연장이라는 회식도 싫어해, 차라리 야근을 하고 만다. 사장과 비서의 관계를 생각하면 이해하기 쉬울 것이다.

야사에 따르면 성종의 별명은 '주요순晝堯舜 야걸주夜桀紂'라 한다. 낮에는 모범생처럼 왕도정치를 펼쳐, 중국 역사상 가장 위대한 요임금과 순임금처럼 정사를 돌봤으나 밤에는 한나라의 걸임금과 은나라의 주임금처럼 여자와 술을 좋아해 낮과 밤이 다른 이중생활을 즐겼다는 것이다. 성종은 낮에는 태양별자리인 처녀자리를 따라 성실히 일하고, 밤에는 달별자리인 사자자리를 따라 향락을 즐기며 산 모양이다.

> 있으렴 부디 갈다 아니 가든 못할쏘냐. (있으려무나. 부디 가겠는가? 아니 가지는 못하겠는가?)
> 무단히 슳더냐 남의 말을 들었느냐. (아무 까닭 없이 싫은가 혹 남의 말을 들었는가?)
> 그래도 하 애닯구나 가는 뜻을 일러라. (그래도 많이 애달프구나 가는 뜻을 말해다오.)

연인을 아쉽게 떠나보내는 듯 다정한 이별가로 보이는 이 시는 성종이 신하 유호인兪好仁을 떠나보내면서 쓴 시다. 이처럼 다감한 성격은 성종의 달별자리인 사자자리에 따른 것이다. 태양처럼 밝고 당당하며, 창조와 예술을 사랑하는 사자자리는 타고난 예술가이며 사교적인 천칭자리와 함께 파티를 좋아한다. 젊은 시절의 사자자리는 전형적인 바람둥이로 밤낮을 가리지 않고 여인들과 음주가무에 파묻혀 산다. 위기 시에는 발톱을 드러내지만 평화 시에는 먹고 즐기며 인생을 휴일처럼 즐기려 한다. 조선 개국 당시에 태조와 함께 전장을 누비고, 상왕으로서 평생 격구와 연회를 즐기며 살았던 정종이 사자자리의 전형이다.

성종은 거의 매일 밤 곡연을 베풀며 기생들과 어울렸고 많은 후궁을 거느렸다. 그는 왕후 세 명과 후궁 아홉 명을 두었고, 16남 12녀를 얻었다. 조선 시대 다산 왕은 11남 17녀를 낳은 태종으로 알려져 있고, 성종이 2위라고 한다. 그런데 어려서 죽은 조졸, 요절까지 합하면 태종은 34명, 성종은 35명이다. 게다가 태종은 55세까지 살았으나 성종은 38세 이른 나이에 죽었다. 진정한 다산의 왕은 성종이다.

왕에게 자식이 많은 것은 덕이며, 연회를 열어 즐기는 것도 태평한 때에는 흉이 되지 않는다. 수많은 여자들과 스캔들을 일으켰고 르윈스키 사건으로 탄핵될 뻔했던 빌 클린턴 대통령도 사자자리인데, 경제 호황을 이끈 공로로 재선까지 성공해 두 번의 임기를 채웠다. 성종은 세종과 세조가 이룩한 치적을 바탕으로 빛나는 문화정책을 펼쳤으며, 조선 초기 문물이 정비되어 건국 이후 가장 태평성대한 시기를 보냈다. 그러나 이야기꾼들은 어을우동이나 소춘풍 등 당대의 기생을 모두 성종과 연결시켜 '주요순 야걸주'라는 별명을 지었다. 영화와 드라마에서도 성종을 색에 빠진 왕으로 그려놓았는데, 그가 조선 최고 다산의 왕이라는 것과 연산군의 비극을 낳은 폐비 윤씨의 투기가 이런 의혹을 더했을 것이다.

★빌 클린턴William J. Clinton 1946년 8월 19일
태양별자리_사자자리♌ ＊ 달별자리_황소자리♉

태평성대의 그늘, 비극의 서막

세종과 함께 성군으로 손꼽히는 성종의 가장 큰 오점은 폐비 윤씨다. 성종은 첫 부인 공혜왕후가 요절하자 숙의 윤씨를 왕비로 올렸다. 숙의 윤

씨는 신숙주의 조카로 성종보다 두 살 연상이었으나 원자(연산군)를 낳으면서 총애를 받았다. 그런데 남편이 다른 후궁을 찾자 질투심을 드러내 투기했다. 폐비 윤씨는 1455년 7월 15일생으로 태양별자리가 게자리♋ 혹은 사자자리♌다. 태양별자리가 04시 10분 이후 게자리에서 사자자리로 바뀌는데, 태양별자리가 바뀌는 날 태어난 사람은 두 별자리의 특성을 모두 가진다. 게다가 폐비 윤씨가 태어난 날은 달별자리도 05시 07분 이후 게자리에서 사자자리로 바뀐다. 정확한 생시를 알 수 없으나 폐비 윤씨는 태양과 달 외에 금성과 천왕성, 명왕성이 사자자리에 있으니 사자자리 성향이 강할 것이다.

> 왕비 윤씨尹氏는 후궁後宮으로부터 드디어 곤극坤極의 정위正位가 되었으나, 음조陰助의 공은 없고, 도리어 투기妬忌하는 마음만 가지어, 지난 정유년에는 몰래 독약을 품고서 궁인宮人을 해치고자 하다가 음모가 분명히 드러났으므로, 내가 이를 폐廢하고자 하였다. (중략) 뉘우쳐 고칠 마음은 가지지 아니하고, 실덕失德함이 더욱 심하여 일일이 열거하기가 어렵다. (중략) 이에 성화成化 15년 6월 2일에 윤씨를 폐하여 서인으로 삼는다.
>
> —《성종실록》 105권, 10년(1479) 6월 2일(중궁 폐출 교서)

사자자리는 지배하려는 욕구와 사람들에게 사랑받고 싶은 욕구가 강하다. 사자자리가 바람을 피우는 것은 자신이 여전히 매력적인 사람임을 꾸준히 재확인하는 것인지도 모른다. 달별자리가 사자자리인 남편의 바람을 역시 사자자리 에너지가 강한 부인이 참아내지 못하고 투기하니 단종-세조와 같은 사자자리끼리의 싸움이다. 한편 성종이 따로 창경궁을 지어야 할 정도로 왕실에 여자 어른이 많았으니, 폐비 윤씨에게는 시어머니 둘에 시할머니까지 살아 있었다. 세자를 낳았으나 후궁들에게 남편을 빼앗기고, 층층시하에 왕비 노릇은커녕 기조차 제대로 펴지 못했을 것이다. 당당함과 자존심이 생명인 사자자리는 내 편과 적을 확실히 가르니 적에게 당하기도 쉽다. 야사에서는 윤씨가 성종의 용안龍顔에 손톱자국을 내기까지 했다고 한다.

게다가 남편은 하늘이라는 책《내훈內訓》을 만든 인수대비가 성종의 친모였다. 인수대비가 윤씨의 투기를 계속 지적하고 대신들도 탄핵하니 윤씨는 폐비가 되어 서인으로 강등되었다. 원자의 생모였지만 거듭된 탄핵으로 사약을 받기에 이른다. 이는 결국 아들 연산군이 폭군이 되는 계기가 되었다.

낮과 밤이 다른 왕 성종

조선의 모든 법제와 정비를 완성시켰다는 의미의 묘호廟號를 얻은 성종은《경국대전》을 완성하고 태평성대를 이루었다 하여 성군으로 불린다. 그러나 세조가 시작해 예종이 완성한 밥상(《경국대전》)에 숟가락을 얹었다는 평가도 있다. 사림을 중앙 정치로 이끈 후광으로 사림이 중심이 된 후대에 높은 평가와 기록이 남은 것으로 보기도 한다.

낮에는 태양별자리 처녀자리를 따라 성군으로 왕도정치를 펼치고, 밤에는 달별자리 사자자리를 따라 곡연을 열고 음주가무를 즐기는 등 낮과 밤이 달랐던 성종은 그 평가도 사람에 따라 다르다. 철저한 계획으로 미래를 준비하는 처녀자리가 폐비 윤씨라는 오점을 남겨 연산군의 비극을 초래하고, 태평성대가 후대에 계속되지 못한 것은 성종의 태양별자리 처녀자리와 달별자리 사자자리가 바로 앞뒤에 위치한 별자리로 성향이 사뭇 다르고 서로 조화를 이루지 못하여 충돌하고 대립했기 때문일까? 진정 당당한 왕이 되고 싶어도 기센 여자들에 둘러싸여 제대로 기를 펼치지 못하니 스트레스를 풀기 위해 밤마다 음주가무로 살았는지도 모르겠다.

6

백성을 버리고 도망친 사수자리 선조

한양도성
조선의 도읍지 한양을 방어하기 위해 쌓은 한양도성은 세계에서 가장 규모가 크고 역사가 오래 되었다. 전쟁 때 쓰인 적은 한 번도 없고, 사람들이 짝을 지어 성곽 둘레를 한 바퀴 돌던 순성놀이가 오늘날에도 인기다.

사수자리♐

11월 22일 소설 ~ 12월 22일 동지

상징 반인반마 켄타우루스 양(+)의 별자리

원소 불 **상태** Mutable **지배 행성** 목성

★

소설小雪에서 동지冬至까지 초겨울에 태어난 사수자리는 세세한 나무보다 숲을 본다. 신과 영웅들을 가르친 케이론Cheiron의 피를 잇는 철학자로 상징은 반인반마다. 역마살驛馬煞이 제대로 끼어 세상을 돌아다니며 소유보다 경험을 중시한다. 태양계에서 가장 큰 목성Jupiter은 행운과 풍요의 상징이다. 행운의 목성, 제우스의 지배를 받는 그들은 이상주의자이고 낙천적이다. 원대한 꿈과 이상을 품고, 자신의 소신대로 행동하는 한편 인생을 서커스처럼 생각해 스릴 넘치는 모험을 즐긴다. 그들은 말과 행동이 앞서고 결과는 나중에 생각하는 데다 미안하다고 사과하거나 책임지는 일에는 서툴다. 스케일scale은 크지만 디테일detail이 약해 피상적으로 보일 수 있고, 곤란한 일이 생기면 책임지기보다 가방을 꾸려 떠나버리는 못된 습성이 있다. 멀리 보는 습성 때문에 가까운 곳을 못 봐 잘 넘어지고 상처도 많지만 회복이 빠르다. 시스템의 확장을 추구해 기존의 틀을 깨고 새로운 방식으로 자신의 목적을 달성하기도 한다.

#숲 #철학자 #허벅지 #역마살 #이상주의 #무책임 #사치 #도박사 #확장

선조의 네이탈 차트

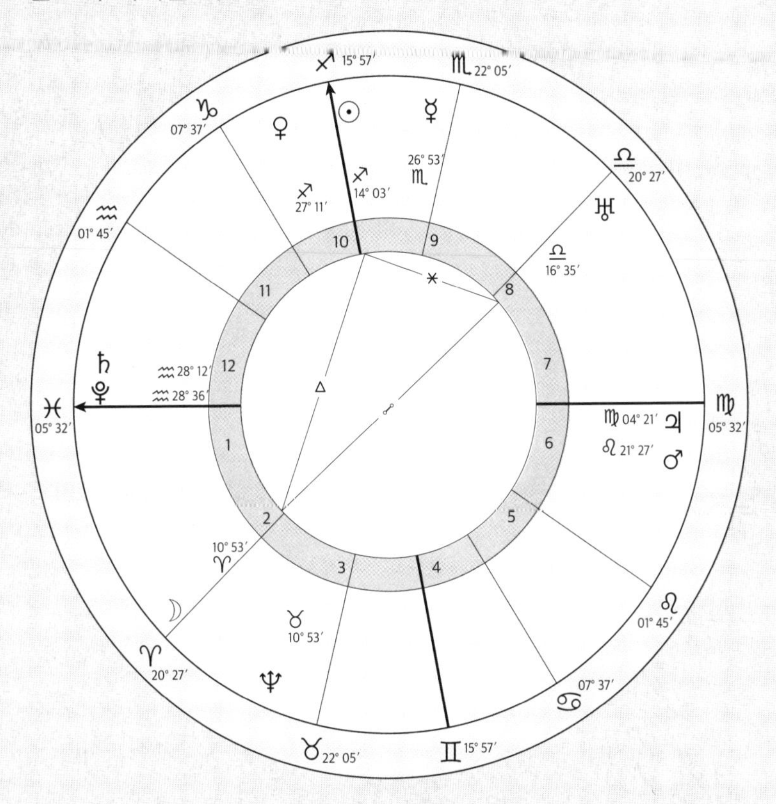

가정嘉靖 31년 임자년 11월 11일 기축일에 인달방仁達坊의 사제私第에서 왕이 태어났다.

—《선조실록》 1권, 총서

선조宣祖는 1552년 11월 26일생으로 태양별자리가 사수자리♐고 달별자리는 양자리♈다.

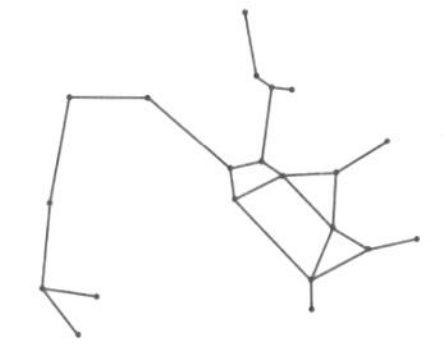

한양을 지킨 적이 없는 한양도성

600년 서울의 역사를 하루에 걷는다! 한양도성漢陽都城을 따라 서울 한 바퀴를 걷는 것이 유행이다. 그 역사는 조선 시대로 거슬러 올라간다. 과거를 보기 위해 지방에서 올라온 선비들은 하루에 성을 돌며 도성 안팎의 풍경을 둘러보는 것을 '순성巡城놀이'라 했다. "하루 안에 한양도성을 돌면 과거에 급제할 수 있다"는 속설이 퍼져 아주 인기였다고 한다.

한양도성은 태조가 조선을 열고 개경에서 한양으로 도읍을 옮기면서, 한성부의 경계를 표시하고 그 권위를 드러내며 외부의 침입으로부터 방어하기 위해 축조되었다. 백악(북악산), 낙타(낙산), 목멱(남산), 인왕의 내사산內四山 능선을 따라 산과 평지의 지형을 최대한 자연스럽게 살리면서 쌓았다. 세계에 유례없는 자연친화적인 우리 고유의 성곽이며, 현존하는 세계의 도성 중 가장 규모가 크고 역사가 오래되었다.

그러나 한양도성은 정작 방어 시설로 쓰인 적이 없다. 임진왜란, 병자호란丙子胡亂 등 외침 시에도 도성을 지키기 위한 전투는 벌어지지 않았다. 왕을 비롯한 지배층은 도성을 버리고 힘없는 백성만 남아 고초를 겪었다. 왜 조선의 왕은 한양을 버리고 도망부터 쳤을까?

최초의 방계·서자 출신의 왕 선조

임진왜란 때 한양과 백성을 버리고 도망간 왕 선조는 1552년 11월 26일생으로 태양별자리가 사수자리♐고 달별자리는 양자리♈다.

사수자리는 말처럼 강하고 빠른 하체와 기품 있고 현명한 사람의 머리를 지닌 '반인반마'로 켄타우로스다. 본디 켄타우로스 종족은 거칠고 괴팍하지만, 사수자리는 크로노스의 아들이자 신과 영웅들을 가르친 케이론으로 여행과 철학을 주관한다. 사주에 역마살이 끼었나 하는 이들은 대개 사수자리 에너지를 강하게 타고난 것이다. 사수자리는 대의를 받드는 지상 최고의 낙관주의자로, 대의를 위해서라면 시스템을 확장시키고 기존의 틀을 깨는 새로운 방식으로 목적을 달성하기도 한다. 도박과 사기꾼의 기질을 타고났다. 목성의 지배를 받는데, 주피터는 제우스의 로마식 이름이다. 목성은 지구에 비해 부피는 1,300배, 질량은 318배에 달하지만 밀도는 4분의 1밖에 되지 않는다. 대기 대부분이 수소와 헬륨으로 구성되어 있기 때문이다. 과학자들은 목성이 조금만 더 컸더라면 내부에서 핵반응이 일어나 제2의 태양이 되었을 것이라고 말한다. 가볍고 거대한 목성은 행운과 풍요의 상징이다.

사수자리이자 양자리인 선조는 조선 최초의 방계傍系 출신 왕이다. 왕위 계승이라는 대의를 위해 기존에 없던 새로운 방식으로(사수자리) 방계 출신의 첫 번째(양자리) 왕이 되었다. 명종의 아들 순회세자順懷世子는 열세 살 어린 나이에 요절했다. 선조는 덕흥대원군德興大院君의 셋째 아들이었는데, 덕흥대원군은 중종의 후궁에게서 태어난 서자였다. 명종에게 선조는 이복 조카가 된다. 선조의 행장行狀(사람이 죽은 뒤에 그의 행적을 적은 글)에 따르면, 어릴 적에 명종이 두 형과 함께 불러들여 자신이 쓰고 있던 관을 벗어 차례로 쓰게 하였는데, 선조는 꿇어앉아 사양했다. "군왕께서 쓰시는 것을 신하가 어떻게 감히 머리에 얹어 쓸 수 있겠습니까"라고 말하니 왕이 경탄하며 "마땅히 이 관을 너에게 주겠다"고 하였다. 또한 명종은 특별히 유사儒士를 가려 사부로 삼아 선조를 가르치게 했으니 세자로 봉하지는 않았으나 후사로 점찍어 둔 것은 맞는 것 같다.

그러나 조선 최초의 방계·서자 출신의 왕이라는 사실은 평생 선조를 따라다니는 콤플렉스가 되었다. 선조는 1567년 음력 6월에 즉위했으나 명나라는 11월까지 선조를 왕으로 책봉하는 칙서를 내려주지 않았다. 한동안 선조의 지위는 조선국 권서국사朝鮮國權署國事였다. 권서국사란 국사國事를 임시로 대리하는 관직 또는 사람을 이른다. 선조는 재위 도중 자신의 아버지 덕흥대원군을 왕으로 추존하려고 했으나 사림의 반대로 뜻을 이루지 못했다. 자신과 마찬가지로 서자이자 둘째 아들인 광해군에게 왕위를 물려주는 것을 탐탁지 않게 생각한 것을 보면 죽을 때까지 콤플렉스를 극복하지 못한 것 같다.

사수자리와 양자리는 둘 다 양의 별자리고 불의 별자리다. 양은 에너지를 밖으로 발산하고 진취적으로 앞장선다. 불의 별자리는 힘과 열정이 넘치고 직선적이다. 생각하기 전에 열정적으로 행동하는 경향이 있다. 사수자리의 기호 ♐는 화살이 45도 각도로 위를 향하고 있는 모습이다. 화살은 목표가 분명하고, 목표가 사라지면 존재 의미도 사라진다. 강한 추진력으로 일을 빨리 실행하고 상처를 빠르게 회복하나, 반대에 부딪쳐 자존심에 상처를 입으면 불은 얼음으로 변한다. 불은 빨리 타오르지만 꺼지면 힘을 잃는데, 얼음은 북극에서처럼 영원히 지속된다. 양자리의 기호 ♈는 새싹과 같다. 씨앗의 껍질과 흙을 뚫고 나오는 생명력이 가득한 존재이나 어린 새싹이 다치면 돌이킬 수 없다.

사림의 시대 붕당의 시작

16세의 나이로 왕이 된 선조는 초기에 인순왕후仁順王后의 수렴청정을 받았으나 성종 때 중앙정치에 등장하기 시작한 사림을 적극 등용해 그들을 등에 업고 친정親政을 시작했다. 신들의 왕, 목성인木星人 사수자리도 타고난 개척자이자 리더인 양자리도 남의 지시를 받는 것을 좋아하지 않는다. 선조는 명분을 내세워(사수자리) 부패한 심통원沈通源 등을 재빨리 숙청하고(양자리), 불같은 추진력으로 대비의 친정 일족도 제거해버렸다. 어린 방계의 왕이라 가볍게 보던 신하들은 깜짝 놀랐을 것이다.

위풍당당 왕으로 자리 잡은 선조는 주자학朱子學 보급을 장려하고 스스로도 매일 경연을 열며 학문에 힘썼다. 당시 조선 성리학의 거목 이황李滉, 이이李珥, 성혼成渾, 조식曺植 등 대유학자들이 함께한 것은 선조에게 커다란 행운이었다. 선조는 이들을 나라의 스승으로 여기고 극진히 대우했으며, 정치적 지원도 아낌없이 했다. 사수자리 케이론은 합리적 이성의 신 아폴론과 사냥의 신 아르테미스Artemis에게 교육을 받아 의술, 궁술, 예술에 능하고 예언을 하는 현자로 유명하다. 그리스 신화의 이름난 영웅 헤라클레스, 이아손Iason, 아킬레우스Achilleus 등은 케이론의 제자였다.

연산군부터 명종 대까지 네 차례의 사화를 겪으면서 사림은 큰 피해를 입었다. 수많은 사람이 죽어 나갔다. 명종 말년에 다시 중앙으로 재기한 사림은 이이와 이황을 중심으로 학파를 결성하고, 학문을 발전시키는 한편 정치적 논쟁도 심화시켰다. 붕당이란 원래 중국에서 정치인 집단을 가리키는 말로, 붕당의 형성은 역모에 버금가는 범죄였다. 그러나 조선의 붕당은 대의명분을 바탕으로 학문과 정치적 이념이 묘하게 결합되었고, 선조는 이를 바탕으로 당파정치를 이끌었다.

대의를 위한 투쟁은 목성인의 힘을 강화한다. 사수자리의 상징은 케이론이 45도 각도로 하늘을 향해 화살을 쏘고 있는 모습이다. 정조준正照準한 화살은 빠르게 날아가 목표물을 맞힌다. 선조는 신하들의 대립을 묵인하며 서로 죽고 죽이는 환국換局과 숙청을 발판으로 왕권을 강화하려 했다. 결국 김효원金孝元과 심의겸沈義謙의 대립으로 사림이 동인東人과 서인西人으로 나뉘면서 조선 후기 정치사를 관통하는 붕당정치가 시작되었다.

1572년(선조 5년)에 이조정랑吏曹正郎 오건吳健이 자신의 후임으로 신진 사림을 대표하는 김효원을 추천했다. 김효원은 문과에 장원급제한 수재였다. 당시 심의겸은 이조참의吏曹參議로 있었는데 과거 김효원이 권신 윤원형尹元衡의 집을 들락거렸다며 반대했다. 김효원도 심의겸을 외척이라 비난하며 사이가 벌어졌다. 윤원형은 문정왕후의 동생이자 명종의 숙부였고, 심의겸은 세종의 장인, 심온의 6대손으로 명종비 인순왕후의 남동생이었다.

이조정랑은 정5품으로 품계는 낮았으나 정6품 좌랑과 함께 전랑銓郎(전랑의 '전銓'은 사람을 가리다, 선발하다, 저울질하다는 뜻이다)이라 해서, 종3품 이하 당하관 관리와 삼사三司의 인사권을 갖고 있었다. 삼사는 관리의 감찰(사헌부)과 탄핵(홍문관), 왕에 대한 간쟁(사간원)의 임무를 맡은 기관으로 오늘날 검찰과 언론기관, 자문기구 등에 해당한다. 예나 지금이나 인사가 만사다. 정치가 법과 시스템에 의해 운영되게 하려는 취지였으므로 삼사 중에서도 명망이 높은 사람에게 전랑을 맡겼다. 전랑은 자신의 후임자를 추천할 수 있고 과거에 합격하지 못한 재야 선비를 임용·추천할 수 있는 권한도 가졌으므로 당상관도 이조정랑을 만나면 말에서 내려 인사를 하고, 붕당에 의해 좌지우지되었다.

김효원은 서울의 동쪽 건천동(중구 인현동)에, 심의겸은 서쪽 정릉동에 살았기에 이들을 추종하는 세력을 각각 동인, 서인이라 불렀다. 이는 정계에 일찍 진출했던 사림 선배와 후배의 분열이기도 했다.

동인들은 류성룡柳成龍·김성일金誠一·이발李潑·이산해李山海·이덕형李德馨 등 영남학파 이황과 조식의 문인들이 많았고, 서인은 정철鄭澈·송익필宋翼弼·윤두수尹斗壽·신응시辛應時 등 기호학파 이이와 성혼의 제자들이 많아 학연을 배경으로 한 대립이기도 했다. 율곡 이이가 동인과 서인의 조정에 앞장섰으나 실패했다. 이이가 죽은 뒤로는 그 대립이 더욱 심화되었다. 학연, 혈연, 지연에 따라 줄을 서고 뭉치는 인맥 문화는 이때나 지금이나 마찬가지다.

김효원이 이조정랑에 오르고 동인이 주도하던 세상은 1589년 정여립鄭汝立 역모 사건을 계기로 일어난 기축옥사己丑獄事 때 뒤집어졌다. 서인의 실세 정철이 우의정이 되어 사건의 조사를 맡으면서 동인의 유력인사들을 줄줄이 숙청했는데, 이때 죽은 이들이 1,000명이 넘었다. 1591년 세자 문제로 정철이 파면되면서 다시 동인이 집권하나, 이때 정철의 처벌을 둘러싸고 동인은 다시 온건파 남인南人과 강경파 북인北人으로 나뉘었다. 정철은 1536년 12월 18일생으로 태양별자리가 염소자리♑고 달별자리는 물고기자리♓다. 조직과 위계질서를 중시하는 염소자리는 다툼이 생기면 경쟁자도 장애물로 여긴다. 왕자의 난을 일으켰던 태종과 유태인을 학살한 히틀러처럼 정철은 동인을 숙청했다.

★태종 1367년 6월 13일
태양별자리_쌍둥이자리♊ ＊ 달별자리_사수자리♐ 혹은 염소자리♑(10:30 이후)

★아돌프 히틀러Adolf Hitler 1889년 4월 20일
태양별자리_황소자리♉ ＊ 달별자리_염소자리♑

선조가 손을 들어주는 대로 서인—동인—남인—서인—북인으로 집권 세력이 계속 교체되었고, 선조는 이를 바탕으로 왕권 강화를 꾀했다. 목성은 태양계에서 가장 빠르게 자전하는 행성으로 그 주기가 열 시간이 채 안 된다. 목성처럼 사수자리는 생각이나 행동을 갑작스럽게 전환하는 경향이 있다.

선조는 왜 임진왜란을 대비하지 않았을까?

동인과 서인의 대립과 숙청으로 국내가 피로 물든 상황에 일본은 서양과 활발하게 교역하며 100년 전국시대戰國時代를 마무리했다. 포르투갈에서 조총을 수입한 일본의 도요토미 히데요시豊臣秀吉가 전국을 통일하고 대륙 침략을 계획하고 있었다. 1589년 도요토미 히데요시는 대마도(쓰시마)의 도주島主인 소 요시토시宗義智를 통해 선전포고를 해왔다. 일본이 통일되었으니 와서 알현하고 명나라를 치는 데 앞장서라는 것이었다. 중간에서 입장이 난처했던 소 요시토시는 일본이 조선과 힘을 합쳐 명을 치려 한다며 통신사를 요청하였다. 그러나 선조는 '군주를 폐기하고 찬탈·시해한' 일본을 오랑캐라 하여 상대조차 하지 않았다.

선조는 1590년 황윤길黃允吉, 김성일, 허성許筬 등을 통신사로 파견해 일본의 동태를 파악하도록 했다. 이때도 신하들은 동인과 서인으로 갈려

서로 대립하느라 제대로 된 보고를 하지 않았다.

> 윤길은 그간의 식정과 형세를 치계馳啓하면서 '필시 병화兵禍가 있을 것이다'고 하였다. 복명復命한 뒤에 상이 인견引見하고 하문하니, 윤길은 전일의 치계 내용과 같은 의견을 아뢰었고, 성일은 아뢰기를, "그러한 정상은 발견하지 못하였는데 윤길이 장황하게 아뢰어 인심이 동요되게 하니 사의에 매우 어긋납니다" 하였다.
>
> 상이 하문하기를, "수길(도요토미 히데요시)이 어떻게 생겼던가?".
>
> 윤길은 아뢰기를, "눈빛이 반짝반짝하여 담과 지략이 있는 사람인 듯하였습니다".
>
> 성일은 아뢰기를, "그의 눈은 쥐와 같으니 족히 두려워할 위인이 못 됩니다".
>
> ―《선조수성실록》 25권, 24년(1591) 3월 1일

국가적 위기 앞에서도 자신의 당파에 따라 서로 다른 의견을 내놓은 것이다. 오죽하면 같은 동인 류성룡이 김성일에게 "왜 황의 말과 고의로 다르게 말하느냐, 만일 병화가 있으면 어떻게 하려고 그러시오" 하니, 김성일은 "나도 어찌 왜적이 나오지 않을 것이라고 단정하겠습니까. 다만 온 나라가 놀라고 의혹될까 두려워 그것을 풀어주려 그런 것입니다"라고 했다. 선조는 자신이 듣기 좋은 말을 한 집권세력 동인 김성일의 말을 좇아 일본의 침략을 대비하지 않았다.

이때 또 통신사와 함께 온 일본 사신이 "명나라를 치려고 하는데 조선에서 길을 인도해달라"고 하였다. 이전부터 일본이 중국을 침범하겠다는 말을 유구琉球(동중국해 남단의 류큐 제도의 국가. 현재는 일본의 오키나와 현으로 합병돼 있으나 여전히 그 일대를 류큐라고 부른다)에도 퍼뜨리고 또 "조선도 이미 굴복하여 300인이 항

복해왔는데 지금 배를 만들어 그들을 향도嚮導로 삼을 것이다"라고 하였다. 유구에서 중국에 보고하여 황제가 칙사를 보내 실정을 파악하기까지 하였으나, 선조는 일본을 우습게 보았다.

> 소방과 일본국이 비록 동쪽 바다에 함께 있다고는 하지만, 거리가 아득히 멀고 섬들이 여기저기 흩어져 있으며 그들의 소굴이 험하고 요원하니 이것은 바로 천지天地가 추악한 종족을 구별해놓은 것입니다.
>
> —《선조실록》 27권, 25년(1592) 6월 26일

선조는 낙천적인 사수자리다. 사수자리는 나무가 아닌 숲을 보고, 멀리 크게 내다보는 현자지만 자신의 발밑 아래의 작은 것은 보지 못해 자주 넘어지고 위험에 빠진다. 자기 발에 스스로 걸려 넘어지기도 한다. 케이론은 자신의 제자 헤라클레스가 쏜 화살에 맞아 죽었다. 원래 불사不死의 몸이라 죽을 수 없었으나 화살에 묻은 히드라 독에 고통을 받다 참지 못하고 제우스에게 간청해 죽었다.

백성을 두고 도망친 선조

1592년 음력 4월 13일 부산포에 상륙한 일본은 상주의 이일李鎰과 충주의 신립申砬을 무너뜨리고 파죽지세로 북상해왔다.

전형적인 사수자리는 싸울 때나 도움을 요청받을 때 절대로 도망가지 않는다. 미국 대통령 중 재커리 테일러가 사수자리인데, 1812년 영미전쟁(제2차 독립전쟁)과 인디언 토벌에 공을 세웠고 자신의 인생 중 25년을 인디언 전투 최전선에서 보냈다. 전형적인 무인으로 정치를 해본 적이 전

혀 없었으나 대통령에 당선됐다. 휘그당이었지만 전당대회에서 "비록 휘그당 후보로 출마하지만, 무소속처럼 행동할 것이며 휘그당을 위해서 자신의 신념은 굽히지 않을 것"이라고 했는데 실제로 휘그당과 자주 충돌했다. 재임 1년 4개월 만에 급성 식중독으로 사망했다. 자신이 옳다고 믿는 것을 위해서는 열심히 싸우지만 목성의 본성 자체가 어디에 얽매이는 것을 싫어하기 때문에 사회적 책임을 과도하게 강요받으면 회피한다. 반인반마라 누군가가 쫓아오면 재빨리 달아날 수 있다.

★재커리 테일러Zachary Taylor 1784년 11월 24일
태양별자리_사수자리♐ ＊ 달별자리_황소자리♉

이 왜적이 천조天朝를 침범하려고 모의하였으며, 실로 천하의 흉적인 것이다. 우리가 당연히 천조를 위하여 국경을 사수해야 하지만 형세가 중과부적이어서 전혀 상대하여 맞설 수 없는 상황이다. 이미 흉봉凶鋒을 힘써 막아내어 왜적의 진로를 차단할 수 없다면 차라리 가까이 있는 부모의 나라로 귀의하여 성천자聖天子에게 호소, 왕사王師를 빌어다가 이 흉적을 치는 것이 낫다.

—《광해군일기[정초본]》 1권, 광해 즉위년 2월 21일(선조의 행장)

선조는 오랑캐라 여기던 일본이 정말 침략해오고, 믿었던 신립 등이 차례로 대파하자 한양을 버리고 개성, 평양을 거쳐 의주까지 퇴각했다. 선조의 행장에 따르면 천하의 흉적을 맞아 위기에 처했으니 부모의 나라인 명나라에 귀의해야 한다는 것이 명분이었다. 사수자리도 양자리도 전사의 후예들이지만 세상이 자기를 중심으로 돌고 있지 않다는 것을 깨달으면 더 강한 자에게 달려가 숨는다. 그제야 비로소 자신이 얼마나

평소에 태평하고 낙관적이었는지, 얼마나 무방비 상태이며 상처받기 쉬운 존재인지 알게 되는 것이다.

병자호란 때 남한산성으로 도망쳤다가 삼전도三田渡의 굴욕, 삼배구고두례三拜九叩頭禮를 당한 인조도 사수자리다. 인조는 광해군이 금과 명의 싸움에서 명을 배신했다고 끌어내렸다. 조선은 개국 때 중국의 제후국을 자처했고, 임진왜란 때 명이 도와서 나라를 다시 일으켜주었는데 명을 배신한 것은 짐승만도 못한 일이라고 했다. 그러나 결국 금이 명을 치고 청나라가 되어 조선을 침략했다. 인조는 자기 발에 걸려 넘어진 사수자리다. 1997년 IMF 구제금융으로 한국 경제가 큰 타격을 받았을 때, 재계 2위였던 대우그룹이 공중분해되었다. 대우의 김우중 회장도 사수자리다. 일이 터지자 5년 8개월 동안 해외 도피 생활을 했던 그가 일찌감치 쓴 자서전의 제목이 '세계는 넓고 할 일은 많다'니 사수자리의 표어다.

★인조 1595년 12월 7일

태양별자리_사수자리♐ * 달별자리_물병자리♒ 혹은 물고기자리♓ (16:28 이후)

★김우중 1936년 12월 19일

태양별자리_사수자리♐ * 달별자리_물병자리♒

조선의 사수자리 왕으로 선조와 인조 외에 문종이 있다. 세종의 아들 문종은 조선의 왕 중에서 적장자로 왕위에 오른 최초의 왕이었고, 세종 후기 8년 동안 왕자로서 대리청정하면서 측우기를 발명할 정도로 천문학과 산술에 뛰어났다. 병법까지 능해 세조와 진법과 대열에 관한 세부 사항을 정비하여 조선군의 기준을 세웠다. 1421년 여덟 살 어린 나이에 세자가 되어 1450년 즉위하기까지 세자 기간만 30년을 지냈는데, 재위 2년 3개월 만에 죽었다.

★문종 1414년 11월 15일

태양별자리_사수자리♐ ＊ 달별자리_사수자리♐ 혹은 염소자리♑(17:13 이후)

조선 최고의 폭군 연산군도 사수자리다. 사수자리의 부정적인 특성으로 폭력적인 성향, 음식과 술에 대한 집착이나 알코올 중독, 극도의 냉소주의로 얼룩진 총명함, 때로는 극단적인 괴벽 등이 있다. 불의 별자리가 술과 만나면 위험하다. 집권 초기에는 일을 좀 했다고 하나 어머니 폐비 윤씨에 대해 안 이후 사치와 향락에 빠진 연산군은 오늘날 폭군의 대명사로 남았다.

★연산군 1476년 11월 23일

태양별자리_사수자리♐ ＊ 달별자리_물병자리♒

난세의 영웅들: 광해군과 이순신 그리고 의병

일본은 조선을 침략하며 빠른 시간에 한양에 들이닥쳐 왕을 항복시키려 했다. 왕이 항복하면 백성들이야 그대로 굴복해 조선을 한입에 집어삼킬 수 있다고 생각했다. 그러나 선조는 행운이 따르는 사수자리다. 사수자리의 지나친 낙관주의는 때때로 실패를 가져다주지만 행운의 여신이 위기에 빠진 그들을 제때 구해준다. 광해군과 이순신은 선조를 임진왜란의 국가적 위기에서 구해준 영웅이었고, 자신의 땅을 사랑해 스스로 의병이 되어 나라를 지킬 줄 아는 백성을 가졌음은 선조에게 내린 신의 은총이었다.

선조는 한양을 버리고 도망치면서 만일을 대비해 광해군을 세자로 봉

이순신 장군 동상 이순신은 임진왜란 때 삼도수군통제사가 되어 일본과의 해전에서 연승으로 나라를 구한 민족의 영웅으로 오늘날까지 가장 많은 사랑을 받고 있다.

하고, 분조를 맡겼다. 쌍둥이자리에 양자리를 타고난 광해군은 선조를 대신해 전국을 돌아다니며 민심을 수습하고, 의병을 모집하는 등 전쟁을 승리로 이끄는 데 공을 세웠다. 수성, 머큐리Mercury의 지배를 받는 쌍둥이자리 왕 태종과 광해군은 헤르메스가 아버지이자 신들의 왕, 제우스의 전령이었던 것처럼 왕(태조와 선조)을 보좌하는 데 탁월한 능력을 발휘했다.

한편, 임진왜란 최고의 영웅 이순신은 류성룡의 천거로 종6품 정읍 현감에서 정3품 전라좌수사로 7단계를 뛰어넘어 승진했다. 신하들의 반발에 단계별로 임명하긴 하였으나 부임하기도 전에 다시 전임시키는 방식으로 초고속 승진을 시켰다. 선조는 "충분히 감당할 터이니 관작의 고하를 따질 필요가 없다"며 이순신을 믿었다.

이순신은 1545년 4월 18일생으로 태양별자리가 황소자리♉고 달별자리는 게자리♋다. 나이 47세에서야 큰일에 쓰이게 되었으니 늦되는 황소자리답다. 선조의 말대로 만반의 준비를 갖춘 이순신은 전쟁에 대비해 각 진의 실태를 파악하고, 무기와 군량미를 확충하고 거북선을 건조하는 등 군사력을 강화했으며, 일본군의 식량 보급선을 차단해 임진왜란을 승리로 이끌었다.

조선 시대 이순신처럼 초고속 승진을 한 사람이 또 한 명 있는데, 중종 때 조광조趙光祖다. 조광조는 중종 10년 8월 과거에 합격하고 정6품 사간원의 대간이 되었는데, 이틀 만에 자신의 윗사람들, 사헌부와 사간원 모두를 잘라달라는 상소를 올렸다. 중종이 이를 받아들였다. 그리고 홍문관 수찬修撰, 직제학直提學을 거쳐 대사헌에 오른 것이 중종 14년 5월 16일이다. 과거에 급제하고 이틀 만에 자신의 상관들을 모두 잘라버린 조광조는 4년 만에 종2품 사헌부의 장이 되었다. 고시에 합격하고 4년 만에 검찰총장이 된 격이다.

중종中宗은 1488년 4월 16일생으로 태양별자리가 황소자리♉고 달별자리는 쌍둥이자리♊다. 쌍둥이자리는 성격이 급하고 변덕도 심해서 조광조를 빨리 채용하고 승진도 빨리 시켜주었지만 곧 내쳐버렸다. 조광조는 1482년 8월 23일생으로 태양별자리가 처녀자리♍고 달별자리는 염소자리♑다. 조광조는 도학정치 실현을 꿈꾸며 중종에게 끝없이 잔소리를 해댔다. 처음 벼슬자리에 나오자마자 내부고발자가 되어 윗사람들을 모두 잘라낸 그였다. 중종에게도 도덕정치와 이상정치를 펼쳐야 한다, 왕이 모범을 보여라, 하며 왕의 교육과 경연을 강조했다. 또 8세 어린이들의 유학서 《소학》을 공부하라고 귀에 못이 박히게 잔소리를 했다고 한다. 중종은 개혁 정치의 파트너 조광조에게 사약을 내렸다.

이순신은 처음에는 힘껏 싸웠으나 그 뒤에는 작은 적일지라도 잡는 데 성실하지 않았고, 또 군사를 일으켜 적을 토벌하는 일이 없으므로 내가 늘 의심하였다. 동궁이 남으로 내려갔을 때에 여러 번 사람을 보내어 불러도 오지 않았다.

—《선조실록》 57권, 27년(1594) 11월 28일

추진력이 강하고(사수자리) 성격 급한(양자리) 선조는 이순신을 파격적으로 승진시켰고, 이순신은 맡은 바 책임을 다해 임진왜란에서 놀라운 승전을 계속했다. 그러나 원균元均과의 불화로 시작된 논란이 거듭되자 선조는 이순신을 두 번이나 백의종군시켰다. 전쟁 시가 아니었다면 이순신도 중종의 남자 조광조처럼 사약을 받았을지 모른다.

100년 전쟁으로 세계 최강의 전투력을 자랑한 일본과 200년 동안 전쟁 한 번 없이 평화로웠던 조선의 대결에서 일본이 패한 것은 지금 생각해도 놀라운 일이다. 조선은 군대가 없다시피 했고, 일본을 오랑캐라 얕잡아보았으며, 조총 같은 신무기에 무지해 왜란을 대비하지 못했다. 단숨에 전쟁을 끝낼 생각이었던 일본은 선조가 백성을 버리고 도망칠 것을 예상하지 못했고, 백성들이 스스로 나라를 지키겠다며 의병을 일으켜 죽도록 싸우는 것에 당황했다. 특히 섬나라 일본의 해군에 맞설 이순신의 존재는 상상조차 하지 못했다.

임진왜란 이후 조선의 변화

7년 전쟁이 끝나고 선조가 한양으로 돌아왔다. 광해군, 이순신과 수많은 의병 등 전쟁의 영웅들과 명나라의 원조로 전쟁은 이겼으나, 임진왜

란 후 조선은 국가 시스템이 완전히 붕괴되었다. 하지만 행운의 여신은 또 한 번 선조의 편을 들어주었다. 영웅 이순신은 전사했고, 류성룡은 책임을 통감하며 낙향했다. 목숨 걸고 싸운 의병장들은 대부분 죽었고, 남은 이들도 제자리로 돌아갔다. 전쟁이 끝나고 난세의 영웅들도 모두 사라져버렸으니 백성을 두고 도망쳤던 왕은 부끄러운 과거를 잊고 현재에 충실하면 될 일이었다. 다만 광해군 한 명이 눈엣가시로 남았다.

전쟁이 끝나고 평화가 돌아오자 선조는 다시 세상이 자신을 중심으로 돌아간다고 생각했다. 전쟁에 앞장서 싸운 선무공신宣武功臣보다 선조를 따라 피난 갔던 호송공신護送功臣을 더 높이 평가했다. 또한 아버지 명나라가 원군을 보내지 않았다면 조선은 없었을 것이라며 명을 더욱 숭상했다. 부끄러움을 감추기 위해서라도 천하의 흉적으로부터 부모의 나라를 지키고자 부모의 도움을 구하기 위해 떠난 것이라는 대의명분은 철저히 옳아야 했다.

왕이 이 모양이니 전쟁 때 나라를 지킨 것은 백성이었는데 그 후유증 역시 고스란히 백성의 몫이었다. 전란으로 농경지가 황폐해 170만 결에 달하던 농토가 54만 결로 줄었다. 피폐해진 백성은 인육을 먹기까지 이르렀으나 관료층의 부패는 더욱 극심해졌다. 전쟁이라는 비상시국에도 정신을 차리지 못했던 지배층은 나라의 재건보다 기득권을 유지하는 데 힘썼다.

한편, 전쟁이 시작되자마자 분노한 백성들이 경복궁과 함께 장예원掌隷院과 형조刑曹의 노비문서를 불태웠다고 한다. 《선조실록》에서는 왕이 4월 30일 한양을 떠났고, 5월 3일에 한양의 동태를 전하며 궁궐이 불에 탔다고 한다. 《선조수정실록》에서는 왕이 떠나자 분노한 백성들이 경복궁에 불을 냈다고 한다. 그런데 일본 장수 오제키 사다스케大關定祐의 《조선정벌기朝鮮征伐記》에는 5월 3일 아름다운 궁의 모습에 눈물을 흘렸다는 기록이 있다. 당시의 상황과 문헌자료를 볼 때 경복궁 화재는 누구에 의한 것인지 정확하게 알 수 없다. 간악한 관료들이 백성의 탓으로 돌린 것은 아닐까?

조선 전기 문인 성현成俔의 《용재총화慵齋叢話》에 따르면 인구 가운데 노비가 거의 절반이었다. 성리학을 숭상하는 양반들은 이재를 쌓는 것을 죄악시했다. 그러나 그들은 노비와 전답으로 재산을 증식했다. 다른 나라의 경우 대부분 중범죄자나 전쟁포로, 외국인을 노예로 삼았다. 대개 자신에 한정되고 자녀에게는 세습되지 않았다. 그러나 조선은 자국의 백성을 노비로 삼았고 세습되었으며, 양인과 노비 사이의 자식도 노비가 되었다. 노비와 관리에게는 군역의 의무가 없다. 일본이 임진왜란을 일으키기 전 수차례 조선을 염탐하면서 조선은 노비가 절반으로 군대가 없다 했던 것은 이 때문이다.

또한 노비는 매매, 상속, 증여의 대상이었다. 조선 양반의 상속 문서에서 제일 위를 차지한 것은 토지가 아니라 노비였다. 부귀영화를 뜬구름 보듯 하였다는 이황도 300명 넘는 노비를 재산으로 상속했다. 이황의 분재기分財記(조선 시대 상속과 분배에 관한 문서)는 전하지 않지만, 이황의 유일한 상속자인 맏아들 이준李寯의 분재기에 따르면 노비만 367명이다. 이황이 죽고 16년 후에 이준이 분재기를 남겼으므로, 학계에서는 이준의 재산 내역이 이황이 남긴 것과 거의 같은 규모라 생각한다. 이황은 1502년 1월 3일생으로 태양별자리가 염소자리♑고 달별자리는 전갈자리♏다. 겉으로 명예를 중시하는 염소자리가 진정 사랑하는 것은 가족, 집, 일, 돈, 특권 등이다.

임진왜란 때 장예원과 형조의 노비문서가 모두 불탔다. 선조는 군량미를 확보하기 위해 곡물이나 돈을 바치면 관직을 주는 납속책納粟策을 시행했다. 수많은 향리, 서얼, 천민, 노비들이 합법적으로 신분 상승을

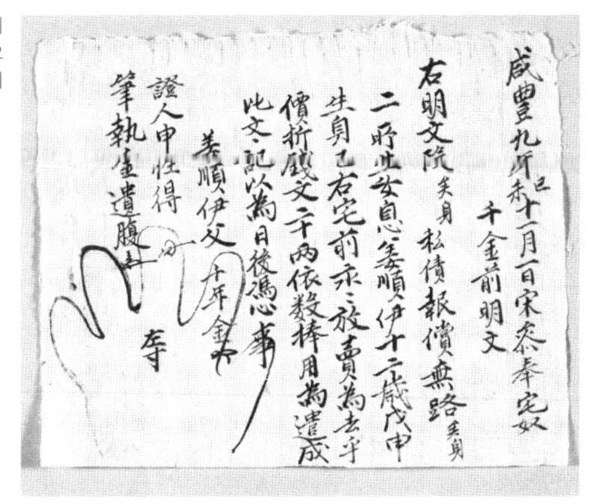

咸豐九年己未十一月日宋□奉宅奴
千金前明文
右明文段矣身 私債報償無路矣身
二所生女息姜順伊十二歲戊申
生身乙右宅前永永放賣爲去乎
價折錢文□兩依數捧用爲遣成
此文記以爲日後憑考事
姜順伊父
證人申性得
筆執金遺腹

노비매매명문奴婢賣買明文 노비 문서로 조선 후기에는 기근이나 빚으로 먹고 살기 힘들어지면 스스로 노비가 되기도 했다. 국립중앙박물관 소장.

했다. 이는 전후 복구와 구휼을 위해 계속 남발되었고, 전공을 세운 이들도 마찬가지로 면천해주니 양반이 증가하고 농민은 줄어들었다. 또한 전란 후 선조는 왕자와 옹주들이 넉넉하게 살 수 있도록 궁방전宮房田을 나누어주었는데 세금이 없으므로 국고의 수입을 감소시켰다. 결과적으로 임진왜란 이후 신분제가 급속하게 무너지고 농민의 부담이 더욱 과중하게 되어 조선 후기 농민 봉기의 발단이 되었다.

선조는 전란 전에도 후에도 말과 행동만 앞서고 책임은 다른 사람에게 돌렸다. 21번이나 양위 소동을 벌여 눈엣가시 광해군을 괴롭히기도 했다. 사수자리는 결과는 나중에 생각한다. 관대하게 무엇이든 기꺼이 다 해줄 것처럼 천진난만하게 약속했다가 마무리를 잘하지 못하기도 한다. 주사위를 던져놓고 신이 마무리해주기를 바라는지도 모른다.

백성을 버리고 도망친 사수자리 선조

> 선조께서는 왜란을 극복했지만, 조祖를 칭하기에는 마땅치 않습니다. 그래서 윤근수尹根壽 등이 반대해서 중지됐는데…. 그 후 허균許筠, 이이첨李爾瞻의 무리가 광해군에게 존호를 올리기를 청했고, 광해가 그 일을 실행한 것입니다. 조祖를 다시 종宗으로 고치는 것이 마땅할까 합니다.
>
> —《연려실기술》, 1623년 정경세鄭經世의 상소문 중

선조는 조선 최초의 방계·서자 출신으로 왕이 되어 사림을 등용해 당파정치를 이끌고자 했다. 그러나 조선 후기 정치와 경제 등 모든 것의 발목을 잡는 붕당정치가 시작됐다. 임진왜란이라는 국가적 비상사태에 백성을 두고 도망쳤다가 난세 영웅들의 도움으로 겨우 극복했으나, 전쟁 이후에도 정신을 차리지 못해 조선 후기 신분제 질서의 해체와 농민 봉기의 단초를 제공했다. 조선 최고의 무능력한 왕이 '임진왜란을 다스리고 나라를 다시 세운 공렬'이 있다 하여 선조라는 묘호를 받아도 되는 것일까? 목성의 행운은 죽은 뒤에도 계속 선조를 따랐나 보다.

"꿈꿀 수 있다면, 이룰 수 있다. 내 모든 것이 꿈과 생쥐 한 마리로 시작했다는 것을 늘 기억하라(If you can dream it, you can do it. Always remember that this whole thing was started with a dream and a mouse)"는 사수자리 월트 디즈니의 말처럼 목성인의 낙관주의가 선조에게 계속되는 행운을 이어준 것일까?

★월트 디즈니Walt Disney 1901년 12월 5일
태양별자리_사수자리♐ * 달별자리_천칭자리♎

☆ 궁합, 왕비 중에는 왜 황소자리가 많을까?

"세상의 모든 인연에는 궁합이 있다!"

—영화 〈궁합〉의 메인 카피

영화 〈궁합〉(2018년, 홍창표 감독)은 조선 후기 부마 간택을 소재로 궁합에 대해 이야기한다. 극심한 흉년이 지속되자 송화옹주(심은경)의 결혼이 해결책으로 제시되고, 조선 최고의 역술가 서도윤(이승기)이 궁합을 통해 공주와 상생 관계인 남자를 찾는 내용이다.

> 애초 궁중에는 조종조祖宗朝(왕의 선대先代)로부터 금성金姓은 목성木姓에 해롭다는 말이 있었기 때문에 여자를 가릴 때 언제나 제외하였었는데, 상이 임금이 되어 3빈嬪이 모두 김씨였고, 인목왕후仁穆王后가 중전中殿의 자리를 잇게 되자 식자들은 불길하지 않을까 의심하였다.
>
> —《선조수정실록》 11권, 10년(1577) 5월 1일

영화는 픽션이지만 조선 왕가에서 왕과 왕비의 궁합을 매우 중시했다는 것을 실록에도 기록하고 있다. 《주역》에서 목木은 토土를 극하고, 토土는 수水를 극한다. 수水는 화火를 극하고, 화火는 금金을 극하며, 금金은 목木을 극한다. 즉 나무는 흙의 양분을 빼앗고, 흙은 물을 막으며, 물은 불을 끄고, 불은 금을 녹인다. 그리고 금은 나무를 자른다. 김金씨는 금金이고 이李씨는 목木이니 이씨 왕조에 김씨 왕비는 불길하다고 생각한 것이다. 원래 김씨는 금씨였으나 조선 시대 김씨가 되었다는 말도 있다. 13대 명종까지는 김씨 왕비가 없었다. 정종의 비 정안왕후定安王后가 김씨이나 이들의 결혼은 조선 개국 이전이었다. 태종의 맏아들 양녕대군이 수성부부인隨城府夫人 광산 김씨와 결혼했는데, 왕위는 셋째 충녕대군 세종에게

이어졌다.

14대 선조가 처음으로 인목왕후 김씨를 얻었다. 선조의 첫 번째 정비 의인왕후懿仁王后는 반남 박씨였으나 후궁은 공빈 김씨, 인빈 김씨, 순빈 김씨 등 셋이나 김씨였다. 임진왜란 이후에 빈이 아닌 중전으로 또 인목왕후 김씨가 들어오니 벼슬하는 이들도 걱정하였다.

인목왕후 김씨는 1584년 12월 15일생으로 태양별자리가 사수자리♐고 달별자리는 황소자리♉다. 의인왕후 사후 1602년, 선조의 나이 51세에 19세의 나이로 시집와 영창대군永昌大君을 낳았다. 선조가 그토록 원하던 적장자를 낳은 것이다. 선조와 인목왕후는 태양별자리가 같은 사수자리♐고 달별자리는 양자리♈와 황소자리♉다. 양자리와 황소자리는 바로 앞뒤 별자리로 양과 음, 불과 흙으로 기질적으로 상반된다. 양자리가 화르륵 끓어올랐다 금방 식어버리는 양은 냄비라면 황소자리는 끓는 데 오래 걸리고 뒤끝이 강한 무쇠솥 같으니 조화를 이루는 것이 쉽지 않다.

선조가 인목왕후와 가례를 올릴 때 친영親迎을 위해 도로 공사를 하다 흙이 무너져 죽고 다친 이가 10여 명에 이르러 모두 괴이하게 여겼다(《선조실록》, 35년(1602) 7월 12일) 하니, 시작부터 좋지 않았던 것일까? 선조의 정통을 이을 영창대군을 낳았으나 3년 후 선조가 죽어 광해군이 즉위했다. 광해군은 태양별자리가 쌍둥이자리♊고 달별자리는 양자리♈다. 황소자리는 양자리, 쌍둥이자리 모두와 앞뒤 별자리니 인목왕후는 광해군과도 조화를 이루기 어려웠을 것이다. 광해군이 즉위하고 아버지와 아들을 잃은 인목왕후는 본인도 서궁에 갇히는 몸이 되었으니 김씨와 이씨의 궁합이 영 안 좋았다 할 수 있겠다.

18대 현종도 중전으로 김씨를 들였다. 명성왕후明聖王后 김씨는 성격이 거칠고 사나워 현종은 후궁 한 명 두지 못했다고 한다. 순조비 순원왕후, 헌종비 효현왕후孝顯王后, 철종비 철인왕후哲仁王后 등 세 명의 왕비를 낸 안동 김씨는 조선 후기 강력한 외척세력으로 등장하니 금金이 목木을 극한다는 말을 흘려듣기 어렵지 않을까?

조선의 왕비 중에는 유독 황소자리가 많다. 38명의 왕비 중 6명이 태양별자리 황소자리고, 달별자리 황소자리도 8명으로 태양별자리와 달별자리 모두 황소자리가 가장 많다.

왕 중에 태양별자리는 전갈자리 5명(태조, 세조, 경종, 영조, 정조), 달별자리는 양자리가 6명(명종, 선조, 광해군, 현종, 영조, 헌종)으로 가장 많다. 전갈자리와 황소자리는 서로 마주 보는 별자리고, 양자리와 황소자리는 바로 앞뒤에 위치해 기질상 반대다. 서로 반대의 기질을 가져 조화를 이루기 어렵다고 하지만, 서로의 기질을 알고 조심한다면 보완해주기에는 안성맞춤이다. 게다가 농자천하지대본의 조선 왕조에 유순하고 느리지만 성실한 녹색 엄지손가락을 지닌 황소자리가 좋기는 하다. 밥심으로 조선의 하늘을 연 세종대왕이 황소자리다.

문종의 현덕왕후, 예종의 안순왕후, 선조의 의인왕후, 숙종의 인현왕후, 헌종의 효현왕후, 철종의 철인왕후 등이 모두 태양별자리가 황소자리♉다.

★현덕왕후 1418년 4월 17일
태양별자리_황소자리♉ * 달별자리_처녀자리♍

★안순왕후 1445년 4월 18일
태양별자리_황소자리♉ * 달별자리_처녀자리♍

★의인왕후 1555년 5월 5일
태양별자리_황소자리♉ * 달별자리_전갈자리♏

★인현왕후 1667년 5월 15일
태양별자리_황소자리♉ * 달별자리_물병자리♒

★효현왕후 1828년 4월 27일

태양별자리_황소자리♉ * 달별자리_처녀자리♍

★철인왕후 1837년 4월 27일

태양별자리_황소자리♉ * 달별자리_염소자리♑ 혹은 물병자리♒(15:12 이후)

세종이 두 며느리를 내쫓고 나서 이미 두 딸을 낳은 후궁 권씨를 세자빈으로 책봉했으니 그녀가 현덕왕후다. 단종을 낳고 그다음 날 죽었는데, 야사에는 그녀의 원혼이 세조를 괴롭혔다는 이야기가 전한다. 세조가 꿈에서 그녀가 뱉은 침 때문에 피부병에 걸려 고생했다는 것이다. 뒤끝 강한 황소자리 어미는 죽어서도 아들의 복수를 하고 싶었을까.

야사에서는 아들 덕종(의경세자)이 일찍 죽자 세조가 아들 단종의 죽음에 한을 품은 문종비 현덕왕후의 혼령이 사주한 것이라 하여 현덕왕후의 무덤을 파헤치고 관을 꺼내는 엽기적인 행각을 저질렀다고 한다. 그러나 덕종은 단종이 죽기 한 달 전 사망했다. 현덕왕후가 서인으로 격하된 것은 1457년 음력 6월 26일로 현덕왕후의 동생 권자신權自愼과 성삼문 등이 단종 복위운동을 벌이다 발각된 이후다. 연좌되어 현덕왕후의 능을 파헤치고 관은 강에다 버린 것이다. 중종 때 현덕왕후의 연좌제 적용이 합당치 않다는 주장이 제기되면서 1513년에 명예를 회복하게 된다. 황소자리 야구선수 요기 베라의 말대로 "끝날 때까지 끝난 게 아니다". 광해군이 서궁에 유폐했던 인목왕후, 숙종이 장희빈 때문에 내쳤던 인현왕후 그리고 선조가 백의종군시켰던 이순신도 끝내는 돌아왔는데 이들 모두 황소자리 에너지를 타고났다.

달별자리가 황소자리인 왕비는 정종의 정안왕후, 세조의 정희왕후, 성종의 정현왕후, 인종의 인성왕후, 명종의 인순왕후, 광해군의 폐비 류씨, 정조의 효의왕후孝懿王后, 순종의 순정효황후純貞孝皇后 등이 있다.

★정안왕후 1355년 1월 22일
태양별자리_물병자리♒ * 달별자리_황소자리♉

★정희왕후 1418년 12월 8일
태양별자리_사수자리♐ * 달별자리_양자리♈ 혹은 황소자리♉(20:54 이후)

★정현왕후 1462년 7월 21일
태양별자리_사자자리♌ * 달별자리_황소자리♉

★인성왕후 1514년 10월 7일
태양별자리_천칭자리♎ * 달별자리_황소자리♉ 혹은 쌍둥이자리♊(10:14 이후)

★인순왕후 1532년 6월 27일
태양별자리_게자리♋ * 달별자리_양자리♈ 혹은 황소자리♉(12:34 이후)

★폐비 류씨 1576년 8월 15일
태양별자리_처녀자리♍ * 달별자리_양자리♈ 혹은 황소자리♉(05:05 이후)

★효의왕후 1754년 1월 5일
태양별자리_염소자리♑ * 달별자리_황소자리♉

★순정효황후 1894년 9월 19일
태양별자리_처녀자리♍ * 달별자리_황소자리♉

성종의 정현왕후는 연산군의 어머니 윤씨가 폐출되고 중전이 되었다. 연산군이 그를 생모로 알고 자라다가 성종의 묘비명과 행장을 쓸 때 폐비 윤씨의 사건을 알았다. 중종반정으로 신하들이 연산군을 몰아내고 진성대군晉城大君을 왕으로 세울 때, 정현왕후가 승낙했다. 인생이 던지는 어떤 고난과 역경도 물리치고 한곳에 뿌리박은 듯 굳건하게 버티는 것이 황소자리의 미덕이다.

별자리 상담을 하다 보면 "저와 궁합이 맞는 별자리가 뭔가요?"라는 질문을 많이 받는다. 부부나 연인, 친구들을 보면 태양별자리와 달별자리, 동쪽 별자리 등 주요 별자리 중 하나쯤은 같은 경우가 많기는 하다. 그러나 서로 같은 점에 끌려 사랑하지만 그것 때문에 질려서 헤어지고, 서로 다른 점에 끌려 사랑했다가 결국 그것을 극복하지 못하고 헤어지는 이들도 많지 않은가? 찰떡궁합이라 좋은 별자리도, 서로 맞지 않아 절대 피해야 할 별자리도 없다.

부부가 서로의 별자리를 아는 것은 도움이 된다. 도시에서 만나 귀농한 부부가 있다. 그들은 물병자리 모임에서 만났으니 둘 다 태양별자리는 물병자리다. 그만큼 성격이 비슷했고, 어느 날 갑자기 귀농을 결심해 바로 실행하는 데 충돌도 없었다. 그런데 달별자리가 남편은 황소자리고 아내는 처녀자리였다. 귀농 후 매일 싸우는 문제는 일정과 계획이었다. 느긋한 황소자리 남편은 자연의 시간에 따라 비가 오거나 햇빛이 좋거나 그에 따라 농사를 짓는 일이 자연스럽고 편했다. 그러나 모든 일에 다 계획이 있는 처녀자리 아내는 남편의 들쑥날쑥한 일정을 도무지 이해할 수도 맞출 수도 없었고, 계획대로 되지 않는 날이 많으니 스트레스를 받았다. 부부는 상담 후, 남편은 아내에게 대략적인 일정을 말해주고 아내는 남편의 일정과 별개로 자신의 계획을 세우고 때로 농사 일정과 겹쳐도 하고 싶은 일을 하도록 배려해주기로 했다. 귀신도 말하지 않으면 그 속을 모르니 상대의 마음을 미루어 짐작하지 말고, 꼭 대화로 풀라고 했다. 서로의 다름을 알게 된 부부는 싸움이 크게 줄었다고 한다.

영화 〈궁합〉에서도 최고의 궁합은 서로 얼굴을 보고 부대끼며 알아갔던 송화옹주와 역술가 서도윤이었다. 서로 다름을 인정하고 각자의 모습대로 살면서 서로 맞추어가는 것이 궁합보다 중요하다. 별자리를 알아야 하는 이유가 바로 나와 너는 다르다는 것을 깨닫고 그 다름을 인정하며 서로 존중하기 위한 것이다.

7

똑똑했으나 불통해 내쫓긴 쌍둥이자리 광해군

창덕궁 선정전 청기와
창덕궁에서 유일한 청기와의 선정전宣政殿은 원래 광해군이 지었던 인경궁仁慶宮의 편전을 옮겨 지은 것이다. 청기와는 화약의 재료인 염초로 만들어 매우 비싸고 귀하다. 광해군이 임진왜란 후 경복궁보다 큰 규모의 인경궁을 청기와로 지은 것은 인조반정의 빌미가 되었다.

쌍둥이자리 ♊ 5월 21일 소만 ~ 6월 21일 하지

상징 쌍둥이　　　　　　양(+)의 별자리

원소 공기　**상태** Mutable　**지배 행성** 수성

★

쌍둥이자리는 햇볕이 풍부하고 만물이 생장하는 소만小滿에서 하지夏至까지 초여름에 태어난다. 별자리 나이는 이제 14세에서 21세로 형제, 친구들과 커뮤니케이션하며 세상에 대한 호기심을 반짝이는 때다. 호기심은 쌍둥이자리를 죽일 수 있기 때문에, 이들은 책이나 영화의 스포일러를 좋아한다. 전령의 신이자 상업의 신 헤르메스, 수성Mercury이 수호성인 쌍둥이자리는 머리 회전도 말도 매우 빠르다. 제우스가 바람을 피워 낳은 자식들 중에 헤라의 미움을 받지 않은 유일한 이가 헤르메스다. 그만큼 팔색조의 말솜씨와 매력을 뽐내는데 변덕이 심하고 개그 본능을 장착했다. 쇼핑과 휴대전화, 세상의 넓고 얕은 지식을 사랑한다. 사실 그들은 한 몸 안에 둘 혹은 네 명의 영혼이 들어 있는 것과 같다. 백조로 변신한 제우스와 스파르타Sparta의 왕비 레다Leda가 낳은 네 명의 쌍둥이기 때문이다. 타고난 멀티플레이어로 동시에 여러 가지 일을 재빨리 처리하기 때문에 직업도 투잡을 뛰고 집도 차도 두 개를 갖는 경우가 많다.

#커뮤니케이션 #쇼핑본능 #개그본능 #손 #호기심 #변신 #멀티플레이어 #투잡

광해군의 네이탈 차트

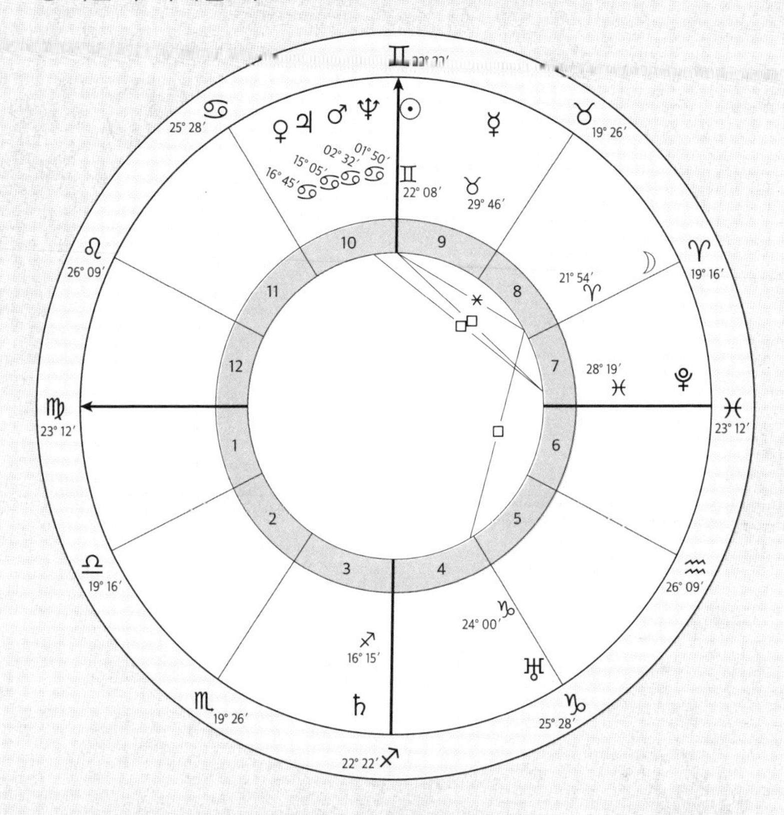

대전大殿의 탄일이다. —《광해군일기[정초본]》 52권, 4년(1612) 4월 26일

광해군光海君은 1575년 4월 26일, 양력 6월 4일생으로 태양별자리가 쌍둥이자리♊고 달별자리는 양자리♈다. 명왕성이 태양을 천왕성이 달을 90도 각도로 치고 있어 평탄하기 어려운 명을 타고 났다.

누가 왕이 될 것인가?

군주제에서 왕위 계승은 기본적으로 적장자가 원칙이다. 적장자 계승은 왕자들과 이들을 둘러싼 암투로 왕권이 불안해지는 것을 막을 수 있다. 세자를 미리 책봉해 갑자기 왕이 죽어 권력의 공백이 생기는 것을 대비하는 한편 세자는 왕이 될 준비를 할 수 있다. 그런데 조선 시대 27명의 왕 중 적장자로 왕이 된 이는 문종, 단종, 연산군, 인종, 현종, 숙종, 순종 등 일곱 명이다. 그중 왕 노릇을 제대로 한 이는 현종과 숙종뿐이다. 적장자가 왕이 될 수 없을 때와 왕비에게 후사를 얻지 못한 경우에 서자가 왕이 되기도 하는데, 14대 선조가 방계 출신으로 왕이 된 첫 번째 경우였다. 조선 후기에는 왕실의 손이 귀해지면서 왕위를 차지하기 위한 암투가 계속되었다.

어느 날, 왕이 여러 아들을 불러놓고 물었다. "세상에서 가장 맛난 음식이 무엇이냐?" 이에 다들 꿀, 고기, 떡 등 자기가 좋아하는 평범한 음식을 답하는데, 유독 한 명은 소금이라는 특이한 답을 내놓았다. 왕이 왜냐고 묻자 그는 "소금이 흔한 물건이라지만, 아무리 맛난 산해진미도 소금 없이는 백 가지 맛을 이루지 못합니다"라고 답했다. 왕은 그의 영특함을 크게 기뻐하였고 이를 전해 들은 신하들은 그를 왕의 재목으로 주목했다. 그가 선조의 뒤를 이어 왕이 된 광해군이다.

똑똑한 쌍둥이자리 왕 광해군

광해군은 1575년 6월 4일생으로 태양별자리가 쌍둥이자리♊고 달별자리는 양자리♈다. 쌍둥이자리의 기호 ♊에서 두 개의 세로 선은 이중성을, 두 개의 가로 선은 그 이중성의 결합을 나타낸다. 사람의 형태를 갖는 최초의 별자리인 쌍둥이자리는 동물적 본능과 신성한 본질을 연결하는 인간의 지성을 상징한다. 별자리 나이로 14세에서 21세의 쌍둥이자리는 부모를 벗어나 친구들과 어울려 소통하고, 세상에 대한 호기심을 반짝거린다. 두뇌 회전이 빠르고 친화력이 좋은 쌍둥이자리는 수성, 머큐리의 지배를 받는다. 머큐리는 그리스 신 중 헤르메스로 제우스의 아들이자 신들의 전령인데, 칼 세이건에 따르면 로마인들이 수성을 신들의 심부름꾼으로 부른 것은 태양에서 멀리 떨어질 일이 없고(가장 가까운) 빠른(공전주기가 84일로 가장 짧은) 행성이기 때문이다.

> 광해군이 총명하고 학문을 좋아하여 그를 세워 세자로 삼고 싶은데 경들의 뜻에는 어떠한가?
>
> —《선조실록》 26권, 25년(1592) 4월 28일

광해군은 왕비가 아닌 후궁 공빈 김씨에게 태어난 서자였으나 똑똑해서 왕이 됐다고 한다. 선조는 마흔이 넘도록 세자를 정하지 못하고 있었는데 왕비에게 적장자를 얻지 못했기 때문이다. 선조는 최초의 방계 출신 왕으로 콤플렉스가 있었다. 조선은 양반의 아들이어도 서자는 과거조차 볼 수 없을 정도로 적서 차별이 심한 사회였다. 전쟁 발발 보름 만에 파죽지세로 몰고 올라오는 왜군을 피해 관서關西로 도망갈 계획을 세운 선조는 만일을 대비하자는 신하들의 독촉으로 서자에 차남인 광해군을 세자로 결정했다.

1년 전 송강 정철이 광해군을 세자로 책봉하는 일을 건의했다가 유배되고 조정은 서인에서 동인으로 뒤집어졌다. 이때 선조는 총애하는 인빈 김씨의 아들 신성군信城君을 마음에 두고 있었다고 한다. 선조의 마음이 신성군에서 광해군으로 바뀐 것은 임진왜란이라는 비상시국에 광해군을 더 믿을 수 있었다는 것이니 그만큼 왕의 자질이 있었다고 봐야 하지 않을까.

조선의 또 다른 쌍둥이자리 왕으로 태종이 있다. 태종은 고려 때 과거에 합격했다. 1382년 진사시에 합격하고, 다음 해 전국 17등의 훌륭한 성적을 내 아버지 이성계가 매우 기뻐했다. 태종은 태조의 브레인으로 여러 번 꾀를 내어 조선 개국에 지대한 공헌을 했다.

★태종 1367년 6월 13일

태양별자리_쌍둥이자리♊ ＊ 달별자리_사수자리♐ 혹은 염소자리♑(10:30 이후)

달별자리가 쌍둥이자리인 중종은 조광조와 함께 홍문관을 비롯한 삼사를 개혁의 구심점으로 삼았다. 홍문관은 궁중의 경서와 사적을 관리하고 왕의 자문에 응하는 기관이다. 급진적인 개혁은 조광조의 사사로

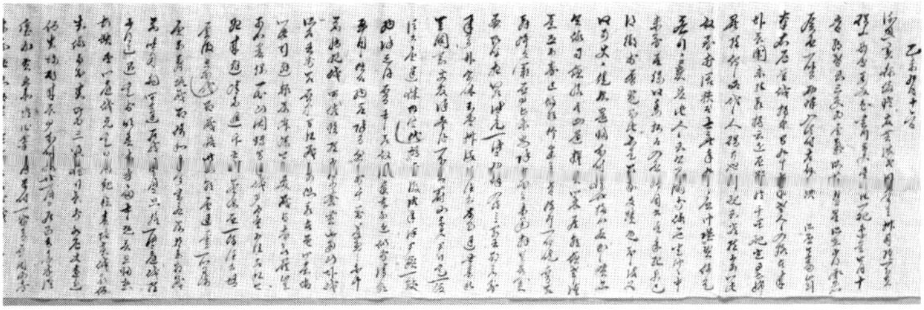

조보 조정의 소식지 〈조보〉는 우리나라 최초의 신문으로 여겨진다. 그 기원을 신라시대로 보기도 하나 현재 남아 있는 가장 오래된 기록은 《중종실록》이다. 승정원(오늘날의 대통령 비서실)에서 매일 〈조보〉를 발행하고, 조회가 끝나면 그날 주요 소식을 알렸다. 국립중앙박물관 소장.

끝났으나 언론을 강화해 조정 권력자의 중요한 수단이 되게 하는 한편 지방 사림을 키워 유교 국가 조선에 기여했다. 우리나라 최초의 신문, 조선 시대 조정의 소식지인 〈조보朝報〉에 대한 가장 오래된 기록은 《중종실록》에 있다.

★중종 1488년 4월 16일
태양별자리_황소자리♉ ＊ 달별자리_쌍둥이자리♊

광해군은 왜 선조의 미움을 받았을까?

마치 제우스가 전령의 신 헤르메스에게 심부름을 시키듯, 선조는 임진왜란 때 광해군에게 분조를 맡기고 전쟁의 지휘권을 넘겨주는 등 그를 신임했다. 쌍둥이자리는 발에 날개를 달고 머리에 빛나는 은 투구를 쓴 헤르메스처럼 여기저기 돌아다니면서 탐험하고 스스로 배워 나가는 기질을 타고났다. 양자리는 막 세상에 태어난 아기처럼 이것저것 경험하고 배우며 자신의 정체성을 찾아간다. 쌍둥이자리에 양자리인 광해군은 전쟁에 앞장서 싸우는 선봉장이 되어 선조의 신임에 보답했다. 동에 번쩍 서에 번쩍 전장을 누비며 왕으로서 자신이 해야 할 일이 무엇인지를 몸으로 배워 똑똑한 왕으로 성장했다. 광해군의 분조는 이순신과 의병, 명군의 참전과 함께 임진왜란 극복의 원동력이라 평가된다.

명에서도 광해군이 '젊고 지기가 특출하다 하니 전라, 경상, 충청도를 차례로 순찰하고 크고 작은 일을 막론하고 모두 그의 결재를 받게 하고, 군병을 선발할 때 반드시 친히 검열하게' 하는 등 광해군을 전쟁에 앞장세울 것을 여러 차례 권했다. 세자는 전국을 돌며 민심을 수습하고, 군량미를 모으고 의병을 모집하는 등 전쟁에 공을 세웠다. 덕분에 백성의 신망도 두터워졌다. 광해군의 전성기는 아이러니하게도 조선의 존망이 위태로웠던 임진왜란 때였다.

전쟁이라는 비상사태가 끝나자 선조에게 광해군은 자신의 왕권을 위협하는 존재일 뿐이었다. 하늘 아래 왕은 한 명이고, 권력은 부자간에도 나눌 수 없는 비정한 것이다. 선조는 21번에 걸쳐 양위 소동을 일으켰다. 남에게 책임을 돌리는 사수자리의 못된 본성에 서자 콤플렉스가 겹쳐 선조는 광해군을 괴롭혔다.

임진왜란 때 전폭적인 신임을 보였던 명나라도 광해군의 세자 책봉을 다섯 번이나 거절했다. 마침 명 황제 만력제萬曆帝도 황후에게 적장자를 얻지 못했다. 황제는 장남보다 3남인 복왕 주상순朱常洵을 좋아해 황태자로 책봉하고 싶어 했기에 신하들이 두 파로 나뉘어 치열하게 싸웠다. 명은 조선에서 차남 광해군을 세자로 책봉했다가 그 영향이 자신들에게 미칠까 봐 걱정했다. 게다가 1606년 선조의 나이 55세에 계비 인목왕후가 영창대군을 낳으니 세자 광해군의 입지는 더욱 불안해졌다. 영창대군을 지지하는 소북파와 광해군을 지지하는 대북파가 나뉘어 싸웠다.*

똑똑한 쌍둥이자리 광해군은 세자 기간 16년을 잘 견뎠다. 쌍둥이자리도 양자리도 본래 인내심이 좀 없는 편이다. 그러나 쌍둥이자리는 본능적으로 상대의 약점을 파악하고 반짝이는 지성으로 굴복시키는 능력이 있다. 양자리는 경쟁자가 생기면 승부욕이 발동해 원하는 것을 얻고자 하니 이 에너지도 도움이 됐을 것이다. 두 기질이 상승작용을 일으켜 광해군은 길고 힘든 세자 기간을 잘 견디고 왕이 되었다.

광해군의 즉위도 우여곡절이 많았다. 선조 사후 영의정 유영경柳永慶은 광해군 선위교서를 감추고 인목대비를 찾아가 영창대군을 즉위시키라고 부추겼다. 영창대군의 나이 겨우 세 살이었기에 인목대비는 광해군을 즉위시켰다. 명은 장자가 아니란 이유로 광해군의 즉위를 인정하지 않았다. 힘겹게 왕위에 오른 광해군은 인조반정仁祖反正으로 쫓겨나 묘호도 받지 못하고 폭군으로 역사에 남았다.

인조반정으로 쫓겨난 폭군 광해군

인조는 서인과 손을 잡고 반정을 일으켜 광해군을 내쳤다. 인조仁祖는 1595년 12월 7일생으로 태양별자리가 사수자리♐고 달별자리는 물병자리♒ 혹은 물고기자리♓다. 반정을 일으킨 것을 보면 물병자리인 것 같다. 인조대왕의 행장에는 "이날 저녁에 인헌왕후의 어머니 평산 부부인平山府夫人 신씨申氏가 옆에서 졸다가 붉은 용龍이 왕후 곁에 있고, 또 어떤 사

* 결국 명은 장자 승계로 태창제泰昌帝가 황제에 올랐으나 29일 만에 승하했다.

람이 병풍에 두 줄로 여덟 자를 쓰는 것을 꿈꾸었는데, 두 자는 흐릿하여 기억하지 못하나 귀자희득천년貴子喜得千年이라 하였다. 부부인이 기뻐서 깨니 이미 탄생하셨다" 하였으니 저녁 이전에 태어났으리라. 게다가 인조의 차트에서 독립, 혁명의 행성인 천왕성이 태양과 120도로 삼각을 이루고 있어 영향을 받는다.*

반정에 힘을 실었던 인목왕후 김씨는 1584년 12월 15일생으로 태양 별자리가 사수자리♐고 달별자리는 황소자리♉다. 인조가 광해군을 내치도록 도운 것은 대의명분을 앞세워 시스템의 확장을 시도하는 사수자리답다. 광해군에 의해 서궁에 갇혔다 반정으로 돌아왔으니 행운이 따라주는 사수자리에 끝날 때까지 끝난 게 아닌 황소자리의 조화가 그녀를 도왔다.

500년 조선 왕조에서 왕이 되었다가 쫓겨나 묘호조차 받지 못한 이는 연산군과 광해군 두 명이다. 노산군은 세조에게 쫓겨났으나 훗날 단종으로 복원되었다. 광해군이 쫓겨난 이유는 인조반정 이후 대왕대비인 인목대비의 교지에 세 가지로 제시되어 있다.

1. 형과 아우를 살해하고 조카들을 모조리 죽였으며, 서모庶母를 때려죽이기까지 했다.
2. 두 궁궐을 창건하는 데 토목공사가 10년이 지나도록 끝나지 않았다.
3. 중국의 은혜를 잊고, 오랑캐와 내통하였다.

즉위 후 광해군은 피의 숙청을 시작했다. 세자 시절부터 자신의 왕권

* 16시 28분에 달별자리가 물병자리에서 물고기자리로 바뀐다.

덕수궁 석어당 살구나무 덕수궁 내 유일한 2층 건물인 석어당昔御堂은 선조가 승하한 곳이자 한때 인목대비가 유폐되었던 곳이다. 인목대비가 광해군을 무릎 꿇린 곳이기도 하다. 수령 400년이 넘은 살구나무는 덕수궁에서 가장 오래된 나무로 선조가 임진왜란 이후 이곳에 거처할 때도 있었다 하니 이를 모두 지켜보았을 것이다.

을 위협해온 정적들을 하나하나 제거한 것이다. 자신을 반대하고 영창대군을 옹립하려던 소북파를 제거하고, 1613년 칠서지옥七庶之獄을 이유로 어린 이복동생 영창대군을 유배시켰다가 끝내 온돌을 뜨겁게 달구어 증살蒸殺했다. 1615년 능창군綾昌君을 추대하려 했다는 역모 고변이 있자 강화 교동도로 유배시켜 스스로 자결하게 했다. 1618년 인목대비마저 서궁에 유폐시켰다. 폐모살제廢母殺弟, 어머니를 폐하고 동생을 죽인 인륜에 반하는 행동은 서인 세력이 반정을 일으키는 명분이 되었다.

전란으로 무너진 왕궁을 무리하게 창건하려고 토목공사를 오래 벌인 것도 빌미가 되었다. 광해군은 임진왜란을 겪은 경복궁을 불길하다 생각해 버려두고, 창경궁과 창덕궁을 보수했다. 그리고 인왕산 지역에 새로 인경궁仁慶宮과 경희궁을 지었다. 막대한 비용과 노역은 모두 백성의 몫이었다.

> 일찍이 성상의 분부로 인하여 청기와 30눌訥에 들어가는 것에 대해서는, 안에서 내려준 염초焰硝 200근을 쓰는 외에, 부족한 숫자는 무역해 오면 자연 이를 옮겨 써서 구워낼 수가 있습니다. 다만 이외에 또 때때로 계속해서 구워내고자 하면 미리 마련하지 않아서는 안 됩니다. 그러니 성상의 분부대로 도감에 있는 은銀을 동지사冬至使 편에 보내어서 그로 하여금 사오게 하소서.
>
> —《광해군일기[중초본]》 116권, 9년(1617) 6월 27일

창덕궁의 선정전이 현재 남아 있는 궁궐의 전각 중 유일한 청기와인데, 인경궁의 편전을 옮겨 지은 것이라 한다. 청기와의 안료로 쓰이는 염초는 화약을 만드는 핵심 재료로 수입품이었다. 비싸고 귀한 청기와까지 만들며 무리해 짓던 인경궁은 광해군이 반정으로 쫓겨나 완성하지 못했다. 인조가 삼전도의 굴욕을 당한 이후, 청나라가 역참驛站을 짓기 위해 건물의 자재를 가져다 써서 지금은 자취도 없이 사라졌다.

1619년 후금이 명을 공격하여 명이 파병을 요청했을 때 광해군은 강홍립姜弘立을 파견하고 은밀히 교지를 내려 적당히 싸우다 후금에 투항케 했다. 조선은 개국 때부터 중국의 제후국을 자처했으며 임진왜란 때 명나라가 도와 나라를 다시 일으켜준 은혜가 있는데, 이는 명에 대한 배신이며 예의의 나라인 조선을 금수의 나라로 만든 일이라 했다.

역사의 재조명, 광해군의 다른 얼굴

그리스 신화에 따르면 쌍둥이자리는 스파르타의 왕비 레다가 백조로 변신한 제우스에게 속아서 관계를 맺고 낳은 두 개의 알에서 태어난 쌍둥이다. 한 개의 알에서는 형 카스토르Castor와 누이 클리타임네스트라Klytaimnestra, 또 하나의 알에서는 동생 폴룩스Pollux와 여동생 헬레네Helene 등 모두 네 명의 쌍둥이가 태어났다. 카스토르와 클리타임네스트라는 보통 인간이었지만, 폴룩스와 헬레네는 불사의 신이었다. 그중 남자 형제는 매우 사이가 좋았다. 스파르타의 유명한 용사로 카스토르는 승마, 폴룩스는 권투에 뛰어났다. 어느 날 카스토르가 화살에 맞아 죽자 폴룩스는 매우 슬퍼했다. 제우스가 폴룩스를 데려가 신으로 만들려 했지만, 그가 형과 함께 있고 싶어 하자 카스토르에게 폴룩스의 불사성不死性을 나눠주고, 하루씩 천상계와 인간계에서 살도록 했다. 두 형제는 쌍둥이자리가 되었다. 쌍둥이자리는 베타β 별인 폴룩스가 알파α 별인 카스토르보다 밝은데, 처음 이름을 붙일 당시에는 카스토르가 폴룩스보다 밝았다고 한다. 쌍둥이자리답게 변덕스럽다.

쌍둥이자리 왕 광해군의 업적이 대중에게 재조명되기 시작한 것은 영화 〈광해: 왕이 된 남자〉(2012년, 추창민 감독) 이후부터다. 영화는 광해군과 똑같은 얼굴을 지닌 하선(이병헌)이 15일 동안 가짜 임금이 되면서 펼쳐지는 이야기를 담았다. 사대의 예보다 백성들의 목숨을 소중히 하는 하선의 모습은 광해군에 대한 새로운 인식을 바탕으로 한다. 영화는 픽션 사극이지만 왕 광해와 쌍둥이처럼 닮은 하선이 가짜 임금이 되어(쌍둥이자리) 애민군주, 왕으로서의 정체성을 찾아가는(양자리) 내용이라는 점이 흥미롭다.

인목대비의 교지 내용을 다시 살펴보자. 우선 폐모살제는 반인륜적 죄다. 그러나 조선 정치사에서 즉위 후 자신의 정적을 제거한 예는 많다.

구장복 현의玄衣(앞·뒤) 왕이 면복을 갖추어 입을때 입던 검은 빛의 상의이다. 왕은 종묘사직에 제사 지낼 때나 왕비를 맞아들일 때, 조회·정조·동지·수책 등에서 머리에는 면류관을 쓰고 곤룡포를 갖춰 입었다. 상의에 들어가는 다섯 가지 문양은 용, 산, 화(불꽃), 화충(꿩), 종이(호랑이와 원숭이)이다. 국립중앙박물관 소장.

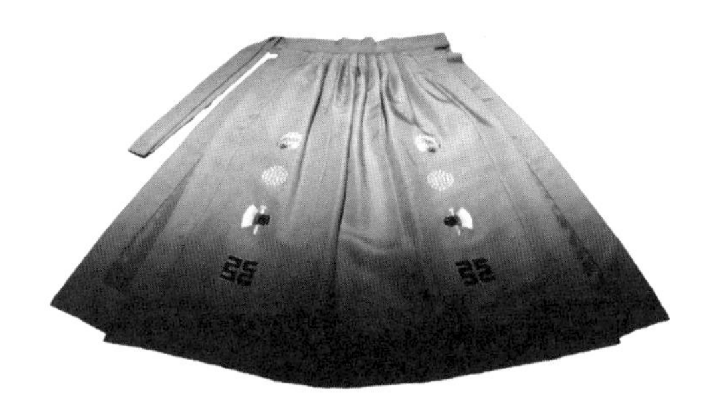

구장복 훈상纁裳 붉은색 치마 형태의 하의이다. 하의에 들어가는 네 가지 문양은 조(수초), 분미(쌀), 보(도끼), 불(弓 자가 서로 등을 마주한 문양)이다. 국립고궁박물관 소장

태종은 자신의 동생을 죽였고, 조선 건국에 지대한 공을 세웠던 정도전도 제거했다. 원경왕후의 집안을 멸문시키고, 세종의 아내 소헌왕후 심씨의 아버지 심온도 제거했다. 세조는 자신의 조카 단종을 쫓아내고 스스로 왕이 되었다. 역모는 왕족을 추대하며 일어나니 왕의 혈족, 가족이라는 이유로 제거된 이는 수없이 많았다. 왕권을 위협하는 잠재적 경쟁상대를 살려두는 왕은 없다. 사적으로는 가족이라 해도 공적으로는 군

신 사이다.

왕은 하늘을 대리해 나라를 다스리는 초월적 존재로 왕王이 하늘, 땅, 사람을 잇는 글자라 한다. 이는 유학자들의 해석이다. 본래 왕王이란 글자는 아비 부父, 선비 사士와 함께 도끼의 모습을 본 딴 상형문자다. 도끼는 나무를 베거나 목을 치는 데 쓰인다. 왕의 구장복九章服에는 왕의 권위와 존엄을 상징하는 용, 산, 불, 도끼 등 아홉 가지 문양이 그려져 있는데 그중 도끼는 왕의 생사여탈권生死與奪權을 상징한다. 실록은 광해군과 연산군 외의 어떠한 왕도 정적 제거를 이유로 폭군이라 기록하지 않았다.

광해군은 임진왜란으로 황폐해진 국가를 재건해야 했다. 오늘날 우리가 조선의 역사를 배울 때 임진왜란은 조선의 전후기를 나누는 분기점으로, 7년간 전쟁을 하면서 국가 시스템이 완전히 붕괴되었다. 광해군은 양전 사업을 실시해 전면적인 토지 재조사로 안정된 세금 확보를 위해 애썼다. 그는 선혜청宣惠廳을 설치하고 대동법大同法을 시행해 방납防納의 폐단을 막으려 한 첫 번째 왕이었다.

궁궐 사업은 왕권의 위엄을 되살리기 위한 노력이었다. 임진왜란 당시 경복궁은 물론 창경궁, 창덕궁이 모두 불타 선조는 현재의 덕수궁인 월산대군의 사저를 임시 궁으로 사용했다. 경복궁이 성난 백성에 의해 불탔든, 왜적에 의해 불탔든 광해군은 왕권을 보여주기 위해 궁궐 토목 사업이 필요했다. 청기와가 사치스러웠다고 하지만 임진왜란 이전 조선 초기 궁궐의 주요 전각과 사찰 들에는 청기와가 쓰였다. 광해군이 궁궐 공사를 할 때 청기와를 재현하기 위해 애쓰는 모습이 실록에 기록되어 있다. 전쟁 통에 장인匠人들이 일본에 끌려가 맥이 끊기고, 이후 국방을 위해 써야 할 염초를 지붕에 올리는 것이 사치스럽다고 하여 사용이 자제된 것 같다.

쌍둥이자리가 4~5월 서쪽 하늘로 질 때 두 줄의 별이 지평선 상에 똑

바로 선 모습이 되는데, 이 모양이 마치 커다란 문기둥 혹은 선반에 세워진 두 권의 책으로 보이기도 한다. 쌍둥이자리의 기호 Ⅱ는 바로 이 모습에서 온 것이다. 광해군은 왜란 때 불타버린 서적 간행에도 힘썼다. 〈용비어천가龍飛御天歌〉와 《신증동국여지승람新增東國輿地勝覽》 등을 다시 간행했고, 허준의 《동의보감東醫寶鑑》도 이 시기에 완성됐다.

이처럼 동시다발적으로 다양한 일을 벌인 것은 광해군이 멀티플레이어 쌍둥이자리였기에 가능했다. 변화무쌍하고 늘 맹렬하게 앞으로 나아가기 좋아하는 쌍둥이자리에 양자리인 광해군은 수도를 파주 교하交河로 옮기려고도 했다. 황소자리나 전갈자리가 하나의 우물을 깊고 우직하게 파내려 갈 때, 양자리는 이 우물을 파다 말고 저 우물을 파고 다시 새로운 우물을 팔 궁리를 한다. 쌍둥이자리는 동시에 여러 우물을 판다. 그러나 아무리 똑똑하고 재빠른 멀티플레이어라 해도 에너지가 분산될 수밖에 없다.

명을 배반하고 오랑캐와 화친했다고 하는 것은 바꿔 말하면 광해군이 실리를 중시해 중립외교를 선택한 것이었다. 당시 망해가는 명나라와 강성해진 여진족, 후금의 전쟁에서 그는 강홍립을 투항케 했다. 명에 의한 어쩔 수 없는 출병이지 후금과 싸우고 싶지 않다는 의지를 전해 후금과 화친하고, 침략을 막은 것이었다. 왜란 7년으로 전국이 전쟁터였던 조선에 다시 오랑캐가 쳐들어온다면 조선이 살아남을 수 있었을까? 결국 광해군을 끌어내린 인조 때 오랑캐, 청나라가 쳐들어와 병자호란을 일으켰다.

역사는 승자의 기록이다. 인조반정으로 광해군을 축출한 뒤 《광해군일기》는 3년 만에 완성되었다. 광해군은 아직 살아 있었고, 그가 반란을 일으키지 않을까 불안했을 것이다. 인조반정으로 정권을 잡은 사대주의적 명분론자들에게 광해군은 철저한 폭군이어야 했으나 오늘날 살펴보면 정치적 이념을 달리하다 희생된 불쌍하지만 똑똑한 왕이다. 쌍둥이자리 케네디 대통령이 말했듯, "승리하면 천 명이 공치사를 하고, 패배하면 고아처럼 한 사람이 뒤집어쓴다(Victory has a thousand fathers; defeat is an orphan)." 그 안에 둘 혹은 넷의 영혼을 담고 있는 쌍둥이자리는 보는 사람들에 따라 전혀 다른 평가를 받기 쉽다. 쌍둥이자리, 천칭자리, 물고기자리처럼 상징이 두 개인 별자리도 마찬가지다.

★존 케네디John F. Kennedy 1917년 5월 29일
태양별자리_쌍둥이자리♊ ＊ 달별자리_처녀자리♍

소통 vs 불통, 광해군의 여자들

쌍둥이자리는 공기 별자리로 사고와 관념에 집중하며 일의 합리성을 추구한다. 또한 소통에 특별한 재능이 있다. 거의 무명에 가까웠던 케네디가 닉슨을 누르고 당선된 것은 미국 대통령 선거 사상 최초로 시도되었던 TV 토론회 덕분이라고 한다. 트위터를 통해 자신의 일거수일투족을 중계하는 트럼프 대통령도 쌍둥이자리다. 2018년 도널드 트럼프 미국 대통령과 김정은 북한 국무위원장이 싱가포르에서 가진 사상 최초 북미 정상회담은 6월 12일에 이루어졌는데, 그날은 쌍둥이자리 달 쌍둥이자리 날이었다.

★도널드 트럼프Donald John Trump 1946년 6월 14일
태양별자리_쌍둥이자리♊ ＊ 달별자리_사자자리♌

그런데 쌍둥이자리 광해군은 왜 사대부들과의 소통에 실패한 것일까?

임진왜란으로 피폐해진 나라를 바로 세우기 위해 광해군은 해야 할 일이 많았다. 양전과 대동법, 궁궐 토목공사, 서적 간행 등 여러 가지로 애쓰는 한편 명과 후금 사이에서 아슬아슬한 중립외교도 어려웠다. 그런데 광해군은 처음부터 주변에 사람이 적었다. 왕자 시절 광해군을 세자로 책봉하려 했던 정철이 유배된 데다 선조가 대놓고 미워해 양위 소동을 벌였다. 적장자 영창대군의 탄생은 광해군을 더욱 불리하게 만들었다. 광해군은 소수의 측근들만 신임하고 소통했으며, 왕이 되어서도 최측근은 상궁 김개시金介屎와 여자들이었다.

> 김 상궁은 선묘宣廟의 궁인으로 광해가 총애하여 말하는 것을 모두 들어줌으로써 권세를 내외에 떨쳤다.
>
> —《인조실록》 1권, 1년(1623) 3월 13일

선조 때의 궁인이었던 김 상궁은 광해군의 사랑을 받았으나 후궁이 되지 않고 상궁의 몸으로 광해군의 정치 활동을 도왔다. 광해군의 킹메이커였던 이이첨조차 김개시를 통해야 했다고 한다. 나이가 들어서도 용모가 피지 않았고, 기교로써 사랑을 받았다는 기록을 보아 광해군이 김개시를 좋아한 것은 그녀의 외모보다 브레인이었던 것 같다.

> 정씨는 교태를 잘 부리고 일에 익숙하여 출입하는 문서를 관리하여 임금을 대신하여 계하啓下하였으므로 왕이 배로 믿었다.
>
> —《광해군일기[정초본]》 73권, 5년(1613) 12월 30일

광해군이 사랑했던 후궁 정소용鄭昭容도 광해군을 대신해 문서를 처리하고 재가까지 내릴 정도로 왕의 신임을 받았다는 것을 보면 광해군은 사랑보다 자신과 소통할 수 있고 믿을 수 있는 측근, 인재로서 여성을 선택하고 사랑한 것이 아닐까? 쌍둥이자리는 섹스리스sexless로는 살아도 토크리스talkless로는 못 산다는 말이 있다.

그러나 광해군의 총애를 받은 김개시는 점차 비선실세로 커서 관직을 팔고 반정을 알리는 상소가 도착해도 이를 숨기고 안심시키는 등 국정을 농단하기에 이르렀다. 결국 광해군은 믿었던 도끼에 발등을 찍혔다. 쌍둥이자리가 소통에 강하다 하지만 광해군의 경우 소통의 방향이 자신의 내면에 자리하는 쌍둥이 자아에게만 발휘된 것이 아닐까. 타인과 속내를 나눌 수 있어야 진정 소통의 왕인데 말이다. 또한 멀티플레이어 쌍둥이자리는 동시에 여러 일을 벌리지만 결국 혼자 모든 것을 다 할 수는 없으니 주위 사람의 도움을 받을 줄 알아야 한다.

쌍둥이자리나 양자리는 모두 양의 별자리로 자신의 에너지를 발산하고 진취적으로 나아가려 한다. 남의 의견을 수용하고 받아들이는 데 약하다. 그리고 무엇보다 두 별자리 모두 매우 급하다. 쌍둥이자리를 지배하는 수성, Mercury의 파생어 머큐리얼mercurial은 달처럼 변하기 쉽다는 의미로 쓰인다. 신하들과 제대로 소통하지 못하고 개혁 정치를 조급하게 밀어붙인 것이 광해군의 패인이었다.

신하와 불통해 내쫓긴 쌍둥이자리 광해군

광해군은 임진왜란의 국가적 위기 속에서 세자가 되었다. 선조를 대신하여 분조를 이끌고 왜란을 극복하는 데 공을 세우며 왕의 자질을 보였다. 즉위 후에는 왜란으로 혼란해진 국가를 재건하기 위해 애썼고, 명과 후금 사이에서 실리를 위한 중립외교를 택한 똑똑한 왕이었다. 그러나 광해군은 세자 시절부터 끊임없이 왕권이 불안했고, 신하들과 제대로 소통하지 못한 채 개혁 정치를 밀어붙이다 인조반정으로 쫓겨났다.

'콩 심은 데 콩 난다'고 하지만 부모와 자식은 그렇지 않다. 가족력이나 부모 자식의 성격이 서로 닮은 것은 선천적으로 타고난 것이 아니라 후천적으로 획득되는 것이다. 선조와 광해군, 영조와 사도세자처럼 별자리가 통하는 것 같으면서도 기질적으로 충돌하면 그들은 물과 기름처럼 섞이기 힘들어 부모 자식이 원수가 되기도 한다. 양자리도 쌍둥이자리도 별자리 나이로 아직 성인이 되지 못하였다. 광해군은 어린 시절부터 계속해서 미움을 받고 거부당하는 바람에 참을성이 없어지고 편협해졌던 것은 아닐까? 연산군과 함께 조선 시대 폭군으로 기록되었으나 새롭게 조명되고 평가되고 있는 것은 다행이다.

8

와신상담 북벌의 꿈을 꾼 게자리 효종

조종암

가평군수 이제두李齊杜 등은 임진왜란 때 명나라의 은혜와 청나라에 대한 굴욕을 잊지 않기 위해 명나라 마지막 황제 의종의 글씨 '사무사思無邪', 선조의 글씨 '만절필동萬折必東 재조번방再造藩邦', 효종의 글을 송시열이 쓴 '일모도원日暮途遠 지통재심至痛在心', 이우李俁가 쓴 '조종암朝宗巖'이란 글을 암벽에 새겨 넣었다. 조종암의 글씨는 임진왜란과 병자호란 이후 널리 퍼진 숭명배청崇明排淸 사상의 유물이고, 그 대표적인 인물은 효종과 송시열이다.

★조종: 조종朝宗이란 본래 제후가 천자를 알현한다는 뜻과, 여러 강물이 흘러 바다에 모인다는 뜻으로 쓰인다.

★사무사: 생각에 사특함이 없다.

★만절필동 재조번방: 황하의 물줄기가 일만 번 꺾여도 반드시 동쪽으로 흐르니 명나라 군대가 왜적을 물리치고 우리나라를 다시 찾아주었네.

★일모도원 지통재심: 해는 저물고 갈 길은 먼데 지극한 아픔이 마음속에 있네. 효종 임금이 척화 대신 이경에 내린 비사를 송시열의 서체로 새긴 것이다. 병자호란의 치욕을 씻기 위해 필사적으로 북벌을 단행하고자 했으나 제반 여건이 여의치 못해 포기해야만 했던 효종의 통탄의 심경이 아로새겨진 말이다.

게자리♋

6월 21일 하지 ~ 7월 22일 대서

상징 게 음(-)의 별자리

원소 물 **상태** Cardinal **지배 행성** 달

★

열두 별자리 중에서 가장 어두워 한때 '구름'으로 불리기도 했던 게자리는 일 년 중 태양이 가장 높이 뜨고 낮의 길이가 가장 긴 하지夏至에서 대서大暑까지 여름의 기운을 타고 태어난다. 헤라클레스에 밟혀 죽은 게로 보호 본능이 강하고 집을 좋아한다. 집을 등에 짊어지고 옆으로 걸으며 눈치를 살피다가 조금만 위험하다 싶으면 잽싸게 눈을 감추고 숨어버린다. 집게발로 한 번 잡은 것은 절대 놓지 않아 보호하고 지키는 것이 특기다. 게자리가 구름이 아니라 성단이라는 것은 갈릴레이Galileo Galilei가 천체망원경으로 관측해서 알았다. 흐릿하고 어둡기 때문인지 명징한 기억을 남기고 싶어 해서 일기 쓰기와 사진 찍기가 취미다. 사진을 찍듯 비상한 기억력으로 과거를 잊지 못하고 억울한 일을 당하면 자신도 모르게 복수심이 불타오른다. 별자리 나이로는 28세에서 35세 한창 일할 나이로 강한 생활력을 바탕으로 가정을 부양하고 책임지는 엄마 같다. 달moon의 지배를 받아 은은한 달빛처럼 섬세하고 로맨틱하지만 달이 차고 이지러지는 것처럼 감정 변화가 심하다.

#보호본능 #집 #일기 #사진 #과거지향 #복수심 #가슴 #암 #생활력 #엄마 #감정적

효종의 네이탈 차트

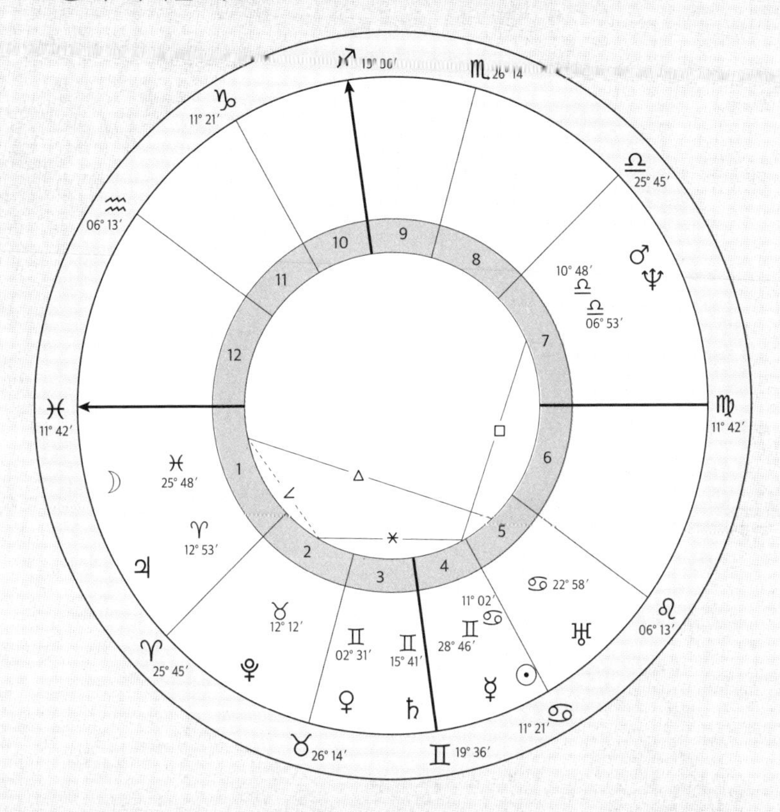

모비母妃 인열왕후仁烈王后 한씨韓氏는 영돈녕부사領敦寧府事 서평 부원군西平府院君 한준겸韓浚謙의 딸인데, 향교동鄕校洞의 잠저潛邸에서 기미년 5월 22일 해시亥時에 왕을 낳았다.

—《효종실록》 1권, 효종대왕 행장

효종孝宗은 1619년 음력 5월 22일, 양력 7월 3일 해시亥時(21:30~23:30)생으로 태양별자리가 게자리♋고 달별자리는 물고기자리♓다

조선의 대표 딸바보

> 죄지은 것이야 무슨 다른 죄를 지었겠느냐? (숙명이 네가) 이번에 아니 들어온 죄인가 싶다. 이렇게 들어오지 못한 죄를 지은 것은 전부 네 남편인 심철동 때문에 생긴 것이니 그를 들볶고 싸워라.
>
> —《숙명신한첩》

시집간 딸이 친정에 오지 않자 이는 남편 탓이니 부부싸움을 하라고 부추기는 편지가 재미있다. 효종이 숙명공주淑明公主에게 보낸 편지로 《숙명신한첩淑明宸翰帖》에 전한다. 《숙명신한첩》은 효종, 현종, 인조 계비 장렬왕후莊烈王后, 효종비 인선왕후仁宣王后가 효종의 셋째딸 숙명공주에게 보낸 한글 편지를 모은 것이다. 효종은 아들 하나와 딸 일곱을 둔 딸부자였는데, 딸들이 시집을 가자 자주 편지를 보냈다. 한 번은 숙안공주淑安公主, 숙명공주, 숙휘공주淑徽公主에게 편지를 보냈는데 모두 같은 내용의 답장을

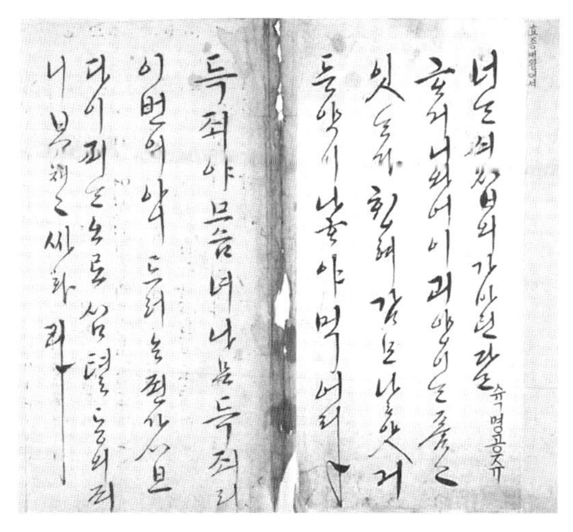

효종의 친필 한글 편지 "득죄야 므슴 녀나믄 득죄리 이번의 아니 드러온 죈가 시브다 이 죄는 오로 심털동의 죄니 보채고 싸화라." 한국고문서자료관 소장

보내오자 "편지를 이렇게 쓸 것이면 다음에는 받지 않겠다"며 서운해했다. 효종은 요즘 말로 딸바보가 아닐까 싶다. 세상 모든 아빠는 딸바보라 하지만 게자리는 특히 그럴 가능성이 크다.

효종은 1619년 7월 3일생으로 태양별자리가 게자리♋고 달별자리는 물고기자리♓다. 달의 지배를 받는 게자리는 열두 별자리 가운데 가장 로맨틱하고 여성적이다. 달의 여신 아르테미스는 수많은 유방을 지닌 다산과 풍요의 여신으로 여성의 출산과 아이를 돌본다. 또한 사냥과 숲의 여신이다. 은 활과 금 화살을 들고 숲에서 사슴이나 곰 같은 짐승을 사냥하는 활기찬 처녀신의 모습으로 등장하기도 한다. 로마 신화의 디아나Diana와 동일시되는데, 영국의 황태자비였던 다이애나Diana Frances Spencer는 1961년 7월 1일생으로 태양별자리가 게자리♋고 달별자리는 물병자리♒다. 게자리로 태어나 이름도 다이애나였던 그녀는 영국의 왕위

계승 서열 1위 찰스 왕세자와 결혼했다. 두 아들을 낳고 세계를 누비며 봉사활동을 하는 등 아름다운 왕세자비로 세계인의 사랑을 받았다. 그러나 찰스 왕세자에게는 결혼 전부터 여자가 있었다. 아이들 때문에 15년을 참고 살았던 다이애나는 결국 황실을 박차고 나와 남편 황태자의 불륜을 언론에 알리며 확실하게 복수해주었다.

게자리의 기호 ♋는 마주 보는 두 작은 원이 서로 감응하는 모습이다. 이는 양육과 영양 섭취의 기능을 하는 젖가슴과 위를 상징한다. 게자리는 가족, 친족들과 사이가 좋고 특히 엄마와 딸, 여자 형제 등 여성과 친하고 영향을 많이 받는다. 효종은 아버지 인조가 돌아가셨을 때 손가락에 피를 내어 먹였으며, 어머니 인열왕후仁烈王后가 돌아가셨을 때는 열일곱 살이었는데 너무 슬퍼해 주변에서 크게 걱정했을 정도였다. 효심이 지극해 묘호도 효종이 되었다.

효종은 아내 인선왕후와도 금실이 좋아 첩은 대군 시절 거두었던 한 명뿐이었다. 여섯 명의 왕비와 결혼하고 이혼하고, 또 그들 가운데 둘을 처형해 오랜 세월 서양 사극의 단골 주인공이 된 헨리 8세도 게자리다. 같은 게자리라 해도 달별자리가 물고기자리인 효종과 양자리인 헨리 8세는 서로 전혀 다른 모습을 보였다. 물고기자리의 사랑은 한 번 빠지면 헤어날 수 없는 바다와 같다. 할머니가 손주를 사랑하듯 하염없이 주는 사랑이다. 양자리의 사랑은 금세 뜨거워졌다가 금세 식는 양은 냄비 같다. 마치 아이처럼 바로 눈앞에 보이는 새로운 사랑에 몰입한다. 어쨌든 게자리는 결혼과 가족, 아내, 딸과 여자 형제 등이 중요하다.

★헨리 8세Henry Ⅷ 1491년 6월 28일
태양별자리_게자리♋ * 달별자리_양자리♈

달이 차고 이지러질 때 게자리의 감정도 들쑥날쑥 변화한다. 게자리는 임산부처럼 예민하고 자기방어에서 비롯한 히스테리가 심하다. 셰익스피어의 〈오셀로〉, 〈한여름밤의 꿈〉에도 루나틱lunatic이 '미친 사람'이나 '바보'의 의미로 자주 쓰였는데*, 루나luna는 라틴어로 '달'을 의미한다.

> 나에게 기질상의 병통이 없을 수 없어 한창 성이 날 때에는 일의 시비를 따지지 않은 채 내 마음 내키는 대로 마구 행하여 꼭 끝을 보고 난 뒤에야 그만두었기 때문에 잘못되는 일이 많았다. 그런데 근일부터는 화가 날 만한 일일 경우엔 참고 놔두었다가 밤에 생각하여 화가 점차로 풀린 다음에 처리하므로 과오가 적게 되었다.
>
> —《효종실록》 20권, 9년(1658) 12월 27일

효종은 신하들에게 자주 자신의 병통을 토로했고, 송시열은 효종에게 마음을 화평하게 하는 방도를 극진히 하라 청했다. 효종은 게자리답게 달밤에 일기를 쓰면서 마음을 다스린 것으로 보인다.

> 이미 지나간 일을 밤중에 생각하면 나의 태양증太陽症이 너무 지나치지 않음이 없었다.
>
> —《정조실록》 46권, 정조 21년(1797) 윤6월 29일

효종과 비슷한 말을 한 이는 정조다. 스스로 '태양증'이 있어 욱한다고 했던 그는 태양별자리가 전갈자리♏고 달별자리는 게자리♋다. 왕의 일

* lunatic: 미치광이 (같은 사람), 정신병자. 지금은 모욕적인 표현으로 여겨진다..

기, 일성록日省錄은 정조의 세자 시절 일기부터 시작됐다. 노론 심지환과 나눈 297통의 편지에서도 기분에 따라 직설적인 표현이 놀랍다. 오늘날 'ㅋㅋ' 해당하는 '呵呵(가가)'라는 표현도 자주 사용했다. 그는 즉위하자마자 "나는 사도세자의 아들이다"라고 공표했는데, 전갈자리와 게자리의 조합이니 복수심의 끝판왕이었을 것이다.

일본의 침략에 나라를 빼앗긴 순종도 달별자리가 게자리다. 엄마인 명성황후明成皇后도 일본에 빼앗겼는데, 명성황후는 어려서 죽지 않고 남은 자식이 순종 하나뿐이라 끔찍이 아꼈다고 한다. 조선 시대 또 다른 게자리 왕으로 명종이 있다. 명종은 조선 최고의 치맛바람 문정왕후의 수렴청정을 받았던 마마보이로 알려져 있다. 문정왕후는 34세 늦은 나이에 얻은 아들을 애지중지하는 한편, 심한 매질로 엄하게 다스렸고 왕이 된 후에도 좌지우지했다.

★순종 1874년 3월 25일
태양별자리_양자리♈ * 달별자리_게자리♋

★명종 1534년 7월 3일
태양별자리_게자리♋ * 달별자리_양자리♈

소현세자와 효종의 엇갈린 선택

인조 때 정묘호란丁卯胡亂과 병자호란에 패한 조선은 소현세자昭顯世子와 봉림대군鳳林大君(효종)을 청나라에 볼모로 보냈다. 이때 소현세자는 새로운 친구들과 교류하고 서양의 다양한 문물을 배웠는데, 효종은 청나라에 대한 복수심만 키워 돌아왔다. 같은 상황에서 두 사람은 왜 정반대의 선택

지구의 1645년 북경에서 돌아온 소현세자는 여지구輿地球(지구의)를 가져왔다고 한다. 지구의地球儀는 지구가 둥글다는 지원설을 바탕으로 한다. 숭실대학교 한국기독교박물관 소장.

을 했을까?

소현세자는 1612년 2월 5일생으로 태양별자리가 물병자리♒고 달별자리는 효종과 같은 물고기자리♓다. 물병자리는 각도 98도로 아예 옆으로 누워 공전하는 독특한 천체 천왕성의 영향으로 독립과 변혁을 꿈꾸며 세상의 모든 법칙과 관습을 새롭게 해석한다. 본능적으로 전통과 권위주의에 반대하며 외계에서 온 듯 앞서가는 사람들이다. 물병자리는 수평적 리더십을 지향하며 나이와 인종, 나라, 성별을 떠나 모두와 친구가 될 수 있다. 물병자리 소현세자는 청나라에서 새로운 사람들과 교류하며 신기한 서양의 문물들을 즐겁게 받아들였다. 만약 소현세자가 갑작스럽게 죽지 않고 왕이 되었다면 보수적인 효종과 달리 적극적으로 서양 문물을 받아들여 조선이 근대국가로 발전하는 데 이바지하지 않았을까 말하는 이들도 있다. 소현세자가 왕이 되었다면 역성혁명을 이룬 물병자리 왕 태조처럼 새로운 조선을 만들었을지도 모른다. 하지만 역사에 만약은 의미가 없다.

효종은 게자리다. 게자리는 자신이 보고 들은 것을 그대로 마음에 새기고, 역사의 교훈을 잊지 않는다. 게다가 집 떠나면 큰일 나는 줄 아는 집돌이가 멀리 타향에 볼모로 잡혀가 8년 만에 돌아왔다. 양난에 패하고 삼전도의 굴욕에 이어 인질로 잡혀가 핍박받는 조선의 백성들을 직접 보면서 효종은 소현세자와 달리 복수를 다짐하며 인고의 시간을 보냈을 것이다. 영어로 게자리와 암癌은 캔서Cancer로 같은 단어다. 이는 암세포가 게처럼 딱딱하고, 주위로 퍼져나가는 모습이 게가 옆으로 기는 것과 같아서라고 한다. 기억력이 좋아 아무리 잊으려 해도 잊을 수 없는 복수심이 암을 키우기 때문인지 게자리는 건강상 암을 조심해야 한다.

한편, 외국에 나가면 목성의 별자리가 중요한데, 소현세자의 목성은 사자자리♌다. 소현세자는 심양瀋陽의 작은 왕으로서 함께 끌려간 조선의 백성을 보살피고, 청과 조선의 문제를 중재하는 역할을 톡톡히 했다.

> 서쪽으로 몽고蒙古의 경계에 갔고, 남쪽으로 산해관山海關에 갔으며, 또 더 남쪽으로 금주위錦州衛의 송산보松山堡에 이르러서는 제장諸將들이 패배하여 항복하는 것을 보았다.
>
> ―《효종실록》 1권, 효종대왕 묘지문

효종의 목성은 전사 양자리다. 효종은 당시 세자였던 형을 보호(게자리)하기 위해 형을 대신해 청의 전쟁에 끌려 다녔다. 그는 전쟁터에서 청나라가 승승장구하고 명나라가 망해가는 모습을 직접 목격했다. 자신의 가장 소중한 것, 가족과 나라와 백성을 잃게 될지도 모른다는 두려움이 또한 복수심을 키웠을 것이다. 그는 조선을 지키기 위해 북벌北伐의 꿈을 꾸게 된 것이다.

송시열과 손잡고 북벌을 꿈꾼 효종

효종은 복수심에 불타 현실을 모르고 북벌의 꿈만 키웠다고 평가되기도 한다. 그러나 실록에 효종이 직접 '북벌'을 이야기한 기록은 없다. 다만 행장에 다음과 같은 구절이 있다.

> 와신상담하며 간수干隧의 공훈을 세우리라 다짐했고 뜻밖의 일에 대비한 계연計然의 계책을 손바닥에 써 보였었다.
>
> —《효종실록》1권, 효종대왕 시책문諡冊文

춘추시대 월왕 구천勾踐의 아버지가 오나라와 싸워 패했다. 구천은 즉위하자마자 오나라와 싸워 승리했고, 오왕 합려闔閭는 죽었다. 이후 구천은 오나라를 무리하게 공격하다가 합려의 아들 부차夫差에게 크게 패해, 뇌물과 여인 등을 바치는 한편 부차의 시중을 드는 치욕을 당했다. 3년 만에 귀국한 그는 밥상머리에 곰의 쓸개를 달아놓고 핥으면서 복수를 다짐했다. 여기서 섶에 누워 쓸개를 씹는다는 '와신상담臥薪嘗膽'이라는 고사성어가 나왔다. 원수를 갚기 위해 온갖 괴로움을 참고 견딘다는 뜻으로 쓰인다. 구천은 10년 동안 물자를 모으고 인재를 양성해 국력을 키웠고, 오나라에 대해서는 이간책과 미인계 등으로 국력을 낭비하게 하는 전략을 취했다. 그리고 끝내 간수에서 부차를 생포하고 오나라를 멸망시켰다. '간수의 공훈'이란 효종이 인조의 원수를 갚고 청나라를 멸망시키려는 계획, 즉 북벌을 말한다.

효종은 즉위하자마자 자신의 호위를 맡은 어영청御營廳을 확대 개편해 병사를 2만 1,000까지 늘렸다. 농번기에도 군사훈련을 시켰다. 이완李浣, 유혁연柳赫然 등 무신을 특별히 채용해 군사를 맡겼는데, 왕의 인척이자

삼전도비 삼전도비三田渡碑의 원래 명칭은 대청황제공덕비大淸皇帝功德碑다. 1636년 12월 청 태종이 침공했을 때 남한산성에서 항전하던 인조가 삼전도에 나아가 항복하는 욕을 당했던 치욕의 기록을 몽골어, 만주어, 한문 등 3종 문자로 담았다(서울 송파구 삼전동 소재).

반정 공신인 김자점金自點 같은 이에게 맡기던 것과는 다른 파격적인 인사였다. 강화도에 보루를 세우고 남한산성을 보수했으며 군비를 확충했다. 마치 게가 딱딱한 껍질 속에 숨듯 방어에 힘쓴 것이다. 전갈자리의 복수가 자신의 목숨을 건 공격적인 복수라면 게자리의 복수는 자기 보호가 우선인 방어적 복수다.

좀 더 친절하고 부드러운 미국을 표방했던 조지 부시도 게자리다. 취임 8개월 만에 9·11 테러를 당하자, 이슬람 무장 항쟁을 직·간접적으로 지원하며 테러와의 전쟁을 선포했다. 2002년 국정연설에서 부시 대통령은 조선민주주의인민공화국, 이란, 이라크를 악의 축axis of evil이라고 표현했다.

★조지 부시 2세George W. Bush Jr. 1946년 7월 6일
태양별자리_게자리♋ * 달별자리_천칭자리♎

효종은 왕자 시절 스승이었던 송시열을 불러들였다. 왕의 부름에 송시열은 13개 조목에 달하는 장문의 〈기축봉사己丑封事〉를 지어 답하며 정계로 나왔다.

> 전하께서는 마음에 굳게 정하시기를 "이 오랑캐는 임금과 아버지의 큰 원수이니, 맹세코 차마 한 하늘 밑에 살 수 없다"고 하시어 원한을 축적하십시오. 그리고 원통을 참고 견디며 말을 공손하게 하는 가운데 분노를 더욱 새기고, 금화를 바치며 와신상담을 더욱 절실히 하여 계책의 비밀은 귀신도 엿보지 못하게 하소서.
>
> —송시열의 〈기축봉사〉 중

송시열의 북벌론은 숭명배청崇明排淸 사상에 따른 관념적인 북벌이다. '우리나라의 풀 한 포기, 나무 한 그루, 백성의 머리털 하나까지도 황제의 은혜를 입은 것'이라는 그의 글은 도덕적 명분을 앞세워 북벌로 시작했으나 군대 확충보다 민생 해결이 우선임을 강조하며 마무리되었다.

송시열은 1607년 12월 30일생으로 태양별자리는 염소자리♑고 달별자리가 쌍둥이자리♊다. 염소자리는 꿈과 이상보다 현실이 먼저인 실리주의자로 명예를 중시한다. 그는 게자리 효종에게 아버지의 원수를 갚아야 한다며 북벌이라는 대의명분을 앞세웠지만, 결론은 현실을 직시해 민생 해결부터 하라는 염소자리다운 충고를 쌍둥이자리답게 한 것이다. 그러나 염소자리가 진정 원하는 것은 명예가 아니라 실질적인 힘, 특권이다.

예나 지금이나 전쟁은 경제력이 뒷받침되어야 한다. 임진왜란부터 병자호란, 정묘호란까지 전란만 60년을 겪었다. 게다가 천재지변으로 백성들의 생활은 궁핍할 대로 궁핍해졌으니, 조선의 경제는 바닥이었고 민심도 흉흉했다.

효종과 송시열은 북벌이라는 대의명분을 앞세워 전략적 동맹을 맺었을 뿐 목적은 서로 달랐던 것 같다. 송시열은 효종 즉위 초부터 소현세자의 죽음이 억울하다며 복원시켜야 한다고 주장했고, 이는 당시 서인의 당론이 되었다. 효종은 자신의 정통성에 이의를 제기하는 송시열과 서인의 반발을 억제하는 한편 친청파인 김자점을 비롯해 외척과 인조반정 공신들을 몰아내야 했다.

《연려실기술》에 따르면 김자점은 청나라의 정명수鄭命壽에게 "우리나라가 북벌을 계획하고 있고, 인조의 능인 장릉의 지문誌文에 청나라의 연호를 써넣지 않았다"고 밀고했다. 이때부터 청나라가 10여 차례나 조사단을 파견하여 북벌 계획을 조사하였다. 김자점은 인조반정을 성공시킨 공서파攻西派로 반정 이후 출세하다가 효종이 즉위하고 북벌론이 대두하자 위협을 느꼈던 것이다. 결국 김자점은 아들의 역모 사건으로 처형되고, 김자점과 손잡았던 인조의 후궁 귀인 조씨도 사사됐다. 김자점이 제거되면서 공서파도 몰락했다.

송시열은 효종이 국시로 내세운 북벌에 대하여 아버지의 원수를 갚아 효를 다해야 한다는 도덕적 명분을 세워주었다. 효종은 송시열을 끌어냄으로써 서인을 아우르고 왕권을 안정시켜 민심을 추스르는 한편, 국방을 튼튼하게 지키는 데 힘쓸 수 있었다. 송시열은 왕의 스승으로 서인의 영수로 입지를 확실하게 다져, 염소자리가 진정으로 추구하는 특권을 얻었다.

이상과 현실의 조화, 대동법

효종의 달별자리는 물고기자리♓다. 물고기자리는 세속적인 권력이나 야망에 관심이 없다. 다리가 없어 땅을 제대로 딛지 못하는 그들은 현실 감각도 떨어진다. 그러나 물고기자리의 상징이 서로 반대 방향을 향하는 두 마리 물고기인 것은 인생에 두 가지 선택이 있음을 의미한다. 물을 거슬러 헤엄쳐 정상을 향해 목표에 다가가거나 아니면 바닥을 헤엄치며 세속적인 목표와 동떨어져 자기만의 이상향을 꿈꾸며 살거나 둘 중 하나다.

쌍둥이자리, 천칭자리, 물고기자리처럼 상징이 두 개인 별자리는 마음속에 번민이 많다. 현실적이며 책임감과 끈기를 타고난 게자리와 꿈과 이상, 자유를 동경해 한곳에 오래 갇혀 있지 못하는 물고기자리는 서로 다른 성향을 지니고 있나. 두 별자리의 공통점은 술을 좋아하는 물의 별자리라는 것이다. 효종은 술을 아주 좋아했는데 왕이 되면서 끊었다.

그러나 태양별자리는 달별자리보다 힘이 세다. 특히 위기 상황에서 게자리의 리더십은 빛을 발해 최악의 상황에서 최선의 결과를 만들어내곤 한다. 물고기자리도 한 번 물을 거슬러 오르기 시작하면 완전히 새로운 세상을 만들어낸다. 생활력이 강한 게자리와 이상을 추구하는 물고기자리의 조화가 시너지를 발휘해 효종이 남긴 가장 큰 업적은 대동법의 확대다.

> 대동법은 역役을 고르게 하여 백성을 편안케 하기 위한 것이니 실로 시대를 구할 수 있는 좋은 계책입니다. 신으로 하여금 나와서 회의하게 하더라도 말할 바는 이에 불과하니, 말이 혹 쓰이게 되면 백성들의 다행이요, 만일 채택할 것이 없다면 다만 한 노망한 사람이 일을 잘못 헤아린 것이

니, 그런 재상을 어디에 쓰겠습니까?

—《효종실록》 2권, 즉위년(1649) 11월 5일

게자리답게 효종은 한 번 찍은 사람을 집요하게 불러냈다. 종종 집게발이 없는 게를 본 적이 있을 것이다. 게는 자신의 발이 떨어지는 한이 있어도 한 번 잡은 것은 좀처럼 놓지 않는다. 효종이 적극 등용한 사림 가운데 김육金堉은 거듭 사양 상소를 올리다가 인조대부터 줄곧 주창해온 대동법의 확대 시행을 출사 조건으로 걸었다. 신하들은 김육의 조건부 출사가 건방지다며 딴지를 걸었으나 이는 실상 대동법을 반대한 것이었다.

대동법은 지방의 특산물로 바치던 공물을 쌀로 통일한 납세 제도다. 그동안 지역별, 가구 단위로 부과하던 공물 대신 토지 단위로 세금을 부과하는 것은 재산이 많은 자에게 더 많이 걷는 공평한 세법이다. 광해군 즉위년 1608년에 이원익李元翼, 조익趙翼 등의 건의로 경기도에 시험 실시되었고, 인조 원년 1623년에 강원도까지 확대되었다. 그러나 땅을 많이 소유한 양반이나 지주들의 부담이 갑자기 커지고, 그들은 권력을 지닌 이들이라 반발 또한 컸다. 방납防納으로 부당이득을 취해온 서리와 관료들도 저항했다.

방납이란 현지에서 생산되지 않는 물품을 공납으로 부과하거나 천재지변으로 생산량이 적을 경우, 지방에서 납부할 공물을 중간에서 관리들이 대신 납부해주고 농민에게 대가를 받는 것이었다. 16세기 조선 중기부터 방납의 성행과 폐단으로 농민의 부담이 늘어난 반면 국가의 수입은 감소했다.

김육은 1580년 8월 23일생으로 일 중독자 처녀자리♍에 혁명가 물병자리♒의 에너지를 타고났다. 과연 그는 처녀자리답게 가장 효율적으로

대동법 시행비 대동법은 특산물을 쌀이나 베, 돈으로 환산하고, 가구 단위 대신 토지 단위로 부과하는 납세 제도로 백성들의 큰 호응을 얻었다. 이를 시행하게 된 것을 기념해 효종 10년(1659) 삼남지방으로 통하는 길목인 평택에 대동법 시행 기념비를 세웠다.

일을 처리할 수 있는 계획을 세우고 꼼꼼하게 일을 하지만 독설가였다. 위아래를 몰라보고 왕에게 조건부 출사를 내걸어 욕도 먹었지만 시대를 앞서가는 혁명가였다. 그는 충청도 관찰사를 지냈을 때도 세금 감면과 대동법 시행을 건의하고 여러 차례 보급에 힘썼다.

> 양호兩湖 지방의 전결이 모두 27만 결로 목면이 5,400동同이고 쌀이 8만 5,000석이니, 수단이 좋은 사람에게 부쳐 규획하여 조치하게 하면 미포米布의 수가 남아서 반드시 공적인 저장과 사사로운 저축이 많아져 상하가 모두 충족하여 뜻밖의 역役 역시 응할 수가 있습니다.
>
> —《효종실록》 2권, 즉위년(1649) 11월 5일

가평에서 직접 농사를 지었던 김육은 대동법의 이로운 점을 정확한 수치로 제시했다. 국가의 조세수입이 증대되고 농민의 부담은 줄어든다는 것이다. 국가가 조세수입을 예측할 수 있으면 규모의 경제를 실현해 자본을 축적하고 상업을 발전시킬 수 있다.《대동법—조선 최고의 개혁》을 쓴 이정철 박사는 조선 후기 체제가 유지될 수 있었던 동력을 대동법에서 찾는다. 단순한 조세 개혁이 아니라 현실의 구조적 모순을 해결해 민생을 증진하려 한 개혁 담론이고 시대정신이었다는 것이다.

대동법은 광해군 때 시작해 숙종 대까지 120여 년의 시간이 필요했는데, 효종이 김육과 함께 속도를 더하지 않았다면 이루어지기 힘들었을 것이다. 이상 세계를 꿈꾸며(물고기자리) 백성을 먹여 살릴 궁리(게자리)를 하는 효종에게 일할 줄 아는(처녀자리) 개혁적(물병자리) 경제학자 김육은 최고의 파트너였다.

주변 사람과의 조화가 중요한 것은 이처럼 서로의 에너지가 시너지를 이룰 수도 있고 반대로 나쁜 기운이 더 강해질 수도 있기 때문이다. 효종에 이어 현종, 숙종까지 피를 이은 '삼종三宗의 혈맥血脈'은 물고기자리 에너지로 연결되어 있다. 이때 가장 큰 이슈가 할머니 복상문제服喪問題인 예송논쟁禮訟論爭과 대동법이다. 효종은 할머니 복상문제에서 비롯된 예송논쟁의 원인을 제공했고, 현종은 집권 내내 예송논쟁에 시달렸으며, 숙종은 송시열을 귀양 보내 예송논쟁에 마침표를 찍었다. 또한 효종은 이상주의를 꿈꾸며 대동법을 확대하는 데 박차를 가했고, 현종은 경신대기근 이후 대동법을 전라도로 확대했으며, 숙종에 이르러 대동법은 완성된다. 할머니와 이상 세계는 모두 물고기자리의 키워드다.

북벌의 꿈을 꾸며 대동법의 개혁을 이룬 게자리 효종

언월도를 휘둘렀던 무인의 왕이자 북벌론으로 기억되는 효종은 사림을 등용해 공법을 실행하고《국조보감國朝寶鑑》을 편찬했으며《삼강행실도三綱行實圖》를 간행했다. 세종이 그토록 이루고 싶었던 세상이 효종 대에 이루어졌다. 게자리에 물고기자리인 효종은 이제 다음 세상을 준비할 때임을 알았고 그 책임을 다했다. 북벌론과 송시열에 가려 조선 후기를 유지할 수 있었던 동력, 대동법에 실질적으로 이바지한 효종을 우리가 몰라봤던 것은 아닐까? 게자리가 구름이 아니라 성단星團이라는 것을 갈릴레이가 천체망원경으로 관측하기 전까지 몰랐던 것처럼 말이다.

헤라클레스에 밟혀 죽은 게라니, 열두 별자리 가운데 가장 볼품없는 전설을 가진 것도 게자리가 눈에 잘 안 보이는 미약한 별빛을 가졌기 때문인지 모른다. 그러나 북회귀선을 'tropic of cancer'라고 하는데, 고대에 태양이 게자리 영역으로 들어서는 하지가 바로 북회귀선을 지나는 날이었기 때문이다. 하지는 감자 수확과 모심기의 적기로 농사를 짓는데 매우 중요한 시기다. 조선 시대에는 이때 비가 오지 않으면 기우제를 지냈다. 미국의 석유왕, 세계 최고의 부자로 손꼽히는 록펠러가 바로 게자리인데, 그는 "성공의 비밀이란 평범平凡한 일을 비범非凡하게 행하는 것"이라고 말했다. 나라의 안전을 지키는 일, 백성을 먹여 살리는 일 등 효종은 왕으로서 해야 할 가장 기본적인 일에 충실했다. 하지 않으면 표가 나지만 아무리 열심히 해도 표가 안 나는 살림에 최선을 다하는 엄마처럼 말이다.

★록펠러John Davison Rockefeller 1839년 7월 8일
태양별자리_게자리♋ * 달별자리_쌍둥이자리♊

☆ 왕이 되지 못한 물병자리 세자들

조선 시대 왕이 되지 못한 세자들 중에서 가장 유명한 이는 사도세자와 소현세자 그리고 효명세자다. 이들의 공통점은 물병자리 에너지가 강하다는 것이다.

소현세자는 1612년 2월 5일생으로 태양별자리가 물병자리♒고 달별자리는 물고기자리♓다. 인조 때 봉림대군(효종)과 청나라에 볼모로 끌려갔으나 청에 복수심을 키워온 효종과 달리 소현세자가 새로운 친구들과 교류하고 서양의 다양한 문물을 배워온 것은 그가 물병자리이기 때문이다. 물병자리는 미래와 변화를 주관하는 별자리로, 우정과 사랑에 있어 국경이나 인종, 성별 그 어떤 것도 문제 삼지 않는다. 물병자리 소현세자는 청나라에서 서양인들과 어울리며 적극적으로 과학 문물들을 받아들였다.

《태봉등록》에 따르면 사도세자는 1735년 2월 13일 축시丑時생으로 태양별자리가 물병자리♒고 달별자리는 전갈자리♏다. 반항아 기질을 타고났는데 아버지 영조는 엄한 전갈자리고, 세자 기간만 26년이나 되었다. 열다섯 살부터 대리청정을 하다 결국 정신병에 걸렸다.

전갈자리의 자녀들은 부모의 고압적인 권위와 엄격한 규율에 분개한다. 내심 아버지의 힘을 존경하고 모방하려다 엉뚱한 결과를 초래하기도 한다. 유순한 아이는 전갈자리의 부성애를 자신을 괴롭히는 것으로 느낄 수도 있다. 시대를 앞서가는 물병자리에는 천재와 정신병자가 많은데, 사도세자는 엄한 전갈자리 아버지를 만나 안타깝게도 후자가 된 듯하다.

드라마 〈구르미 그린 달빛〉(2016년, KBS)의 모델로 유명해진 효명세자孝明世子는 1809년 9월 18일 신시申時생으로 태양별자리는 처녀자리♍고 달별

의두합 창덕궁 후원의 의두합倚斗閤은 효명세자가 책을 읽던 공간이다. 의두합은 별에 기댄다는 의미인데, 정조가 세운 규장각에 기대듯이 뒤쪽에 위치해 있다. 별은 규장각, 혹은 정조를 의미하는 것이리라. 어려서부터 총명한 효명세자가 궁궐 내 유일한 북향 건물인 이곳에서 책을 읽으며 큰 뜻을 세웠을 터이나 펼치지 못한 것이 아쉽다.

자리는 염소자리♑인데, 동쪽 별자리가 물병자리♒다. 처녀자리도 염소자리도 2인자의 성향이 강하다. 그는 아버지 순조의 대리청정을 하는 동안 안동 김씨의 세도정치를 견제하고 왕권을 강화하는 한편 짧은 생애에도 문학과 예술, 특히 궁중 연회 예술에서 남다른 성취를 이뤘다. 성실한(처녀자리) 천재(물병자리) 타입인 효명세자의 이른 죽음은 많은 사람이 안타까워했다.

한편, 반정으로 왕이 된 중종과 인조도 물병자리 에너지다. 중종中宗은 1488년 4월 16일 축시丑時생으로 태양별자리가 황소자리♉고 달별자리는 쌍둥이자리♊이며, 동쪽 별자리는 물병자리♒다. 중종반정은 조선 건국 100여 년 만에 신하가 왕을 폐위한 최초의 사건이었다. 폭군 연산군은 성종의 적장자로 왕위에 올랐으나 재위 12년 만에 박원종朴元宗, 성희

안成希顔, 유순정柳順汀 등에 끌려 내려오고, 이복동생 진성대군晉城大君 중종이 왕위에 올랐다. 그러나 중종은 반정의 주인이 아니라 조연이었다. 하루아침에 갑자기 왕이 된 데다 황소자리에게 중요한 아내 단경왕후端敬王后 신씨가 신수근愼守勤의 딸이라고 신하들이 강제 이혼까지 시켰다. 반정의 원인이 된 연산군燕山君도 1476년 11월 23일 3경 5점에 태어나 태양별자리가 사수자리♐고 달별자리는 물병자리♒다.

광해군을 끌어내고 왕이 된 인조仁祖는 1595년 12월 7일생으로 태양별자리가 사수자리♐고 달별자리는 물병자리♒ 혹은 물고기자리♓다. 이날 16시 28분에 달별자리가 물병에서 물고기로 바뀌는데, 반정을 일으킨 것을 보면 물병자리가 맞는 것 같다. 천왕성과 태양이 120도 삼각을 이루어 영향을 받고 있다. 인조는 광해군에 의해 역모에 휩쓸린 동생 능창군이 사사되고, 아버지 정원군定遠君이 화병을 얻어 세상을 떠난 것이 반정의 원인이 되었을 것이다. 그러나 인조는 광해군의 중립 외교와 다르게 친명정책을 펼쳐 청의 반발을 샀다. 결국 청이 병자호란을 일으켜 쳐들어오자 사수자리인 인조는 임진왜란 때의 선조처럼 백성을 버리고 남한산성으로 도망쳤다. 결국 삼전도의 굴욕을 당하고 조선 최악의 무능한 왕이란 평가를 받고 있다.

수평의 리더십을 추구하는 물병자리는 본능적으로 왕이 되기를 거부한 것일지도 모른다. 전형적인 물병자리는 한곳에 매여 지시하고 지휘하는 것을 싫어하고 전통과 권위주의를 하찮게 여기니 성리학 기반의 조선에서 왕 노릇하기 쉽지 않았을 것이다. 사람들은 만약 소현세자가 왕이 되었다면 서양의 문물을 일찍 받아들여 새로운 조선을 만들지 않았을까, 혹은 효명세자가 일찍 죽지 않았다면 좀 더 일찍 개방해 일본의 식민지를 면하지 않았을까 말한다. 물병자리 왕이 나왔다면 조선은 새로운 나라로 개혁되었을지도 모르겠다.

조선의 왕 중 태양별자리가 물병자리인 왕은 예종이다. 예종睿宗은 1450년 1월 14일 유시酉時생으로 태양별자리와 달별자리가 모두 물병자리♒인데, 세조의 장자 의경세자가 왕세자 시절에 돌연히 죽고 여덟 살에 왕세자가 된 둘째 아들이다. 그러나 그는 재위 14개월 만에 스무 살 어린 나이로 세상을 떠났다. 역성혁명으로 조선을 건국한 태조 외에 제대로 된 물병자리 왕이 없었기에 조선은 하나의 왕권과 체제를 무려 500년이나 유지할 수 있었으리라.

☆ 그 밖에 왕이 되지 못한 세자들

태조의 아들 의안대군은 왕자의 난으로 태종에 의해 암살됐고, 태종의 아들 양녕대군은 동생 충녕대군(세종)에게 왕위를 내주었다. 연산군의 아들 이황李𩖁과 광해군의 아들 이지李祗는 반정으로 폐세자가 되어 죽었다. 의경세자는 아버지 세조가 단종을 찬탈하고 왕이 되면서 세자로 책봉되었는데, 2년 만인 스무 살에 죽었다. 순회세자順懷世子(명종의 맏아들)는 열세 살, 효장세자孝章世子(영조의 맏아들)는 열 살, 문효세자文孝世子(정조의 맏아들)는 다섯 살에 요절했다.

★이황 1498년 1월 10일
태양별자리_염소자리♑ * 달별자리_사자자리♌

★이지 1598년 12월 31일
태양별자리_염소자리♑ * 달별자리_물병자리♒

★의경세자 1438년 10월 3일
태양별자리_천칭자리♎ * 달별자리_양자리♈

★순회세자 1551년 7월 1일

태양별자리_게자리♋ * 달별자리_쌍둥이자리♊

★효장세자 1719년 4월 4일

태양별자리_양자리♈ * 달별자리_처녀자리♍ 혹은 천칭자리♎(03:13 이후)

★문효세자 1782년 10월 13일

태양별자리_천칭자리♎ * 달별자리_염소자리♑

9

할머니에게 발목 잡힌 물고기자리 현종

온양온천
온양온천은 역사가 오래되고 한양에서 가까워 조선 왕들이 자주 찾았다. 세종은 아예 행궁을 짓고 정사를 보며 온천을 즐겼는데, 현재 남아 있는 조선 왕의 흔적은 세조가 온천 옆에서 발견한 냉천을 기념하는 신정비神井碑와 영조가 온천에 행차했을 때 사도세자가 따라와 활을 쏘던 장소에 정조가 세운 영괴대靈槐臺뿐이다.

물고기자리 ♓ 2월 18일 우수 ~ 3월 20일 춘분

상징 한 줄에 걸린 물고기 두 마리 음(-)의 별자리

원소 물 **상태** Mutable **지배 행성** 해왕성

★

물고기자리는 우수雨水에서 춘분春分까지 겨울에서 봄으로 넘어가며 만물이 새롭게 태어나는 시기에 태어난다. 열두 별자리 가운데 첫 번째인 양자리는 탄생을 상징하고, 마지막 물고기자리는 죽음과 영원을 상징한다. 별자리 나이는 80대 노인으로 할머니가 손자를 사랑하듯 무한한 사랑을 베푼다. 평소에는 평화로운 바다처럼 조용하고 너그럽지만 느닷없이 태풍처럼 무서운 모습을 보인다. 해왕성Neptune의 지배를 받는다. 넵튠은 그리스 신화의 포세이돈Poseidon으로 바다의 신인데 삼지창을 들고 땅과 바다를 가르는 태풍을 일으킨다. 태풍은 모든 것을 해체하고 융합한다. 물고기는 물에 살아야 하는데 땅에 올라와선지 현실을 초월해 꿈과 무의식의 세계에 살고 있는 듯 지구 감각이 떨어진다. 졸린 듯 나른한 눈에 발이 아닌 꼬리지느러미로 미끄러지듯 걷는 그들은 예술가 아니면 술 좋아하는 한량이다. 술, 게임, 마약, 도박 등 무언가에 쉽게 빠져들고 중독되기 쉬운데 그중에서도 사람에 무섭게 중독된다. 수시로 사랑에 빠지고 수시로 술에 취하며 현실 도피한다. 그러나 물살을 거슬러 헤엄치는 물고기자리는 완전히 새로운 세상을 만들어내기도 한다.

#이타주의 #연민 #할머니 #태풍 #발 #예술가 #한량 #초월 #중독 #도피 #이상세계

현종의 네이탈 차트

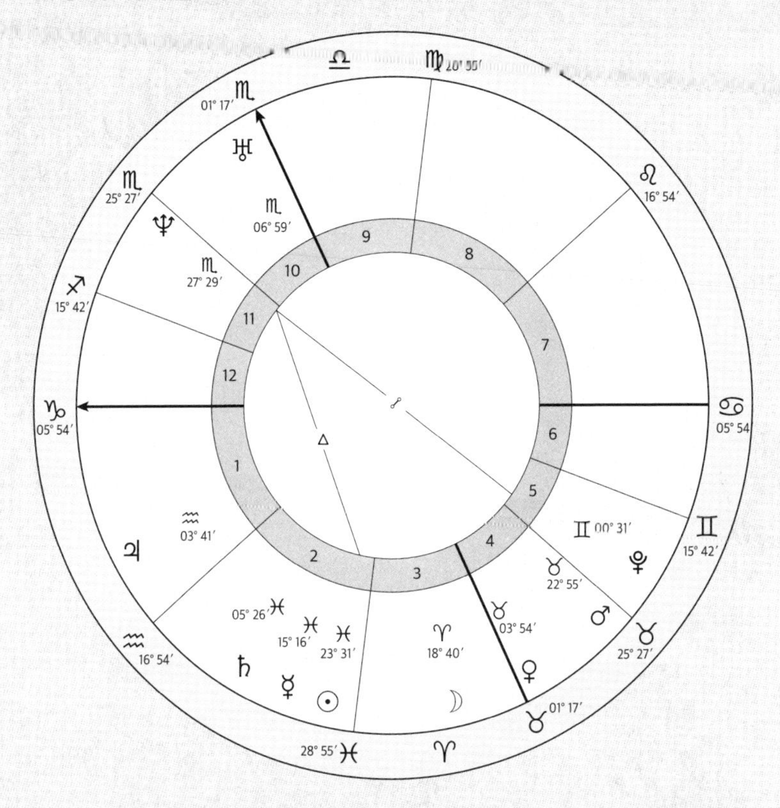

명나라 숭정崇禎 14년 2월 4일(기유) 축시丑時에 심양瀋陽의 질관質館에서 왕이 탄생하였다.

—《현종실록》 1권, 총서

현종顯宗은 1641년 음력 2월 4일, 양력 3월 14일 축시(01:30~03:30)에 심양에서 태어났다. 태양별자리가 물고기자리♓고 달별자리는 양자리♈다.

조선 왕의 온천 사랑

김홍도金弘道는 정조의 어명으로 금강산과 관동팔경을 직접 유람한 뒤 《금강사군첩金剛四君帖》을 그렸다. 정조는 이 그림을 보며 직접 갈 수 없는 아쉬움을 달랬다고 한다. 왕들은 여가로 사냥이나 격구, 술을 즐기기도 했으나 오늘날 같은 여행은 불가능했다. 조선 왕에게 허락된 여행은 능행陵幸과 온천행 정도다. 워낙 업무 강도가 세고, 병치레가 잦았던 왕은 건강과 휴양을 겸한 온천을 즐겼다. 특히 백제 시대부터 이어진 신비의 샘물, 온양온천은 역사가 오래되고 한양에서 멀지 않아 왕들에게도 인기가 있었다.

태조 이성계를 비롯해 풍과 안질이 있던 세종, 피부병으로 고생한 세조, 어지럼증과 다릿병으로 고생한 숙종, 가려움증과 피부병이 있었던 영조 등 왕들은 다양한 병환으로 온천을 찾고 효험을 봤다고 한다.

> 왕이 질병이 있어 오래도록 낫지 않자 중외中外(조정과 민간을 아울러 이르는 말)가 근심하고 두려워하였는데, 의원이 온천의 물로 목욕을 해야 한다고 말하였다. 온천 행차는 국조의 고사다. 왕이 가서 수개월 동안 목욕하니 몸이 쾌히 나았다.
>
> —《현종실록》 1권, 현종 대왕 행장行狀

그중에서도 가장 온천을 사랑한 왕은 현종이다.《조선왕조실록》에 '온천'을 검색하면 813건이 있는데, 그중《현종실록》에 141건,《현종개수실록顯宗改修實錄》에 265건이 있다. 현종은 종기와 부스럼, 안질 등 갖은 질병으로 집권 내내 고생했기에 온천을 무척 좋아했다. 그러나 왕의 행차는 수많은 인력과 비용이 발생하므로 유학자들의 비난을 받았다. 현종은 한양 부근의 온천수를 대궐로 가져와 목욕할 정도로 온천 마니아였다.

태조와 세조, 영조는 전갈자리고, 현종과 숙종은 물고기자리로 모두 물의 별자리다. 물의 별자리는 미묘하고 깊은 정서, 수용성이 특징이다. 혼자 수면 아래로 가라앉는 신비로운 시간이 필요하니 온천 휴양은 큰 도움이 되었을 것이다. 특히 예민한 감수성을 지닌 물고기자리는 주변 환경에 잘 빠져든다. 정신적, 신체적으로 부정적인 영향도 흡수해 자주 푹 쉬어야 한다. 황소자리인 세종은 흙의 별자리지만 촉감에 예민하고, 부드러운 스킨십을 좋아해 따뜻한 목욕을 좋아한다. 부동산과 집을 좋아하는 황소자리답게 세종은 온천에 집, 행궁을 옮겨놓았다.

★태조 1335년 10월 27일

태양별자리_전갈자리♏ * 달별자리_물병자리♒ 혹은 물고기자리♓(13:40 이후)

★세조 1417년 11월 2일

태양별자리_전갈자리♏ * 달별자리_사자자리♌

★현종 1641년 3월 14일
태양별자리_물고기자리♓ * 달별자리_양자리♈

★숙종 1661년 10월 7일
태양별자리_천칭자리♎ * 달별자리_물고기자리♓

★세종 1397년 5월 7일
태양별자리_황소자리♉ * 달별자리_처녀자리♍ 혹은 천칭자리♎(21:40 이후)

조선의 물고기자리 왕들: 인종·효종·숙종·순조

현종은 1641년 3월 14일 축시에 심양에서 태어났다. 태양별자리가 물고기자리♓고 달별자리는 양자리♈다. 물고기자리의 상징은 두 마리의 물고기가 하나의 끈으로 연결되어 있다. 그리스 신화에 따르면 나일강에서 펼쳐진 신들의 잔치에 괴물 티폰이 쳐들어와 신들이 놀라 도망쳤다. 이때 미의 여신 아프로디테가 그녀의 아들 사랑의 신 에로스와 함께 물고기로 변신해 강으로 뛰어들면서 서로 놓치지 않으려고 연결한 모습이 물고기자리가 되었다. 어머니가 아들과 함께 죽고 살기를 결심한 모습의 물고기자리는 사랑과 연민이 가득하다.

물고기는 종교의 상징이다. 불교에서 목어木魚와 풍경風磬 등 물고기는 수호자, 파수꾼의 상징으로 활용된다. 《성경》은 오병이어五餠二魚의 기적을 기록하고 있고, 예수의 열두 제자 중 네 명이 어부였다. 예수는 그들을 사람 낚는 어부로 만들겠다고 했다. ICHTHUS(ΙΧΘΥΣ, 익투스)는 그리스어로 물고기란 단어인데 Iesous CHristos THeou Uios Soter, 즉 '예수 그리스도, 신의 아들, 구주'의 앞 글자들을 딴 것이다.

물고기자리는 세속적인 야망이나 권력 같은 것에 전혀 관심이 없고,

부에도 매력을 느끼지 못하니 현종에게 왕의 자리는 매우 무거운 책임이었을 것이다. 게다가 17세기 조선은 큰 위기를 겪는 시대였고, 물고기자리 현종은 즉위 초부터 할머니의 복상문제, 예송논쟁에 발목이 잡혀 집권 내내 남인과 서인의 다툼 속에서 스트레스를 많이 받았다.

물의 별자리이자 음의 성질을 갖는 물고기자리는 예민해서 상처를 잘 받는다. 타고난 수용성으로 주변에서 일어나는 일의 파동을 모두 흡수한다. 마치 영혼의 스펀지 같아서 좋거나 나쁘거나 어둡거나 밝거나를 가리지 않는다. 현종이 잦은 병치레로 온천 마니아가 된 것은 그가 물고기자리이기 때문이다.

조선의 물고기자리 왕은 현종 외에 인종이 있는데, 인종은 세자 시절부터 작서灼鼠의 변變*과 동궁전 화재 등 위기를 거쳐 가까스로 왕이 되었으나 겨우 8개월 집권했다. 조선의 최단기 왕은 그마저도 병으로 정사를 제대로 살피지 못했다.

★인종 1515년 3월 10일
태양별자리_물고기자리♓ * 달별자리_물병자리♒

달별자리가 물고기자리♓인 왕은 효종과 숙종, 순조가 있다. 먼저, 순조는 할머니 정순왕후 김씨의 수렴청정을 받았고, 안동 김씨의 세도정치에 끌려다닌 미약한 왕이다. 할머니는 물고기자리의 키워드다. 효종

* 1527년 세자(인종) 생일에 쥐를 잡아 사지와 꼬리를 가르고, 입·귀·눈을 불로 지져서 동궁 은행나무에 걸어 세자를 저주한 사건이 일어났다. 김안로金安老 등은 이를 복성군福城君을 세자로 책봉하려는 경빈敬嬪의 짓이라 하여, 경빈과 복성군의 작호爵號를 빼앗아 서인이 되게 하고 1533년에 모자를 사사했다. 1541년 김안로의 아들 김희金禧가 조작한 것으로 밝혀졌다.

과 숙종은 모두 할머니의 복상문제, 예송논쟁으로 힘들었다. 스스로 혼돈에 빠져 있거나 타인을 미혹하게 하는 사람을 fishy, 흐릿한 인간이라 하는데, 물고기자리 왕들은 대체로 업적이 흐릿하게 남았다. 효종은 북벌론에, 숙종은 조선 왕실 최고의 스캔들 장희빈과 인현왕후에 그들 업적이 가려져 있다.

★순조 1790년 7월 29일
태양별자리_사자자리♌ * 달별자리_물고기자리♓

예송논쟁, 할머니의 상복 기간에 발목 잡히다

예송禮訟은 효종과 효종비 인선왕후에 대한 자의대비慈懿大妃의 복상 기간을 두고 서인과 남인이 대립한 논쟁이다. 자의대비는 인조의 계비로 현종의 할머니다. 15세에 스물아홉 살 차이 나는 인조와 혼인했다. 효종이 죽었을 때 36세밖에 되지 않았으나 왕실 최고의 어른이 되었다. 물고기자리 현종은 즉위년 1659년과 집권 마지막 해인 1674년 두 번에 걸쳐 예송논쟁에 휘말렸다. 할머니는 물고기자리의 키워드고, 서인과 남인의 치열한 대립에는 현종의 달별자리인 양자리♈의 호전성好戰性이 영향을 미쳤을 것이다.

상복을 얼마나 입는 것이 뭐 그리 중요한 문제인가 싶지만 유학은 예禮를 기반으로 하고, 임진왜란 이후 양반들은 약해진 권한을 회복하기 위해 성리학에 더욱 매달리던 상황이었다. 특히 선조 때 이조정랑 문제로 김효원과 심의겸이 대립하며 사림이 동인과 서인으로 나뉘고, 광해군 세자 문제로 파직된 정철의 처벌 문제로 동인이 남인과 북인으로 나

송시열 초상화 조선을 유교의 나라로 만든 송시열은 우리나라 학자 중에 유일하게 '자子' 자를 붙인 인물이다. 효종과 현종 두 임금의 스승으로 문하에 수많은 인재를 배출했다. 국립중앙박물관 소장.

된 이후, 붕당 간 대립이 매우 치열했다. 예송논쟁과 환국을 기점으로 붕당은 서로 숙청하고 정치적으로 제거하는 데 온 힘을 쏟았다. 예송논쟁은 이황—기대승奇大升(과 이이)의 사단칠정논쟁四端七情論爭, 이간李柬—한원진韓元震의 호락논쟁湖洛論爭과 함께 치열했던 조선 시대 3대 논쟁으로 꼽힌다.

효종이 죽고 현종이 즉위한 1659년 1차 기해예송己亥禮訟에서 서인 송시열과 송준길宋浚吉은 효종이 인조의 차자(둘째 아들)이므로 자의대비가 1년 동안 상복을 입어야 한다고 주장했다. 효종 즉위 초부터 소현세자의 죽음이 억울하다며 복원시켜야 한다는 것이 서인의 당론이었다. 처음 영의정 정태화鄭太和가 송시열에게 3년복이 옳다는 이시백李時白의 의견을 전했다. 그런데 송시열은 1년복을 주장했다.

> 예문에 천자로부터 사대부에 이르기까지 장자가 죽고 차장자가 후계자가 되면 그의 복도 장자와 같은 복을 입는다고 하고서 그 아래에 또 4종의

설이 있는데, 서자庶子가 승중承重한 경우에는 3년을 입지 않는다고 하였습니다. 옛날 예문대로 말하자면 차장자 역시 서자인데, 위아래의 말이 이처럼 서로 모순이 되고 있으며 또 의거해 정정할 만한 선유先儒들의 정론定論도 없어서, 이것은 버리고 저것은 취할 수가 없습니다.

—《현종실록》 1권, 즉위년(1659) 5월 5일(송시열의 주장)

서자는 정실이 아닌 첩의 소생 또는 양반과 양민 여성 사이에서 낳은 아들을 말하는데, 중자衆子 즉 정실이 낳은 맏아들 이외의 모든 아들을 이르기도 한다. 송시열은 첫째 아들이 죽고 둘째 아들이 왕이 되어도 역시 서자(둘째 아들)이니 《예기禮記》의 글이 앞뒤가 맞지 않는다며 효종의 경우에는 1년복이 맞다는 것이다.

인조의 입장에서 말하자면 소현昭顯의 아들은 바로 '정이불체'이고 대행대왕은 '체이부정'인 셈입니다.

—《현종실록》 1권, 즉위년(1659) 5월 5일(송시열의 주장)

'정이불체正而不體'란 적손適孫을 후사로 세운 경우고, '체이부정體而不正'이란 서자를 후사로 세운 경우를 말한다. 송시열은 인조의 장자인 소현세자가 죽었으나 소현세자가 이미 성인으로 아들이 있으니 왕위를 소현세자의 맏아들이 이어야 한다는 것이다. 송시열은 자신의 주장을 위해 서자를 첩의 아들이 아닌 둘째 아들까지로 넓게 해석해 효종의 정통성을 부정했다. 염소자리 왕 태종이 태조의 정비 신덕왕후神德王后를 후궁으로 강등시켜 방석을 서자로 만든 것처럼 염소자리 송시열의 논리는 매우 치졸하다.

★송시열 1607년 12월 30일

태양별자리_염소자리♑ * 달별자리_쌍둥이자리♊

이때 소현세자의 아들 석견石堅이 살아 있으므로 이는 자칫 역모로 비화될 수 있는 무서운 말이었다. 집권 서인은 송시열의 주장을 따라 효종을 '체이부정'이라 하여 1년복으로 정했으나 겉으로는 국제國制(《경국대전》)에서 부모가 자식을 위해 장자·차자를 가리지 않고 모두 1년복을 입는다는 조항을 따른 것처럼 했다.

> 지금 효종으로 말하면 대왕대비에게는 이미 적자인 것이고 또 조계祖階를 밟아 왕위에 올라 존엄한 '정체'이다.
>
> —《현종실록》 2권, 1년(1660) 3월 16일(허목의 상소)

남인 허목許穆은 효종이 비록 장자가 아니더라도 왕위를 계승하였기에 3년복이 맞다고 상소를 올려 송시열과 대립했다. 허목도 염소자리에 황소자리다. 확고한 의지에 인내심까지 겸비한 염소자리들의 싸움인 예송논쟁은 그 후로 오랫동안 치열했다. 송시열도 허목도 80세를 넘어 장수했는데, 염소자리는 생존력이 뛰어나 100세 넘게 사는 이들이 많다.

★허목 1596년 1월 10일

태양별자리_염소자리♑ * 달별자리_황소자리♉

현종은 즉위한 지 얼마 되지 않아 아직 왕으로서 확실한 권력을 잡지 못했다. 조정은 서인 세상이었고, 송시열은 효종과 현종의 스승이었기에 현종은 송시열의 손을 들어주었다.

> (송시열은) '장자가 비록 성인이 되어 죽었더라도 그다음들을 모두 장자로 명명하고 참최斬衰(거친 베로 짓되 아랫단을 꿰매지 않고 접는 상복)를 입는다면 적통嫡統이 존엄하지 못하다' 한 것입니다. 그의 말이 꼭 성인이 되어 죽은 것에 비중을 두는 뜻은, 성인이 되어 죽으면 적통이 거기에 있어 차장자가 비록 동모제同母弟이고, 비록 이미 할아버지와 체가 되었고, 비록 이미 왕위에 올라 종묘를 이어받았더라도 끝까지 적통이 될 수는 없다는 것이니…….
>
> —《현종실록》 2권, 1년(1660) 4월 18일(윤선도의 상소)

윤선도尹善道가 송시열은 효종의 정통성을 부정한 것이라 지적하는 상소를 올리며 예송은 다시 이념 대립으로 격화되었다. 이때도 현종은 윤선도가 서인을 모함한다는 탄핵을 받아들여 귀양 보냈다. 윤선도가 유배 간 뒤에도 서인과 남인의 대립은 계속됐고, 윤선도를 사형시키자는 건의에 허목은 오히려 송시열을 사형해야 한다고 상소를 올렸다. 결국 서인이 이겨 송시열은 서인의 최고 지도자로서 자리를 굳히고 허목은 좌천되었다.

전쟁의 신 화성Mars의 지배를 받는 양자리는 전쟁, 대립과 떼려야 뗄 수 없다. 달별자리가 양자리인 현종은 즉위 초와 마지막 해에 예송논쟁에 휘말렸고 집권 내내 서인과 남인의 대립으로 애를 먹었다. 그러나 연민이 많은 물고기자리인지라 윤선도 등 몇 명을 유배하고 좌천시키는 것으로 끝냈다. 선조 때 기축옥사로 1,000명이 죽고, 숙종 때 환국으로 수많은 사람이 죽어나간 것을 생각하면 얼마나 다행인가.

★선조 1552년 11월 26일

태양별자리_사수자리♐ ＊ 달별자리_양자리♈

1674년, 효종 15년에 효종의 아내이자 현종의 친어머니 인선왕후가 승하했는데 다시 자의대비의 복상문제로 남인과 서인이 대립한 것이 2차 갑인예송甲寅禮訟이다. 서인 송시열은 여전히 효종이 차자이므로 9개월을 주장했고, 남인 허적許積, 윤휴尹鑴 등은 1년복을 주장했다. 이때 1차 예송에서 송시열을 따랐던 김우명金佑明과 조카 김석주金錫胄가 남인의 편을 들었다. 영의정 김육의 후손인 김우명은 현종의 장인이었고 김석주는 장원급제한 인재였으나 서인 중에서 송시열의 계열에 들지 못했다. 현종은 1차 예송을 김석주 등으로 하여금 재검토시켰는데, 그는 남인 허목의 상소를 중심으로 보고했다.

> 경들은 모두 선왕의 은혜를 입은 자들인데 이제 와서는 감히 정체가 아니다는 것으로써 오늘날 예법을 단정 지으려 한단 말인가.
>
> —《현종실록》 22권, 15년(1674) 7월 15일

현종은 남인의 편을 들어 1년복을 택했다. 이때 현종은 직접 나서서 논박하고 문제점을 지적하며 아버지 효종의 정통성을 문제 삼은 이들을 호통쳤다. 천하의 송시열도 더 이상 반박할 수 없었고 김석주는 정치 중심으로 부상했다. 숙종이 즉위하자마자 송시열을 유배 보낼 수 있었던 것은 현종이 이처럼 바탕을 깔아둔 덕분이었다.

두 차례의 예송논쟁에서 현종은 큰 변화를 보였다. 집권 15년 만에 이 같은 변화를 보이게 된 까닭은 무엇일까?

임진년 병란도 이보다 참혹하지 않았다, 경신대기근

> 햇무리가 지고 양이兩珥가 있었다.
>
> —《현종실록》 18권, 11년(1670) 1월 1일

햇무리는 햇빛이 대기 속의 수증기에 비치어 해의 둘레에 둥글게 나타나는 빛깔이 있는 테두리를 말하고, 양이란 해의 양쪽에 두 개의 고리가 생기는 현상이다. 해는 왕을 상징하므로 햇무리는 재앙의 징조였다.

8일에는 태백성太白星이 낮에 나타났다. 태백성은 금성인데, 《사기史記》〈천관서天官書〉에 따르면 금성은 살벌殺伐, 즉 사람을 죽이고 정벌하는 것을 주관하는 별이다. 별자리에서 금성은 천칭자리♎를 지배하는데, 천칭자리의 저울이 정의의 여신 아스트라이아의 것으로 인간 영혼의 죄를 잰다는 생각과 같다.

> 태백성이 낮에 하늘을 지나가면 천하에 혁명이 일어나서 백성이 왕을 바꾼다. 이에 기강이 흩어지고, 백성들이 흩어져 유랑한다.
>
> —《한서漢書》〈천문지天文志〉

금성은 태양이 뜨기 전 새벽이나 태양이 진 직후 저녁에 잠깐 밝게 빛난다. 지구와 가장 가까워 밤하늘의 별 중 가장 밝게 보인다. 우리 조상들은 금성을 샛별, 개밥바라기별이라 불렀다. 그런 금성이 낮에 나타나 왕을 상징하는 태양과 밝기를 다투는 것은 반란의 조짐으로 생각되었다.《주역》에서 금성은 오행 중 금金에 해당하고, 금金은 목木을 극하니, 목木에 해당하는 이李씨 조선에는 더 큰 위협으로 받아들여졌을 것이다. 오죽하면 실록에도 왕비를 뽑을 때 김씨를 제외하다가 선조의 3빈 모두 김씨였고, 인목왕후가 중전이 되니 식자들이 불길해했다는 기록(《선조수정

실록》, 선조 10년(1577) 5월 1일)이 있을까? 실록에서 태백이 낮에 나타난 기록을 검색하면 1,151번 나오는데, 그중 《현종개수실록顯宗改修實錄》에 347번으로 가장 많고 그중 47번이 1670년에 집중되어 있다.*

과연 1670년(경술庚戌)과 이듬해 1671년(신해辛亥)까지 가뭄, 홍수, 지진, 냉해, 우박, 태풍, 전염병, 해충 등 온갖 자연재해가 팔도를 뒤덮었다.

> 기근의 참혹함이 팔도가 똑같아 백성들의 고통이 끝없고 국가의 존망이 결판났습니다.
>
> —《현종실록》 18권, 11년(1670) 8월 21일(어전회의에서 영의정 허적의 말)

자연재해는 기근, 전염병의 창궐로 이어졌다. 백성은 굶주려 죽고 병들어 죽었다. 우역牛疫까지 퍼져 소 4만 여 마리가 폐사했는데, 굶주린 백성들은 그것을 파먹다가 죽어나갔다. 《성경》에서 신이 내린 재앙 중 하나인 메뚜기 떼까지 등장했다. 자연의 재앙은 평민과 양반을 가리지 않았다. 임금의 다섯째 누이 숙경공주淑敬公主가 천연두로, 병조판서 김좌명金佐明도 전염병으로 죽었다. 최악의 상황인 인육을 먹는 일이 보고됐으나 벌할 수조차 없었다. 경신대기근庚辛大飢饉이다.

> 목숨을 잃는 재앙이 전쟁보다 심하여, 백만의 목숨이 거의 모두 구렁텅이에 빠지게 되었으니 실로 수백 년 이래에 없었던 재난이었다.
>
> —《현종실록》 18권, 11년(1670) 10월 15일

* 금성의 실시등급實視等級은 -3.8등급에서 -4.6등급 정도로 이론적으로는 낮에도 볼 수 있으나 실제로는 관측이 어렵다. 태양 빛이 약해지거나 태양이 지평선 낮게 위치할 때 낮에 보이는 경우가 있다.

〈이화사학연구〉에 김문기가 발표한 '17세기 중국과 조선의 재해와 기근'에 따르면 경신대기근은 유례가 없는 엄청난 사망자를 낳았는데, 현종 13년의 호적을 10년과 비교하면 가호는 16만 5,357호(12.3퍼센트), 인구는 46만 8,913명(9.08퍼센트) 감소했다. 임진왜란 7년 전쟁과 맞먹는 수준이다. 당시 조선의 인구는 공식적으로 516만 명이었다. 실록에도 기록한 대로 우리나라는 여자가 많고 남자가 적은데 호적에 들지 않은 여자가 매우 많았다. 또한 양반의 외거 노비, 유랑민도 있으니 조선의 인구는 약 1,000만 명 내외였던 것으로 추정된다. 호적에서 누락된 인구를 고려하면 경신대기근의 사망자는 약 140만 명으로 전체 인구의 11~14퍼센트가 목숨을 잃었다.

13세기 초부터 17세기 후반에 걸쳐 세계 곳곳에 이상저온현상이 있었다. 영국 템스강이 얼어붙고, 연중 따뜻한 에티오피아에 눈이 내려 1년 동안 녹지 않았다. 페스트(흑사병)는 유럽 전체 인구의 4분의 3을 휩쓸었다. 지구에 미치는 태양열의 양이 감소하면서 지구 온도가 섭씨 1도 가량 낮아졌던 이 시기를 학자들은 소빙하기little ice age라 부른다.

17세기 소빙하기, 현종은 어떻게 위기를 넘겼는가?

경신대기근 2년뿐 아니라 현종 집권 내내 가뭄과 냉해 등 자연재해는 해마다 계속되었다. 유럽에서는 17세기를 혼란의 시기 또는 위기의 시대라 부르는데, 조선도 마찬가지였다.

> 내가 왕위에 오른 뒤로 수재·한재·풍재·상재가 없는 해가 없었다. 경자년·신축년에 대기근을 만난 후에 불쌍한 우리 백성들이 참혹하게 오갈

데 없이 죽었던 것에 대해서 참으로 차마 말할 수 없었다. (중략) 말이 이에 미침에 오장이 불에 타는 듯하여 차라리 죽고 싶다.

—《현종실록》 21권, 14년(1673) 5월 1일

이타주의를 본능으로 타고난 물고기자리 왕 현종은 잇따르는 재해와 기근으로 백성을 잃는 일이 무척 괴로웠을 것이다. 물고기자리의 상징은 서로 반대 방향을 향하는 두 마리 물고기다. 이는 물고기자리의 인생에 두 가지 선택이 있음을 의미한다. 물을 거슬러 헤엄쳐 정상을 향해 목표에 다가가거나 아니면 바닥을 헤엄치며 절대로 목표에는 도달하지 못하거나 둘 중 하나다. 물고기자리의 기호 ♓는 두 개의 반원이 수면에 비친 모습이다. 하늘에 걸린 달과 수면에 비친 달, 즉 사실과 그것의 환영幻影을 서로 연결해놓은 것이다. 그래서 물길을 거슬러 오르는 물고기자리는 현실과 다른, 완전히 새로운 이상 세계를 추구한다.

물고기자리는 처음에는 바닥을 향해 헤엄치듯 현실 세계에 전혀 관심 없는 듯 살다가도 좋은 선생이나 후원자를 만나 뒤늦게 발동이 걸리면 돌변할 수 있다. 물고기자리 아인슈타인은 대학을 졸업하고 시민권 문제와 유대인에 대한 배척으로 취직을 하지 못했다. 임시 가정교사로 전전하다 대학 친구였던 수학자 마르셀 그로스만Marcel Grossmann의 아버지의 도움으로 베른에 있는 특허 사무소의 심사관으로 채용되었다. 이때부터 아인슈타인은 중요한 물리학 논문들을 발표하기 시작했다. 흐름을 거슬러 상류로 헤엄친 아인슈타인은 상대성이론이라는 완전히 새로운 세상을 만들어냈다.

★알베르트 아인슈타인Albert Einstein 1879년 3월 14일
태양별자리_물고기자리♓ * 달별자리_사수자리♐

물고기자리 현종은 자연의 가르침에 왕으로서 해야 할 의무를 깨닫고 물길을 거슬러 오른 것 같다. 그는 백성 구휼을 최우선으로 두고 진휼청賑恤廳을 기반으로 사회안전망 구축에 앞장섰다. 진휼청은 전쟁과 흉년 때 임시로 설치된 빈민구제기구였는데, 이를 상설 복지기구로 만들었다. 진휼 후에는 암행어사를 파견해 감찰하게 한 다음 승진시키거나 벌을 주었다. 오가작통법五家作統法를 행정에 적극 도입해 유민을 통제하는 한편, 노인을 우대해 음식을 내리고, 굶주린 백성이 버린 자녀를 거두어 기르는 자는 추쇄推刷하지 못하게 하는 등 노인과 아동복지에 힘썼다.

군포 면제, 토지세 감면, 부채 탕감 등 실질적인 경제 지원책도 시행했다. 중앙 재정이 바닥나니, 왕실의 내탕금은 물론 관리의 녹봉까지 삭감하며 정부는 긴축재정에 들어갔다. 부자에게는 세금을 더 걷고 빈자에게는 세금을 덜 걷는 대동법을 호남의 삼군에 확대했다. 경신대기근 이후 그나마 살아남은 건 대동법으로 백성들의 세 부담이 완화되었기 때문이라며 지지 여론이 상승한 덕분이기도 했다.

물고기자리의 경제관념은 남다르다. 돈이란 누군가 필요한 사람이 가져가야 하는 것이다. 그래서 물고기자리에게 첫 번째 충고는 돈을 줄 수 있으면 주되 없는 돈을 빌려주지 말라는 것이다. 그들은 누군가 힘들다고 거짓 눈물이라도 보이면 자기 형편은 생각하지 않고 대출을 받아 빌려주기도 한다. 미국 건국의 아버지 조지 워싱턴이 물고기자리다. 세계사에서 최초로 국민이 직접 뽑은 대통령으로 현대 정치의 진정한 출발을 알렸던 워싱턴은 취임사에서 어떤 금전적 보상도 바라지 않는다며, 무보수는 물론 업무상 비용도 실질 경비로 하겠다고 선언했다.

★조지 워싱턴George Washington 1732년 2월 22일
태양별자리_물고기자리♓ * 달별자리_염소자리♑

창경궁 관천대 창경궁 관천대觀天臺는 보물 제851호로, 숙종 때 창덕궁 금호문 밖에 설치했다가 창경궁으로 옮겼다. 화강암 석대 위에 돌난간을 두르고 한가운데에 천체 관측 기기인 간의簡儀를 설치하고 천체를 관측했는데 현재 석대만 남아 있다. 경신대기근에 이어 숙종 대는 을병대기근으로 천문 관측이 더 중요해졌다.

경신대기근 이후 조선의 변화

임진왜란은 조선을 나누는 분수령이 되는데, 경신대기근은 전쟁 이후의 사회변화를 더욱 가속화해 유민이 늘고 농장이 해체되면서 신분제가 무너졌다. 조정은 부족한 재원을 채우기 위해 임진왜란 때처럼 납속책과 공명첩을 발행해 관직과 신분을 돈으로 살 수 있는 세상이 되었다. 국가 기능이 한양으로 집중되는 현상도 심화되었다. 아무래도 진휼이 잘 이루어지는 한양으로 사람들이 몰린 것이다.

자연재해에 맞서기 위해 천문관측법과 역법 연구가 강화되고 혼천의를 다시 제작했다. 유럽이 17세기 위기의 시대를 거쳐 18세기 산업혁명을 이룬 것처럼 조선도 17세기 전쟁과 대기근을 거쳐 18세기 실학이 발달했다.

세기말적 현상에 민간에서는 비기秘記, 도참圖讖, 미륵 신앙 등이 유행했다. 사대부들이 예송논쟁과 함께 예학을 더욱 강조한 것은 도덕이 실종

된 사회를 바로잡기 위한 것이기도 했다. 그러나 국익과 민생보다 체면과 명분을 우선시하는 유학자 관료들은 전쟁이나 대기근 같은 국가비상사태에도 정신을 차리지 못했다.

1671년 경신대기근으로 백성들이 굶어 죽는 이가 많아지자 형조판서 서필원徐必遠은 청나라의 쌀을 수입하자고 건의했다. 신하들은 운반해 오는 문제가 힘들다, 곡물을 빌린다 하더라도 6월 이전에 도착할지 알 수 없으니 도움이 되지 않는다며 반대했다.

> 국가가 남에게 부림받는 것은 면하지 못하더라도 어찌 양식을 청하여 살기를 바랄 수야 있겠습니까.
>
> —《현종실록》 19권, 12년(1671) 8월 8일(민정중閔鼎重의 말)

한마디로 위신이 떨어진다는 것이다. 청나라 황제 강희제姜熙齊가 "너희 나라 백성이 다 굶어 죽게 되었는데 모두 신하가 강해서 그렇다"며 조선을 비웃은 것도 일리가 있다. 당시 조선은 청에 해마다 쌀 1만 석을 공물로 보내고 있었다. 이를 줄여달라고 청하는 것이 어떤가 하자, 신하들은 역시 후환을 걱정하고 위신을 앞세워 반대했다. 과연 민생보다 명분이 중요한 것이 정치일까? 자신들의 이익에만 매달리는 정치놀음은 이때나 지금이나 마찬가지다.

경신대기근을 슬기롭게 대처한 물고기자리 왕 현종

별자리에서 수많은 생을 경험해 지혜를 터득한 영혼을 '올드 소울old soul'이라 하는데, 물고기자리는 기본적으로 올드 소울이다. 물고기자리의 생은 영혼이 선택할 수 있는 가장 어려운 의무를 수행하거나 또는 사실과 그것의 환영을 서로 해체하고 융합해 완전함에 도달하는 기회를 잡기 위한 삶이다. 연민으로 가득 찬 현자, 현종은 자연재해 앞에 속수무책인 백성을 구휼하고 사회 안전망을 재정비하는 어려운 의무를 잘 수행하고 완전함에 도달하기 위해 애썼다. 달별자리가 양자리인 현종은 처음부터 강한 왕은 아니었으나 자연의 가르침을 받아 당시 정치·사상계의 대부 송시열을 극복하고 노력하는 동안 강하고 어진 왕이 되었다.

물고기자리는 자신을 잘 돌보지 않는 경향이 있다. 그나마 남아 있는 에너지조차 친척을 돕거나 친구의 어려움을 대신 짊어지는 일에 쓰다가 마침내 쓰러진다. 현종이 온천을 자주 하며 쉴 수 있었다면, 조금 더 오래 살아 자신의 할 일을 더 하고 떠났을까? 역시나 물고기자리 왕은 극히 드물고 오랜 시간 한곳에 갇혀 있기 힘들며, 그 존재감조차 미미하다. 현종은 오늘날 예송논쟁에 시달린 왕으로 기억될 뿐이다.

10

두 여인을 저울질한 처세의 왕

천칭자리 숙종

명릉

서오릉西五陵은 원래 세조가 자신의 맏아들 의경세자(덕종)가 죽자 길지를 택해 능으로 삼은 곳이다. 숙종과 계비 인현왕후, 인원왕후의 무덤을 합친 명릉이 있고, 숙종의 정비 인경왕후仁敬王后(익릉) 후궁 희빈 장씨(대빈묘) 등 숙종의 여인들과 숙종이 사랑한 고양이 김묘도 함께 묻혀 있으니 현재 서오릉의 주인은 숙종이다.

천칭자리♎

9월 23일 추분 ~ 10월 23일 상강

상징 아스트라이아의 저울 양(+)의 별자리

원소 공기 **상태** Cardinal **지배 행성** 금성

★

천칭자리는 낮과 밤의 길이가 같은 추분秋分부터 상강霜降까지 풍성하고 아름다운 계절인 가을에 태어난다. 미의 여신 아프로디테와 영靈이 물질에 기반을 두고 자신을 표현하는 금성Venus의 영향으로 가만히 있어도 매력적인 데다, 공기 별자리로 언어 영역에 강해 대화술이 뛰어나다. 저울의 속성상 천칭자리는 언제나 상대가 필요하기에 관계 지향적이다. 친구 따라 강남 가고, 원님 덕에 나팔 부니 인맥으로 살며 어디서나 귀한 대접을 받는다. 타고난 협상가로 토론에 능해 그들이 협상에 나서면 누구도 이길 수 없다. 정의의 여신 아스트라이아의 저울로 적절한 균형을 찾고 공정하며 이상적인 관계 형성에 타고난 감각이 있다. 일과 생활의 조화, 워라밸work-life balance은 천칭자리의 단어다. 그들은 공과 사, 개인과 타인, 모든 것의 균형과 조화를 추구한다. 남자는 여자 같고 여자는 남자 같아 양성의 균형도 맞춘다. 작고 사소한 일상의 균형은 물론 세계 평화까지 고민하고 있기 때문에 항상 피곤하고 잠이 많다. 완벽함을 추구하다 못해 결정을 미루고 지쳐 잠들어 미완으로 끝내기도 한다.

#금수저 #대화술 #관계 #처세의달인 #워라밸 #결정장애 #평화주의 #잠자는숲속의공주

숙종의 네이탈 차트

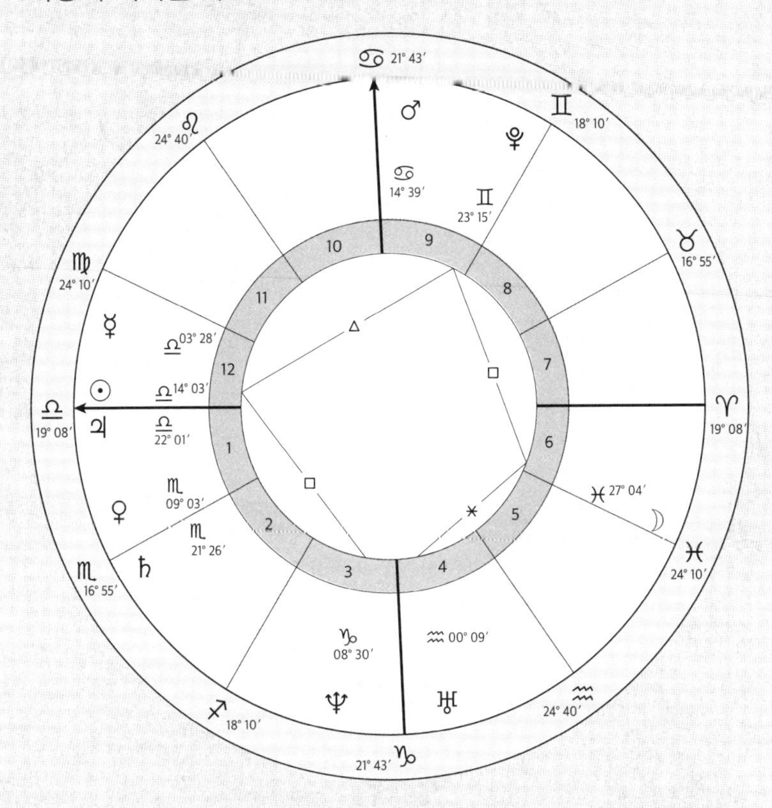

국립고궁박물관에 소장된 숙종肅宗의 태지석에는 '辛丑年八月十五日卯時生 元子阿只氏胎'이라고 새겨져 있다. 신축년은 현종 2년(1661)이고 음력 8월 15일은 양력으로 10월 7일이다. 묘시卯時(05:30~07:30)에 태어났으므로 숙종의 태양별자리와 동쪽별자리는 모두 천칭자리♎고 달별자리는 물고기자리♓다.

조선의 못 말리는 애묘인 숙종

왕이 동물을 키우는 것은 '완물상지玩物喪志'라 금기시됐다. 군주가 지나치게 물건이나 동물을 좋아하면 백성을 생각하는 정치에 뜻을 잃어버리게 된다는 것이다. 그래도 조선의 왕은 동물을 사랑했다. 성종은 송골매와 원숭이를 좋아했고, 연산군은 매와 개를, 사도세자는 개를 아꼈다. 특히 숙종은 못 말리는 애묘가였다. 숙종의 고양이는 김손金孫이라는 이름도 있었다.

> 우리 숙종대왕도 일찍이 김묘金猫 한마리를 길렀다. 숙종이 세상을 떠나자 그 고양이 역시 밥을 먹지 않고 죽으므로, 명릉明陵 곁에 묻어주었다.
>
> —이익의 《성호사설》 중에서

이익은 《성호사설》에서 "대저 '개와 말도 주인을 생각한다'는 말은 옛

적부터 있다. 고양이의 성질이 매우 사납다. 여러 해를 길들여 친하게 만들었다 해도, 하루아침만 제 비위에 틀리면 갑자기 주인도 아는 체하지 않고 가버린다"고 하면서 숙종과 김묘의 관계는 아주 특별했다고 한다. 숙종이 승하하자 김묘가 밥을 먹지 않고 죽으니 인원왕후(仁元王后)는 숙종의 능 곁에 묻어주도록 했다. 서오릉 어딘가 김묘도 묻혀 있을 것이다. 고양이를 깊이 아꼈던 숙종은 왜 총애하던 신하들은 물론 사랑하는 여인들마저 피도 눈물도 없는 숙청으로 희생시켰을까?

조선 유일의 천칭자리 왕 숙종

역대 조선의 왕 중 가장 강력한 왕권을 행사했던 숙종은 1661년 10월 7일생으로 태양별자리는 천칭자리♎고 달별자리는 물고기자리♓다.

천칭자리의 기호 ♎는 일몰, 지평선 밑으로 가라앉으려는 태양과 같은 모습이다. 때는 낮과 밤의 길이가 같아지고(추분) 기후는 춥지도 덥지도 않아 자연이 균형을 잡는다. 전통적으로 아름다움이란 균형이고, 균형이란 상대적인 것이므로 천칭자리는 조화와 파트너십을 주관한다. 천칭자리는 처음부터 주인공인 것처럼 당당하게 자신의 존재감을 드러낸다. 그러나 우아하게 물 위에 떠 있는 백조가 수면 아래에서 분주히 발을 움직이듯 천칭자리는 겉으로 우아해도 내면은 끊임없는 저울질로 요동친다. 물론 관계 지향적인 천칭자리는 힘들고 어려운 일을 직접 하기보다 남이 해주는 경우가 많다.

숙종은 14세에 즉위했다. 단종이 12세에 즉위해 숙부에게 왕위를 빼앗겼고, 어린 왕은 대개 수렴청정을 받았는데, 숙종은 곧바로 친정을 시작했다. 효종—현종—숙종에 이르기까지 유일한 아들 한 명이 왕위를 이어와 적장자인 그의 왕권을 넘볼 사람이 없었다. 조선의 유일한 천칭자리 왕 숙종은 3대 독자였고, 100년 만에 제왕학을 단계적으로 학습한 후 정상적으로 왕위에 오른 임금이었다. 그야말로 타고난 금수저다. 세계 최고의 여성 갑부였던 릴리안 베탕쿠르가 천칭자리인데, 로레알의 창업자인 외젠 슈엘러Eugene Paul Louis Schueller의 딸로 아버지의 재산을 상속받았다. 그녀가 죽었을 때 자산 가치는 395억 달러(약 45조 300억 원)로, 전 세계 14번째 부자였다(2017년 기준). 천칭자리는 금수저이거나 금수저가 아니라 해도 남들보다 귀한 대접을 받는 경우가 많다.

★릴리안 베탕쿠르Liliane Bettencourt 1922년 10월 21일
태양별자리_천칭자리♎ ＊ 달별자리_전갈자리♏

현종이 급서하고 숙종이 즉위했을 때 어린 국왕을 보좌하는 원상院相들은 송시열도 모셔야 한다고 건의했다. 송시열은 숙종의 증조할아버지인 인조부터 조정의 중심에 있었고 효종과 현종의 스승이며, 수많은 유학자들이 덕을 쌓은 유학의 종주(宿德儒宗)로 따랐기 때문이다.

> 지난날에 여러 신하들이 득죄得罪한 것은 그 근원이 신에게서 나왔으므로 선왕先王께서 여러 신하를 죄줌에 있어, 신의 죄상이 여러 번 전교傳敎에 나왔지만, 특히 그 성명姓名을 들지 않았을 뿐입니다.
>
> —《숙종실록》 1권, 즉위년(1674) 9월 8일

숙종이 송시열을 부르자 그는 거듭 거절했다. 예송논쟁으로 현종이 직접 송시열을 나무랐으며 주변 사람들도 모두 유배형을 받았는데, 현종이 죽고 아들 숙종이 부른다고 냉큼 달려올 그가 아니었다. 위계질서

를 중시하지만 스스로 그 위계를 정하는 염소자리 송시열은 어린 새 왕을 낮춰보고 커뮤니케이션에 강한 쌍둥이자리의 화술로 자신은 죄인이라며 냉소를 날렸다. 그런데 며칠 후 진주 유생 곽세건郭世楗이 상소를 올렸다.

> 기해년 서자 기복庶子朞服을 조술祖述할 적에 서자의 설說은 실로 송시열에게서 창도된 것입니다. 사론邪論에 붙은 김수흥金壽興도 오히려 편배編配되었는데, 사론을 창도한 송시열이 어찌 헌장憲章에서 빠진단 말입니까?
>
> ―《숙종실록》 1권, 즉위년(1674) 9월 25일

1차 예송부터 효종의 정통성을 부정한 송시열이야말로 효종과 현종의 죄인이니 그를 벌하는 것은 숙종의 책무라는 것이다. 숙종은 이를 받아들여 송시열을 귀양 보냈다. 어린 왕이 즉위하자마자 보수정치의 핵심 송시열을 단판에 날려버린 것이다. 이는 현종이 남겨준 유산, 김석주가 숙종의 뒤를 든든히 받쳐주었기에 가능한 일이었다. 김석주는 대동법을 주창한 김육의 손자이며 숙종의 어머니 명성왕후 김씨의 사촌오빠였다. 2차 예송논쟁에서 현종이 서인을 제지할 때 김석주는 서인이면서 남인의 편에 서서 송시열을 반대하여 조정의 중심에 섰다.

균형의 왕, 환국 정치

숙종은 붕당의 힘을 약화시키기 위해 집권 정당을 수시로 교체하는 환국換局 정치를 통해 강력한 왕권을 행사했다. 관리를 쓰고 내치는 권한이 오로지 임금에 있다며(用捨黜陟權), 이를 행사해 정치 국면의 전환을 꾀한 것

조선 시대 저울 권력에 저울추 '권權' 자가 쓰인다. 권력은 힘의 저울질이다. 국립고궁박물관 소장.

이다. 매일 싸우니 왕이 직접 균형을 잡아준 것이다. 붕당 내의 대립과 긴장은 군주에 대한 충성심을 높였다. 권력權力, 권세權勢의 의미로 쓰이는 '권權' 자에는 원래 '저울추'라는 의미가 있다. '저울질한다'는 것은 '속내를 알아보거나 서로 비교하여 이리저리 헤아려 본다'는 뜻이고, '상황마다 거기에 맞는 조치를 취한다'는 의미다. 붕당의 직접적 원인이 된 이조전랑吏曹銓郞의 '전銓' 자는 '사람을 가리다, 선발하다, 저울질하다'는 뜻을 갖고 있다. 권력과 인사, 정치는 저울질과 밀접한 관련이 있으므로 천칭자리는 타고난 정치가다.

천칭자리는 균형의 왕이며, 열두 별자리 가운데 유일한 무생물로 한 번 마음먹은 일은 가차 없이 행한다. 철의 여인Iron Lady으로 불렸던 마거릿 대처도 천칭자리다. 그녀는 "우리의 운명은 생각대로 된다. 나는 언제나 이길 수 있다고 생각한다. 그래서 이 세상 어느 누구도 나를 굴복시킬 수 없다"고 했다. 조선 시대 가장 강력한 왕권을 행사한 숙종도 같은 생각을 했을까? 또한 인맥으로 사는 천칭자리는 더럽고 치사한 일, 힘든 일을 직접 하지 않는다. 현종이 남겨준 유산, 김석주는 숙종의 오른팔로 온갖 정치공작도 서슴지 않았다. 실록에 기록된 그의 졸기에 따르면 '스스로 국가의 휴척지신休戚之臣이 되어' 숙종과 기쁨과 슬픔을 같이했는데(숙종 10년(1684) 9월 20일), 경신환국庚申換局도 그의 작품이다.

★마거릿 대처Margaret Hilda Thatcher 1925년 10월 13일
태양별자리_천칭자리♎ * 달별자리_사자자리♌

숙종 즉위 초, 갑인예송에 승리한 남인이 조정을 장악하고, 허적이 영의정으로 있었다. 경신년(1680) 3월, 허적은 조부 허잠許潛이 시호를 받은 것을 기념해 잔치를 열었다. 마침 비가 내리자 숙종이 걱정되어 기름 먹인 천막인 유악油幄을 가져다주라고 했다. 그런데 이미 허적이 가져다 쓰고 있었다. 유악은 왕실의 물건이었다. 게다가 영의정의 잔치에 정치 실세가 모두 모였다. 숙종은 발끈했다. 천칭자리는 자기 자신이 주인공이 되지 않고 남 좋은 일에 인내심을 발휘하지 않는다.

숙종은 영의정을 파면하고 김수항金壽恒으로, 훈련대장 유혁연柳赫然을 김만기金萬基로 바꾸는 등 남인을 축출하고 서인을 등용했다. 이때 김석주가 허적의 서자 허견許堅이 종실 복창군福昌君, 복선군福善君, 복평군福平君 3형제와 역모를 꾸민다는 삼복의 변을 고변했다. 허견은 물론 허적이 사사되고, 윤휴, 허목 등이 유배되면서 피의 숙청이 시작되었다. 이른바 경신환국이다.

금성은 지구에서 가장 가깝고 대기층이 두터워 아름답고 밝게 빛나므로 비너스로 명명됐다. 비너스는 미의 여신, 아프로디테로 천칭자리를 지배한다. 고대로부터 미의 척도는 균형이기 때문이다. 산드로 보티첼리Sandro Botticelli가 그린 〈비너스의 탄생〉에서 묘사된 것처럼 아프로디테는 '거품에서 나온 여인'이라는 뜻으로, 크로노스가 우라노스를 거세할 때 뿜어진 정액이 바닷물과 섞여 생긴 거품에서 태어났다. 아름다움과 욕망을 주관하는데 미인은 전쟁과 불가분의 관계니, 전쟁의 신 아레스도 아프로디테의 정부 중 한 명이다. 영웅과 신들의 전쟁, 트로이 전쟁Trojan war도 그녀와 관련이 있다.

바다의 여신 테티스Thetis와 인간 펠레우스Peleus의 결혼식에 올림포스의 모든 신이 초대되었다. 단 한 명 불화의 여신 에리스Eris가 빠졌다. 에리스는 결혼식 연회석에 "가장 아름다운 여인에게 바친다"는 글이 새겨진 황금사과를 던져 불화를 일으켰다. 이 사과를 놓고 신들의 여왕 헤라, 전쟁과 지혜의 여신 아테나Athena, 미의 여신 아프로디테가 다투자 제우스는 인간 중에서 가장 잘생긴 파리스Paris에게 심판을 맡겼다. 헤라는 파리스에게 최고의 권력을, 아테네는 뛰어난 지혜를, 아프로디테는 세상에서 가장 아름다운 여인을 주겠다고 유혹했다. 파리스는 아프로디테를 선택했고, 아프로디테는 파리스에게 스파르타의 왕비 헬레네Helene를 주었다. 아내를 빼앗긴 스파르타의 왕 메넬라오스Menelaos는 형 아가멤논Agamemnon과 트로이로 쳐들어간다. 파리스는 트로이의 왕자로 태어났으나 조국 트로이를 멸망하게 한다는 신탁 때문에 버려졌었다. 오디세우스Odysseus의 계책, 트로이의 목마로 그리스가 승리하고 파리스는 독화살에 맞아 최후를 맞는다.

장충단 공원의 수표교 수표교는 원래 청계천에 있었다. 왕은 수표교를 건너 역대 왕들의 어진이 모셔진 영희전永禧殿을 오갔고, 청계천의 남쪽에 살고 있는 백성들의 생활상을 살펴보기도 했다. 숙종은 수표교를 건너던 중 운명적으로 장희빈을 보고 한눈에 반했다고 한다. 세종이 1441년 청계천의 홍수에 대비하여 수위를 측정하기 위해 수표水標를 세우면서 수표교라 불렸다. 1959년 청계천 복개공사로 수표교는 장충단공원에 옮겨졌다.

> 주상이 평일에도 희로喜怒의 감정이 느닷없이 일어나시는데, 만약 꾐을 받게 되면 국가의 화가 됨은 말로 다할 수 없을 것이니, 내전은 후일에도 마땅히 나의 말을 생각해야 할 것이오.
>
> —《숙종실록》 17권, 숙종 12년(1686) 12월 10일

일찍이 숙종의 어머니 명성왕후가 며느리 인현왕후에게 장희빈을 절대 궁으로 들이지 말라 경고하면서 한 말이다. 숙종은 평소 변덕이 죽 끓듯 했다 한다. 그러니 실록에서도 인정한 조선의 절세 미녀 장씨가 아들을 꼬이면 국가의 화禍가 될 것을 어머니는 이미 알고 있었던 모양이다.

> 흰 기운이 서쪽으로부터 중천에 뻗쳐서 그 모양이 혜성彗星과 같았고 여러

날 동안 사라지지 않았다. 장녀張女가 일개 폐희嬖姬로서 임금의 총애를 받아 필경에는 왕비의 지위를 빼앗아 왕후에 승진하기에 이르러 화란禍亂을 끼치고 큰 파란을 일으켰는데, 그녀가 임금의 총애를 받기 시작한 것이 바로 이 무렵이었으니, 이로써 하늘이 조짐을 보여주는 것이 우연이 아님을 알겠다.

—《숙종실록》 10권, 6년(1680) 11월 1일

숙종과 장희빈의 만남은 실록에서도 강렬하다. 장희빈은 조선 역사상 유일하게 궁녀 출신으로 왕비까지 올랐다. 역관 집안의 딸로 중인이었으나 처음부터 뒷배가 든든했다. 할머니는 소설《허생전》에 등장하는 조선 최고의 갑부 변 부자 가문이다. 숙부 윤정석은 육의전에서 면포綿布를 팔던 대부호다. 아버지의 사촌 형 장현張炫도 역관인데 효종의 측근으로 종1품 숭록대부崇祿大夫에 오르고 더 이상 진급할 수 없어 그 공이 아들뿐만 아니라 조카들에게까지 넘어간 거물이었다. 장현은 장희빈의 후원자이자 남인의 든든한 자금줄이었다. 희빈 장씨는 1659년 11월 3일생으로 태양별자리가 전갈자리♏고 달별자리는 쌍둥이자리♊ 혹은 게자리♋(19:40 이후)다. 전갈자리는 한번 눈에 들면 치명적인 매력으로 유혹하는 팜므파탈이다.

인현왕후와 장희빈의 대결은 결국 서인과 남인의 싸움이었다. 숙종이 장희빈의 아들을 원자로 책봉하려 하면서 갈등은 고조되었다. 송시열이 극렬하게 반대하자 숙종은 사약을 내렸다. 조선 후기를 쥐락펴락했던 천하의 송시열은 장희빈 때문에 사약으로 생을 마감했다. 서인의 주요 인물들도 사사되거나 파직, 유배되었다. 피의 숙청 끝에 인현왕후마저 쫓아냈다. 희빈 장씨를 왕비로 올리고, 아들 윤昀(경종)은 세자가 되었다. 1623년 인조반정 이후 대대로 중전은 서인이었는데, 남인 장희빈이 왕비가 된 것은 일대 사건이었다.

여인의 문제로 일어난 두 번째 기사환국己巳換局은 결국 다시 여인의 문제로 세 번째 갑술환국甲戌換局을 불러일으켰다. 그래서 숙종이 여인의 치마폭을 오갔다 말들 한다. 숙종의 마음은 다시 장희빈에서 숙빈 최씨로 옮겨갔다. 중전 장씨의 오빠 장희재張希載는 숙빈 최씨를 독살하려 했다. 결국 서인 송시열, 김석주 등이 복관되고 영의정 권대운權大運 등 남인은 쫓겨났다. 장씨는 희빈으로 강등되고 인현왕후 민씨는 돌아와 다시 중전이 되었다. 그리고 숙빈 최씨가 얼마 뒤 아들(영조)을 낳았다.

숙종을 둘러싼 여인의 비극은 여기서 끝나지 않았다. 7년 후 인현왕후가 승하하자 희빈 장씨 등이 주술로 왕후를 저주했다는 것이 발각됐다. 숙종은 세자의 어미인 장희빈을 스스로 자진하게 하였고, 희빈의 오빠 장희재를 참수했다. 숙종의 사랑의 화살이 어디로 향하는지에 따라 정권이 오가는 상황이었다.

천칭자리 왕 숙종은 여인의 치마폭을 오간 것이 아니라 사랑을 정치적 도구로 이용한 것으로 보인다. 장희빈은 남인이자 양란과 경신대기근을 거쳐 신분제가 흔들리고 상업이 발달하면서 성장한 중인의 대리인이었다. 중인이 막강한 부를 바탕으로 정치권에 손을 뻗치기 시작한 것이다. 갑술환국 처리 과정에서, 중인과 상인 계층의 자금이 뇌물로 이용된 사실이 드러나자 왕과 조정은 엄청난 충격을 받았다. 노론과 소론은 서얼, 역관, 무인, 상인 그리고 노비층과도 연계되어 남인 측을 몰아내는 데 필요한 거사 자금과 힘을 빌렸다. 이후 장희빈과 남인의 부정부패가 심해지자 숙종은 장희빈을 내치고 다시 인현왕후에게 중전의 자리를 돌려주었다.

천칭자리는 판사를 자처한다. 다툼이 생기면 양쪽의 말을 들어주고 달랜다. 그러다 갑자기 돌아서서 한쪽 편을 들며 논쟁을 촉발시킨다. 천칭자리에게 어느 쪽 입장에 서는지는 별로 중요하지 않다. 반대편에 서야 논쟁이 계속되기 때문이다. 지루해지면 중간에 입장을 바꾼다. 금성인金星人의 목적은 끊임없는 논쟁을 통해 모든 가능성을 고려하고, 마지막에 정확한 균형의 답을 찾는 것이다. 실수하거나 잘못된 판단을 하는 것을 끔찍하게 싫어해 마지막까지 판단을 보류해 우유부단해 보인다. 저울은 양쪽을 오가며 저울질을 해야 정확한 균형을 잡을 수 있다.

인현왕후와 장희빈의 대결은 별자리로 보면 황소자리와 전갈자리의 싸움이다. 전갈자리는 자신이 원하는 바를 갖기 위해 때를 기다렸다가 힘들고 더럽고 어려운 일도 마다하지 않고 온갖 수단을 동원해 이기려 한다. 자기 목숨까지 걸고 싸운다. 겉보기에 느리고 유순한 듯 보이는 황소자리는 인생의 어떠한 고난과 역경에도 대범하다. 황소자리 여자들은 신발에서 뿌리가 내려 자신의 영역에 붙박인 듯하다. 황소자리와 전갈자리는 순환하는 열두 별자리에서 서로 반대되는 위치에 있다. 180도 반대편에 위치한 별자리는 상황에 따라 서로 반대를 보완하며 조화를 이룰 수도 있지만, 일차적으로는 갈등과 긴장이 고조된다. 목숨 걸고 싸우는 전갈자리 장희빈에 황소자리 인현왕후는 처음에 지는 듯했다. 그러나 마라톤에 강한 황소자리는 끝내 자신의 자리를 되찾는다. 인현왕후는 먼저 죽었으나 끝까지 중전으로 남았고 그녀의 죽음으로 장희빈도 사사되었다.

★인현왕후 민씨 1667년 5월 15일

태양별자리_황소자리♉ ＊ 달별자리_물병자리♒

어쨌든 숙종은 나쁜 남자다. 인현왕후와 희빈 장씨가 잇달아 죽었으므로 다음 차례는 숙빈 최씨였다. 숙빈 최씨는 1670년 12월 17일생으로 태양별자리가 사수자리♐고 달별자리는 물병자리♒다. 무수리 출신으로 21대 왕 영조를 낳았으니 기존의 틀을 과감히 깨고 시스템의 확장을 추구해 전혀 새롭고 엉뚱한 방식으로 자신의 목적을 달성하는 사수자리답다. 그러나 숙종은 후궁이 절대로 왕후의 자리에 오르지 못하게 하는 법을 만들었다. 숙종이 정말 사랑한 것은 고양이 김손뿐이었을까?

정치의 달인, 외교의 달인

> 국가가 불행하여 동인東人·서인西人을 표방한 이래 100년이 되었는데, 날이 갈수록 고질痼疾이 되고 있으니, 한탄스러움을 금할 수 있겠는가?
>
> —《숙종실록》 65권, 숙종대왕 행장

숙종 때 조선은 개국 이래 당파 싸움이 가장 심했다. 현종 때 예송논쟁으로 촉발된 남인과 서인의 대립처럼 1683년 서인이 분리된 노론과 소론의 싸움도 대단했다. 노론은 대의명분을 존중하고 민생 안정과 자치자강을 강조했으며, 소론은 실리를 중시하고 적극적인 북방 개척을 주장한 점에서 정책적 차이가 있었다. 장희빈의 아들인 왕세자(경종)와 숙빈 최씨의 아들(영조)을 둘러싼 대립은 붕당의 생존을 거는 데 이르렀다. 한 붕당이 집권하면 다른 붕당을 모조리 없애는 일당 전제화가 시작됐기 때문이다. 평화를 지향하는 천칭자리 왕 숙종이 붕당 간의 대립을 피로 얼룩지게 한 것은 아이러니하다. 하긴 세계 최고의 평화상, 노벨상을 만든 노벨도 천칭자리다. 노벨은 전쟁 무기 다이너마이트를 개발해 막대한 부를 쌓았다.

★알프레드 노벨Alfred Bernhard Nobel 1833년 10년 21일
태양별자리_천칭자리♎ * 달별자리_물병자리♒

외형상으로 숙종 시대는 붕당 싸움이 가장 치열한 시기지만, 정책 대결을 통해 국가발전이 가속화되는 시기이기도 했다. 숙종 때 서원은 300여 개가 신설되고 131개에 사액賜額이 내려졌다. 서원은 지방의 학문 진흥과 당쟁 및 경제적 특권의 온상이라는 극단의 평가를 받는다. 숙종 때 서원을 발판으로 쟁쟁한 학자들이 많이 배출되었다. 조선 후기 성리학의 전성기를 이루면서 조선 왕실의 족보인 《선원록璿源錄》, 《대명집례大明集禮》 등이 간행되고 《대전속록大典續錄》, 《신증동국여지승람新增東國輿地勝覽》 등 귀중한 책들도 편찬編纂되었다. 천칭자리는 논쟁을 좋아하고 태어날 때부터 책을 사랑한다. '리브라libra'는 책을 뜻하는 라틴어의 'liber'에 어원을 두고 있다. 문명의 최초 기록은 대개 법률부터 시작되었고, 책에 의해 정의가 적용된다.

성리학이 심화되고 명분과 의리가 강조되면서 공정왕恭靖王에게 정종이라는 묘호를 올리고, 단종과 사육신, 소현세자빈을 복위시켰다. 숙종은 본인이 사약을 내렸던 송시열도 복관시켰다. 천칭자리가 저울질해 제자리로 돌려놓은 결과다.

한편 관계 지향적인 천칭자리는 외교에도 능하다. 남의 얘기를 잘 들어주고 섬세한 외교술로 타인을 설득하기 때문이다. 숙종은 청나라와 국경 분쟁이 일어나자 협상하여 백두산 정상에 조선과 청나라의 국경선을 표시한 정계비定界碑를 세웠으며, 압록강변에 무창茂昌·자성慈城의 2진을 신설했다. 일본에 조선 통신사를 세 차례 파견해 왜은倭銀 사용 조례를 확정하고 왜관 무역을 정비했다. 안용복安龍福이 울릉도와 우산도(독도)에 출몰하는 왜인을 쫓아내고 일본 당국과 담판하여 우리의 영토임을 천명한

독도 안용복은 수군 출신의 어부였으나 숙종 19년과 22년 두 차례에 걸쳐 울릉도와 독도를 침탈한 일본인들을 몰아내고 직접 일본으로 건너가 당시 막부로부터 '독도가 조선땅'이라는 공식 외교문서를 받아왔다. (©내혜 김성숙)

것도 숙종 때다.

> "두 섬은 이미 너희 나라에 속하였으니, 뒤에 혹 다시 침범하여 넘어가는 자가 있거나 도주가 혹 함부로 침범하거든, 모두 국서國書를 만들어 역관譯官을 정하여 들여보내면 엄중히 처벌할 것이다" 하고, 이어서 양식을 주고 차왜差倭(조선 시대에 일본에서 조선에 보내던 사신)를 정하여 호송하려 하였으나, 제가 데려가는 것은 폐단이 있다고 사양하였습니다.
>
> —《숙종실록》 30권, 22년(1696) 9월 25일(안용복의 말)

조선 왕들의 평균 수명은 46.1세에 불과하다. 숙종은 재위 기간이 45년 10개월로 아들 영조 다음으로 길고, 문화적·경제적 부흥을 이룬 왕으로 기억된다. 그러나 당시에 전 세계적으로 소빙하기로 불리는 냉해가 계속되었다. 현종 때 인구 100만 명을 앗아간 경신대기근 이후 24년 뒤 숙종 21년, 1695년 다시 2년에 걸친 대기근이 발생했다(을병대기근乙丙大飢饉). 이때의 사망자도 경신대기근 못지않았는데, 숙종은 청나라에서 쌀을 수입해왔다. 현종 때 강희제가 비웃었던 것을 기억하는가? 백성이 다 굶어 죽게 생겼는데도 쌀 수입은커녕 세폐歲幣도 꼬박 냈던 현종과는 사뭇 달랐다. 그래도 자연재해는 막지 못해 1693년에서 1699년 사이에 약 140만 명의 인구가 감소했다. 홍길동, 임꺽정과 더불어 조선의 3대 도적으로 꼽히는 장길산이 숙종 때 인물이다. 장길산은 황해도 구월산을 무대로 활약하며, 한양에서 중인, 서얼과 연결해 새 왕조를 세우려다 발각되기도 했다.

> 내가 왕위를 욕되게 한 후로 한재와 수재가 서로 연속되어 오늘날에 이르러서 극도에 달하였다. 양맥兩麥(보리와 밀)이 타서 말라 죽고 온 들판에 푸른 식물이 없는데, 우박과 천둥, 얼음덩이의 변이 여름철에 계속 발생하니, 조용히 그 허물을 생각해보건대, 실은 그 책임이 나에게 있다. 이른 아침부터 밤늦게까지 근심하고 두려워하여 먹으나 쉬나 편안하지가 않다.
>
> —《숙종실록》 65권, 숙종대왕 행장

숙종은 병환이 들어 경종에게 대리청정을 맡긴 후에도 쉬지 않았다. 말년에는 밤늦게 식사하는 습관이 들어 수명을 더욱 단축했다. 천칭자리의 건강에 가장 위험한 것은 탐닉과 불균형이다. 걱정이 많아지면 조화로운 정서 상태를 유지하기 어렵고, 소화기관을 무리하게 사용하거나 스스로를 다그치고 몰아세워 불안정을 초래하는 악순환이 시작된다. 천칭자리의 기호 ♎는 일몰이다. 하루가 마무리되는 시간, 과업을 완수하지 못하면 다음 주기에도 같은 일을 되풀이해야 한다. 따라서 자신의 나날을 낭비하지 않으려고 무리하는 것이다. 요즘 유행하는 '워라밸'이란 단어는 천칭자리의 것이지만, 저울질이 진행되는 동안 잠시도 쉬지 않고 몰아서 일하다가 평형을 이루면 몰아서 쉬는 못된 습관을 고쳐야 한다. 숙종도 환국으로 격렬해진 붕당 간 대결과 그로 말미암은 세자 문제 등 끝내지 못한 숙제로 늦게까지 밤잠을 이루지 못해 병이 더 깊어지고 명을 재촉하는 악순환의 늪에 빠졌으리라.

철권정치를 한 천칭자리 왕 숙종

천칭자리, 쌍둥이자리, 물고기자리는 별자리의 상징이 두 개라 두 개의 인격을 가진 변덕쟁이로 보이기도 한다. 인생에 대한 평가도 상반되는 경우가 많다. 숙종에 대한 평가도 극과 극이다. 양란 이후 왕권을 회복하고 사회를 안정시켜 조선 사회 재도약의 발판을 마련한 왕이라는 평가는 긍정적이다. 한편 외척 김석주에 의존해 정치적 분열을 조장하고 왕권은 강화됐으나 백성은 여전히 사대부들의 착취에 시달리게 했다는 비판도 받는다. 철의 여인 마거릿 대처도 영국 경제 호황의 밑바탕이 됐다는 평가와 함께 영국의 빈부 격차를 키운 최악의 정치인이라는 비판도 받는다. '누구도 사랑하지 않았지만 모두가 존경했던 철의 여인'이란 수식어는 여인을 남자로 바꾸면 숙종에게도 통하지 않을까?

천칭자리의 상징이 정의의 황금 저울이라고 해서 언제나 완벽한 균형을 이루고 있다고 생각하면 오산이다. 저울의 속성은 끊임없는 저울질에 있다. 천칭자리 왕 숙종은 환국 정치로 끊임없이 신하들을 저울질했다. 균형의 답을 찾아가는 과정에서 무리한 숙청은 강력한 왕권을 확보했으나 그 효과가 민중에까지 미치지는 못한 미완의 정치로 끝났다. 너무 완벽한 아름다움(=균형)을 추구하다 지쳐 보류하는 게 천칭자리의 숙명이다.

11

왕권을 위해 아들을 희생시킨 전갈자리 영조

창경궁 회화나무
창경궁 선인문宣仁門 앞 회화나무는 수령 400년 가까이 된 고목이다. 임오화변壬午禍變이 일어났던 문정전에서 가깝고, 사도세자의 시신이 빠져나간 것이 선인문이니 나무는 사도세자의 비극을 지켜봤을 것이다. 줄기가 배배 꼬이고 속이 텅 빈 것도 그 때문이라고 한다.

전갈자리♏

10월 23일 상강 ~ 11월 22일 소설

상징 전갈

음(−)의 별자리

원소 물 **상태** Fixed **지배 행성** 명왕성

★

전갈자리는 상강霜降부터 소설小雪까지 낙엽이 지고 서리가 내리며 본격적인 추위가 시작되는 시기에 태어난다. 가을 타는 남자처럼 비밀이 많고 말이 적다. 감성을 지배하는 물의 별자리지만 전갈자리는 물이 아니라 순도 99퍼센트의 술 같다. 전갈자리의 카리스마는 눈빛에서 시작되는데, 상대의 이마를 뚫고 벽을 본다는 말이 있다. 보통은 선글라스로 자신의 강렬한 눈빛을 가린 채 세상의 모든 것을 은밀하게 통제하려 한다. 별자리 나이로 49~56세, 권력을 탐하고 자신이 곧 법이라 생각하기 쉬운 때다. 자신뿐 아니라 주변 사람의 무능을 참지 못하니 웬만해서는 그의 곁에서 배겨나기 힘들다. 집요할 뿐 아니라 극한 상황을 잘 버티고, 피와 죽음을 두려워하지 않는다. 은혜는 두 배로 보답하고, 원수는 지구 끝까지 쫓아가 자신의 목숨을 바쳐서라도 갚아준다. 인생은 '모 아니면 도'라 생각하는 전갈자리는 영혼의 연금술을 거치듯 한 번 죽었다 살아나야 진짜 인생이 펼쳐진다. 죽음·재생·부활을 관장하는 명왕성Pluto, 저승의 신 하데스의 지배를 받는다.

#비밀 #카리스마 # 컨트롤본능 #피의복수 #영혼의연금술 #자궁 #죽음 #재생 #부활

영조의 네이탈 차트

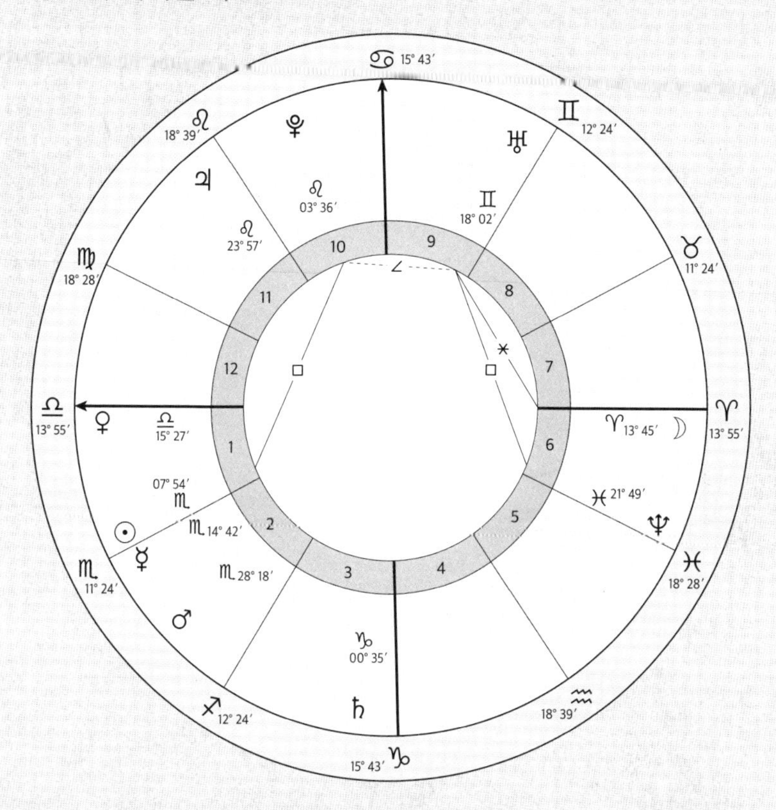

숙종대왕 20년 갑술년 9월 13일 무인戊寅에 창덕궁昌德宮 보경당寶慶堂에서 탄생하였다.

—《영조실록》 1권, 총서

영조英祖는 1694년 10월 31일생이고, 국립고궁박물관에 소장된 태지석에 따르면 인시寅時(03:30~05:30)생으로 태양별자리가 전갈자리♏고 달별자리는 양자리♈다.

숙종의 예지몽 덕분에 태어난 영조

이문정李聞政의 《수문록隨聞錄》에 따르면, 어느 날 숙종은 낮잠을 자다 신룡神龍이 땅속에 갇혀 울부짖는 꿈을 꾸었다. 숙종은 달별자리가 물고기자리인데 물고기자리는 예지몽豫知夢을 꾼다. 무슨 일이 일어날 것 같은 느낌을 받으면 실제로 그 일이 일어나기도 한다. 영혼의 스펀지처럼 미묘하고 깊은 정서를 받아들여 두려움이 많기 때문이다. 용은 왕의 상징이므로 숙종은 누군가 자신의 아이를 임신했고, 지금 그 아이가 위급한 상황에 빠졌음을 직감했다.

★숙종 1661년 10월 7일
태양별자리_천칭자리♎ ＊ 달별자리_물고기자리♓

숙종은 중궁전으로 달려갔다. 이때 중전은 희빈 장씨였다. 그녀가 임신한 것은 아니었다. 세자 윤을 낳아 인현왕후를 밀쳐내고 중전에 오른 장씨다. 둘째 아들을 낳았으나 바로 잃어 원통했던 그녀가 세 번째 임신을 감출 이유가 없다. 주변을 둘러보니 담장 밑에 엎어진 큰 독이 있었다. 장희빈은 빈 독이라 둘러댔지만 숙종을 속일 수 없었다. 독을 세워보니 그 안에 결박된 여인이 있는데, 숙종이 얼마 전 밤에 가까이했던 나인이었다.

궁녀가 왕의 승은을 입고 태기가 있자, 희빈 장씨가 먼저 알고 손을 쓰려는데 숙종이 들이닥친 것이었다. 아버지 숙종의 꿈에 나타나 살려달라 애원한 신룡은 태어난 지 68일 만에 죽었다. 숙빈 최씨를 살리고 동생 영조를 기약하게 해준 영수永壽는 드라마 〈대박〉(2016년, SBS)의 백대길(장근석)의 모티브가 되었다. 질투심이 심했던 장희빈과 태어나기도 전에 죽을 뻔했다가 두 달 만에 죽은 영수, 그리고 형이 죽고 그다음 해에 태어난 영조는 모두 다 전갈자리다. 전갈자리는 저승의 신 하데스의 지배를 받아 죽음과 연관이 많고, 태어나기 1년 전후로 가족이나 친척의 죽음이 있다.

★희빈 장씨 1659년 11월 3일
태양별자리_전갈자리♏ * 달별자리_쌍둥이자리♊ 혹은 게자리♋(19:40 이후)

★영수 1693년 11월 3일
태양별자리_전갈자리♏ * 달별자리_황소자리♉

영조英祖는 1694년 10월 31일생으로 태양별자리가 전갈자리♏고 달별자리는 양자리♈다.

영조의 어진을 보면 날카롭게 한곳을 응시하고 있는 눈과 매부리코 그리고 한쪽으로 살짝 몸을 비틀고 있는 모습이 인상적이다. 전갈자리의 눈은 상대를 꿰뚫어 영혼까지 본다는 말이 있는데, 영조가 딱 전갈자리의 눈이다. 천재 화가 피카소도 전갈자리다. 그는 눈빛이 강렬해서 평생 그의 눈을 똑바로 쳐다본 사람은 일곱 명밖에 안 된다는 말도 있다.

★파블로 피카소Pablo Picasso 1881년 10월 25일
태양별자리_전갈자리♏ * 달별자리_사수자리♐

전갈자리♏의 기호는 처녀자리♍와 반대로 밖으로 드러난 강력한 남성 생식기다. 어떤 식으로든 분출해야 하는데, 출구를 찾지 못하면 끓어오르는 분노가 스스로에게 치명적인 독이 된다. 전갈자리는 음의 별자리지만 양을 지향하고, 세상의 모든 것을 통제하려 한다. 별자리 나이로 49세에서 56세인데, 이 나이의 남자는 과묵하면서 권력에 취한다. 경찰청에서 '갑질 횡포 특별 단속'을 벌이면 40~50대 남자가 부동의 1위를 차지한다. 남을 통제하려는 전갈자리의 본능은 자신에게도 작용하고, 불필요한 것들은 가차 없이 제거한다. 마크 저커버그는 항상 똑같은 옷을 입고 다니는 것으로 유명한데, 이는 전갈자리 에너지 때문이다. 왜 똑같은 옷을 입고 다니느냐 묻자 그는 "삶을 간결하게 만들고 싶다. 최소한의 의사결정만 하고 싶다"라고 답했다.

★마크 저커버그Mark Elliot Zuckerberg 1984년 5월 14일
태양별자리_황소자리♉ * 달별자리_전갈자리♏

영조는 전갈자리로 평생 소식小食은 기본이고, 기름진 음식과 술을 피하는 절제된 식습관을 고수했다. 덕분에 조선의 왕 중 최장 기간(51년 7개월) 재위했고, 83세로 가장 오래 살았다. 중국 황제 중 가장 오래 재위한 청

영조 어진 보물 제932호. 임진왜란과 한국전쟁 후 부산 화재로 조선 왕의 어진들이 모두 소실됐는데 태조와 영조, 두 전갈자리 왕의 어진만 무사하다. 선조의 어진은 초본만 남았다. 국립고궁박물관 소장.

나라 강희제도 전갈자리 에너지를 타고났다. 강희제는 1654년 5월 4일생으로 태양별자리가 황소자리♉고 달별자리는 사수자리♐인데 태양과 금성, 수성이 모두 황소자리에 있어 반대 별자리인 전갈자리와 통하고, 달별자리가 명왕성과 180도로 만나니 역시 전갈자리에 물들어 있다. 여덟 살 어린 나이에 즉위해 61년 동안 청나라를 가장 큰 나라로 만들었는데, 백성들에게도 성군이었다. 그는 폭식하지 않고 자신의 체질에 맞는 신선한 채식 위주로 음식을 먹었으며, 노년에는 술과 담배를 전혀 하지 않았다고 한다.

명왕성은 죽음, 재생, 부활을 주관한다. 방탄소년단의 〈134340〉은 "그럴 수만 있다면 물어보고 싶었어. 그때 왜 그랬는지 왜 날 내쫓았는지"라며 행성에서 퇴출된 명왕성을 이별의 순간에 비유해 노래하고 있다. 제목 〈134340〉은 명왕성이 왜소행성으로 강등되면서 부여된 번호다. 명왕성은 행성으로서도 죽었다가 다시 부활할 모양이다.

명왕성의 지배를 받는 전갈자리는 태어나면서부터 삶과 죽음을 고민하고 실제로 죽음의 위협을 자주 직면한다. 그들은 영화 〈올드 보이〉(2003년, 박찬욱 감독)에서 이우진(유지태)이 선보인 전갈 자세처럼 당장이라도 치명적인 독을 쏘기 위해 팽팽하게 긴장한 상태로 살아간다. 그리스 신화에 따르면 전갈자리는 세상의 모든 동물을 죽일 수 있다고 떠들고 다닌 오만한 사냥꾼 오리온Orion을 죽이기 위해 헤라가 보낸 커다란 전갈이다. 죽음과 불가분의 관계인 전갈자리 영조는 태어나기 전부터 왕이 되기까지, 그리고 왕이 되어서도 항상 죽음과 마주하며 험난한 삶을 살았다.

조선의 전갈자리 왕은 영조와 경종 외에도 태조, 세조, 정조 등 다섯 명으로 제일 많다. 왕은 구중궁궐에서 천하를 다스리니, 음에서 양을 지향하고, 통제가 키워드인 전갈자리에게 안성맞춤이기는 하다. 태조는 전투에 임해 한 번도 패하지 않은 고려의 명장이었다. 자신의 시대가 올 것을 알고(전갈자리) 역성혁명(물병자리)으로 조선을 개국했다. 태조는 태종을 두 번이나 죽이려 했으나 하륜 때문에 이루지 못했다. 세조는 왕이 되겠다는 야심을 감추고 있다가 결정적 순간에 조카 단종을 쳐내고(전갈자리) 스스로 왕이 되어(사자자리) 강력한 왕권을 행사했다. 정조도 사도세자의 아들로 평생 죽음의 위협(전갈자리) 속에 불안한 삶을 살았다. 그러나 영조와 함께 강력한 카리스마로 조선 후기의 르네상스를 이끌었다.

★태조 1335년 10월 27일

태양별자리_전갈자리♏ ＊ 달별자리_물병자리♒ 혹은 물고기자리♓(13:40 이후)

★세조 1417년 11월 2일
태양별자리_전갈자리♏ * 달별자리_사자자리♌

★정조 1752년 10월 28일
태양별자리_전갈자리♏ * 달별자리_게자리♋

당쟁으로 대립한 이복형제의 비극

천칭자리♎ 숙종은 여자들 사이만 오간 것이 아니라 세자 문제에서도 오락가락해 신하들을 헛갈리게 했다. 정유독대丁酉獨對로 이이명李頤命에게 연잉군延礽君(영조)을 부탁해 노론에 여지를 주고는 바로 세자(경종)의 대리청정을 지시하는 식이었다. 사람 마음을 저울질하는 게 아주 타고났다.

숙종도 나름대로 이유는 있었다. 본인은 적장자로서 완벽한 출신이었으나 세자는 후궁 장희빈의 자식으로 그 어미를 사사했으니 불안했다. 연산군이 어떻게 폭군이 되었는지, 그도 잘 알고 있었다. 세자가 서른이 넘도록 후사가 없고 병약한 것도 문제였다. 그러나 만약 세자를 폐하면 그 목숨을 어찌 담보할 수 있겠는가? 연잉군은 총명하고 노론이 후원하고 있으나 천한 무수리의 아들이라는 꼬리표가 붙었다. 숙종은 모든 상황을 고려해 최선의 선택을 한 것이다.

왕세자는 장희빈과 운명을 같이한 남인에게 동정적이었던 소론의 지지를 받고 있었고, 연잉군은 장희빈을 제거해 세자의 보복이 두려운 노론과 한 배를 탔다. 신하들의 등쌀에 세자와 연잉군은 계속해서 경쟁하고 대립할 수밖에 없었다. 예송논쟁과 환국 정치를 거쳐 과열된 붕당 간의 경쟁은 정치적 생명뿐만 아니라 진짜 목숨까지 걸어야 하는 진검승부가 되었다. 경종과 영조는 둘 다 전갈자리♏다. 경종景宗은 1688년 11

월 20일생으로 태양별자리가 전갈자리♏고 달별자리는 천칭자리♎ 혹은 전갈자리♏다.*

전갈자리의 통제 본능은 불필요한 것들을 가만두지 않는다. 가족을 무척 아끼지만 중요한 결정에서는 가족도 관여할 수 없다. 권력 지향의 전갈자리는 자신이 곧 법이고, 남들의 생각 따위는 개의치 않는다. 전갈자리와 오리온자리는 밤하늘의 동쪽과 서쪽에 떨어져 있는데, 하나가 떠오르면 하나가 져서 한 하늘에 존재하지 못한다. 그리스 신화에서는 오리온이 전갈과 싸워 이겼으나 끝내 전갈의 독으로 사망했다고 한다. 중국에서는 오리온의 별을 삼수蔘宿, 전갈자리의 1등성 안타레스Antares와 그 양쪽의 별을 합쳐 심수心宿 혹은 상성商星이라 부른다. 옛날 제곡고신씨帝嚳高辛氏(중국 신화의 제왕)에게 아들 둘이 있었는데 서로 사이가 좋지 않았다. 이에 형을 상구商丘로 보내 심수에 대한 제사를 지내게 하고, 아우는 대하大夏로 보내 삼수에 대한 제사를 지내게 했다. 두 별자리가 형제지만 서로 앙숙이라서 같은 하늘에 떠오르지 않는 것이라 하여 '한 치의 양보도 없는 삼參과 상商'이라 말한다. 경종에서 정조에 이르는 비극은 모두 누구 하나가 죽어야 끝나는 전갈자리의 싸움이었다. 그리고 그 싸움의 씨앗은 역시 전갈자리인 장희빈에서 비롯되었다.

경종이 즉위하자 노론은 연잉군을 세제世弟로 삼고도 대리청정을 급하게 밀어붙이다 신축옥사辛丑獄事로 역풍을 맞았다. 이때 김창집金昌集, 이건명李健命, 조태채趙泰采, 이이명 등 노론을 이끄는 핵심 4대신이 4흉凶으로 탄핵되었다. 정권을 잡은 김일경金一鏡 등 소론은 그다음 해, 노론이 경종을

* 경종은 유시酉時(오후 5:30~7:30)생인데, 달별자리가 오후 6시 12분에 천칭자리에서 전갈자리로 바뀐다.

죽이려 했다는 목호룡睦虎龍의 고변으로 유배됐던 노론 4대신을 비롯해 60여 명을 처형하는 임인옥사壬寅獄事를 벌인다. 이때 노론은 완전히 실각했는데 왕세제도 역모에 가담했다는 기록이 나왔다. 역모에 관련된 왕족은 살아남기 힘들었다. 3대 독자 숙종의 아들 중 경종과 연잉군 외에 다른 이들은 모두 요절했다. 경종은 후사가 없으니 연잉군 외에 왕통을 이을 왕자가 없었기에 겨우 목숨을 부지했다.

죽음의 위협은 계속되었다. 신임사화辛壬士禍(신임옥사)로 노론이 실각하자 1722년 환관 박상검朴尙儉과 문유도文有道가 세제를 제거하려 했다. 그런데 경종은 왕세제를 살해하려던 환관을 그냥 두었다.

> 오늘날의 일은 이 무리와 내가 양립兩立할 수 없는 형세다. 차라리 이 지위를 놓아버리고 선조先朝로부터 받은 봉작封爵으로 내 본분을 지키는 것이 나의 소원이다.
>
> —《경종실록》 5권, 1년(1721) 12월 22일

연잉군이 세제 자리를 내놓고 목숨을 구하겠다고 읍소하자, 마지못한 국문으로 환관 박상검과 문유도는 죽었고, 나인 석렬石烈과 필정必貞은 자살하는 것으로 사건이 끝났다.

사건의 전모는 영조가 왕이 되어서 직접 밝혔다. 집요한 전갈자리는 훌륭한 수사관으로 그들이 파헤치지 못할 진실은 세상 어디에도 없다. 중요한 것을 잃어버렸다면 주변의 전갈자리에게 물어보라. 김일경과 박필몽朴弼夢을 필두로 한 소론 측은 연잉군을 왕세제에서 폐위시키려다 실패하자 환관 박상검에게 세제를 죽이라고 사주했다. 박상검은 은화 수천 냥을 사용해 환관과 궁녀들을 매수했다. 궁 안에 돌아다니는 여우를 잡는다는 구실로 덫을 놓고 함정을 파 왕세제가 경종에게 문안을 드리

거나 수라상을 살피러 가는 길을 가로막고, 궁녀들이 왕세제를 헐뜯게 했다. 경종과 왕세제 사이를 이간질한 다음 제거하려 한 것이었다.

조선의 르네상스를 이끈 계몽 군주

경종이 재위 4년 만에 급사하지 않았다면 영조는 목숨을 부지하기 어려웠을 것이다. 그러나 결국 영조는 왕이 되어 선정을 베풀었다. 영조의 묘호는 공과 덕이 많다는 의미다. 평생 죽음의 위협과 정당성 논란에 휘말렸던 만큼 영조는 작은 문제라도 상대에게 빌미를 제공하지 않기 위해 더욱 노력하고 정진했을 것이다. 경연을 가장 열심히 한 왕으로 세종, 성종과 함께 영조가 꼽힌다. 영조는 신하보다 한 수 위가 되고자 열심히 공부했다. 청나라 강희제도 평생 책을 손에서 놓지 않았고, 전통적으로 황제의 고유한 역할 중 하나인 올바른 역법을 위해 서양 선교사들을 가까이하며 역법을 배우는 한편 라틴어까지 익혔다고 한다. 명왕성의 어둡고 신비한 힘은 전갈자리의 욕망을 현실로 바꿔놓는다. 전갈자리는 어떤 시련에도 굴하지 않으며, 마치 영혼의 연금술을 거치듯 시련을 통해 더 강인해진다. 그래서 무엇이든 자신이 선택한 분야에서 최고가 된다.

영조는 노론과 한 배를 탔으나, 붕당 간의 피비린내 나는 정쟁의 폐해를 온몸으로 겪었다. 이에 왕이 된 후에는 탕평책을 앞세웠다. 탕평이라는 말은 《서경書經》 '홍범조洪範條'의 "치우치거나 무리 지음이 없으면 왕도가 편하다無偏無黨王道蕩蕩 無黨無偏王道平平"는 글에서 유래했다. 숙종 말년 박세채朴世采가 처음 주장한 것을 영조가 받아들였다. 영조는 즉위 후 노론과 소론의 영수를 불러들여 화목을 권하고 호응하지 않는 신하들은 축출했다. 노론 측 인사를 한 사람 등용하면 상대 자리엔 소론 측 인사를 등용하는 쌍거호대雙擧互對의 인사정책으로 균형을 맞추었다. 붕당 갈등의 중심이 된 이조전랑이 가진 삼사(사헌부, 사간원, 홍문관)의 인사권은 철폐했다.

영조는 민생 안정에 힘썼다. 임진왜란 중 계갑대기근(선조 26~27년, 1593~1594년)부터 병정대기근(인조 4~5년, 1626~1627년), 경신대기근(현종 11~12년, 1670~1671년), 을병대기근(숙종 21~22년, 1695~1696년) 등 왜란보다 무서운 대기근이 17세기에 줄지어 있었다. 영조는 금주령禁酒令을 내려 사치·낭비의 폐습을 교정하고, 민중들의 실태를 조사하여 빈민을 구제했다. 이때 일본에 조선 통신사로 갔던 조엄趙曮이 구황작물 고구마를 들여왔다.

대대적인 개혁으로 국가의 재정도 확충했다. 균역법均役法을 실시해 국방의 의무를 대신해 세금으로 내던 포목을 2필에서 1필로 줄였다. 대신 지주들에게 결작結作이라는 토지세를 부과하고 부유한 양인들에게 선무군관選武軍官이라는 칭호를 주고 돈을 받았다. 왕족에게 주어지던 어염세漁鹽稅와 선박세船舶稅는 국고로 환수했다. 백성의 세금을 크게 줄이고 신분에 따라 국가에 대한 의무를 달리 부담하는 합리적 세제 개편은 대동법과 함께 백성의 살림살이를 위한 것이었다. 왕실과 정부의 고리대高利貸를 폐지했으며, 민간 고리대도 연간 이자율이 20퍼센트를 넘지 못하게 제한했다. 전갈자리는 자산과 부채를 다스린다.

균역법 개혁에 공을 세운 이가 암행어사暗行御史로 유명한 박문수朴文秀다. 그런데 박문수는 암행어사를 수행한 적이 없다고 한다. 어사란 왕의 명을 받아 지방의 일을 해결하러 가는 사신인데 비밀리에 파견되는 암행어사, 특별한 업무로 파견되는 별견어사別遣御史가 있다. 박문수는 별견어사로 진휼과 양역을 위해 네 번 파견됐는데, 환곡을 백성들에게 돌려주고 탐관오리들을 다스린 바가 있으니 훗날 백성들의 염원이 정의로운 암행어사 박문수의 전설로 굳어진 것 같다. 그는 영조와 같은 전갈자리로 영조가 "나의 마음을 아는 사람이 영성靈城(박문수)이고, 영성의 마음을 아는 사람이 나였다(영조 32년(1756) 4월 24일)"고 했을 정도로 친밀했다. 비밀이 많은 전갈자리는 몰래 파견돼 지방관을 감찰하고 백성을 살피는 암행어사 이미지와도 맞아떨어지니 박문수는 진짜 암행어사였을까?

★박문수 1691년 10월 28일

태양별자리_전갈자리♏ * 달별자리_염소자리♑

영조는 조총과 화차를 제작하고, 진鎭을 설치하며 토성을 개수하는 등 국방을 튼튼히 하고, 가혹한 형벌은 폐지 또는 개정했다. 신문고 제도를 부활하여 민중들이 억울한 일을 직접 알리게 했다. 한편, 이익을 선봉으로 유능한 학자를 발굴해 실학의 학통을 수립하고 문예를 부흥했다. 인쇄술 개량으로 많은 책이 편찬되고 반포되었다.

숙종의 환국 정치는 민중에까지 미치지 못했지만 영조는 천한 출신을 오히려 민중을 위한 정치로 승화시켜 민중을 중심으로 근대화 개혁을 추진했다. 영조의 민생 안정책은 정조의 선정으로 이어져 18세기 조선의 중흥기를 이끌었다고 평가된다.

절름발이 탕평책

> 아! 마음 아프다. 지난 신축년, 임인년의 일은 그 가운데 반역할 마음을 품은 자가 있기는 하나 다만 그 사람을 죽여야 할 뿐이지, 어찌하여 반드시 한편 사람을 다 죽인 뒤에야 왕법王法을 펼 수 있겠는가? (중략) 나는 다만 마땅히 인재를 취하여 쓸 것이다.
>
> —《영조실록》 12권, 3년(1727) 7월 4일

탕평을 따르지 않으면 "내 신하가 아니다"라고 할 정도로 영조의 의지는 매우 강했다. 그러나 노론을 등에 업고 왕이 된 영조의 탕평책은 처음부터 한계가 있었다. 영조가 왕이 되자 노론은 신임사화에 대한 책임을 물어야 한다고 주장했다. 노론과 세제가 경종을 죽이려 했다는 것은 영조에 대한 모욕이니 단죄해야 한다는 것이다. 영조는 김일경과 목호룡을 불러다 친국하고 신임사화를 소론의 무고로 판정했다.

> 김일경은 공초供招를 바칠 때 말마다 반드시 선왕先王의 충신忠臣이라 하고 반드시 '나[吾]'라고 했으며 '저[矣身]'라고 하지 않았다.
>
> — 《영조실록》 2권, 즉위년(1724) 12월 8일

영조가 아닌 경종의 신하라 칭하고, 왕에게 '나'라고 말하며 스스로를 낮추지 않으니 영조의 분노는 하늘을 찔렀을 것이다. 영조의 분노와 절름발이 탕평책은 계속 문제의 불씨를 남겼다. 전갈자리는 무한한 잠재력을 갖는 씨앗을 맺고 지하로 잠복했다 결국 출구를 찾아 터진다. 1728년 이인좌李麟佐, 이유익李有翼 등 과격 소론 세력이 갑술환국 이후 정권에서 배제된 남인을 포섭해 소현세자의 증손자인 밀풍군密豐君을 임금으로 추대하고 무신혁명戊申革命을 일으켰다. 이인좌 등은 영조의 경종 독살설과 함께 '영조는 숙종의 아들이 아니다. 왕실의 씨가 바뀌었다'라는 말을 퍼뜨렸는데, 규모가 충청도, 전라도, 경상도 삼남三南을 아울러 20만 명에 달했다. 청주성을 함락하고 한성으로 진군했으나 안성, 죽산, 상당성에서 대패하여 6일 만에 진압되었다. 이때 박문수가 큰 공을 세웠다.

이인좌의 난은 탕평으로 기용된 온건 소론이 앞장서 평정했으나 주모자 대부분이 소론이었으므로 소론의 입지는 약화될 수밖에 없었다. 영조는 이 사건을 탕평책의 명분으로 삼았다.

지금부터는 마땅히 그 재능의 적당適當에 따라서 뽑아야 할 것이요 다시는 경력을 일삼지 않아야 한다.

—《영조실록》 17권, 4년(1728) 4월 22일

그러나 전갈자리는 상처나 부당함에 대해서 절대로 잊지 않고 갚아준다. 영조는 탕평책을 더욱 강화하겠다고 말했지만 난군 세력이 영남에서 발호했다는 이유로 경상도를 반역향叛逆鄕으로 규정하고 경상도 출신은 과거와 출사를 금지했다. 지역 차별은 조선 시대에 더 심했다. 밀풍군은 반란군의 지지를 받았다는 이유만으로 영조가 자결을 명해 자살했다. 왕족이 역모에 연루되면 살아남을 수 없다. 연잉군이 신임사화에도 목숨을 부지한 것은 이례적이었다. 전갈은 약 4억 년 전 지구에 등장한 이래 형태가 거의 변하지 않아 '살아 있는 화석'으로 불리는데, 6개월 동안 물을 먹지 않아도 죽지 않을 정도로 생존력이 뛰어나다.

소론은 계속 불만을 품었고, '경종 독살설'과 영조의 출생에 대한 괴소문이 영조 집권 내내 가십거리가 된다. 경종이 재위 4년 만인 36세로 급사하지 않았다면 영조가 왕이 될 수 없었을 것이므로 영조가 경종을 독살했다는 설은 당대에도 파다했다.

여러 의원들이 임금에게 어제 게장[蟹醬]을 진어하고 이어서 생감[生柹]을 진어한 것은 의가醫家에서 매우 꺼리는 것이라 하여, 두시탕豆豉湯 및 곽향정기산藿香正氣散을 진어하도록 청하였다.

—《경종실록》 15권, 4년(1724)년 8월 21일

세제世弟가 울면서 말하기를, "인삼人蔘과 부자附子를 급히 쓰도록 하라" 하였고, 이광좌李光佐가 삼다蔘茶를 올려 임금이 두 번 복용하였다. 이공윤李公

胤이 이광좌에게 이르기를, "삼다를 많이 쓰지 말라. 내가 처방한 약을 진어하고 다시 삼다를 올리게 되면 기氣를 능히 움직여 돌리지 못할 것이다" 하니, 세제가 말하기를, "사람이란 본시 자기의 의견을 세울 곳이 있긴 하나, 지금이 어떤 때인데 꼭 자기의 의견을 세우려고 인삼 약제를 쓰지 못하도록 하는가?" 하였다.

—《경종실록》 15권, 4년(1724) 8월 24일

경종은 게장과 상극인 생감을 먹는 바람에 복통과 설사를 일으킨 지 5일 만에 승하했다는 것이다. 연잉군이 경종에게 게장과 생감을 올리고, 의원의 반대에도 인삼을 쓰게 하여 경종이 죽었다는 실록의 기록에 대해서는 아직도 갑론을박이 있다.

영조의 출생에 대한 괴소문은 숙빈 최씨가 6개월 만인 10월에 첫아들(영수)을 낳은 것에서 시작되었다. 이미 임신한 채 숙종의 여자가 되었고, 영조는 숙종과 최씨 사이에서 태어난 둘째 아들이었으나 숙종이 영조와 닮지 않았다는 것이다. 영조가 숙종이 아닌 노론 김춘택金春澤의 아들이라 노론이 영조를 왕으로 만들었다는 설까지 있었다. 진위를 떠나 한 번 만들어진 소문이 얼마나 사람을 괴롭히는지는 더 말할 필요가 없다. 경종 독살설과 출생을 둘러싼 괴소문은 오늘날의 가짜 뉴스나 온라인 댓글처럼 영조 집권 내내 끊이지 않았다. 괘서掛書 사건만 190여 차례에 달했고, 이인좌의 난 같은 무신혁명까지 일어났다.

경종은 태양과 달, 화성, 토성이 모두 전갈자리♏에 위치해 있다. 이처럼 주요 별자리가 하나로 모이면 극과 극은 통해서 반대 별자리의 에너지가 커지는데, 전갈자리의 반대 별자리는 황소자리다. 경종은 황소자리 단종처럼 뒤끝이 길어서, 평생 이복동생 영조의 마음의 짐이 되었다.

영조가 즉위하고 30년이 지난 후에도 이 소문은 영조의 골칫거리였다. 1755년, 나주에 벽서가 붙고 과거시험 답안지에 이인좌의 난 때 사형당한 심성연沈成衍의 동생인 심정연沈鼎衍이 이른바 '난언패설亂言悖說'을 가득 쓴 것이 적발됐으며, 이름을 밝히지 않은 상변서上變書까지 나오자 영조는 분통을 터뜨렸다.

> 신은 자복합니다. 신은 갑진년(1724년) 이후 게장을 먹지 않으니 이것이 바로 신의 역심입니다.
>
> —《영조실록》 84권, 31년(1755) 5월 20일(신치운申致雲의 말)

'게장' 운운한 것은 경종을 영조 당신이 죽인 것 아니냐며 대놓고 말한 것이었다. 폭발한 영조는 망나니 대신 칼춤을 추며 역적들의 사형을 직접 집행했다(영조 31년 5월 6일). 전갈자리는 북극 얼음장처럼 차가운 겉모습 뒤로 부글거리는 용암을 숨기고 있다. 안정적으로 통제될 때는 평온을 가장하지만, 이 통제력을 잃어버리면 격렬하게 돌변한다. 내면이 양자리인 영조는 불같은 화성인火星人 기질까지 더해져 분노 폭발이 더 잦았을 것이다.

> 아! 여러 역적들이 망측한 말로 나를 핍박한 것은 하늘이 아시고 조종祖宗의 영령이 굽어보시며, 황형(경종)이 자세히 아신다. (중략) 그때 황형께서 '게장을' 진어進御한 것이 동조東朝에서 보낸 것이 아니요, 곧 어주御廚에서 공진供進한 것임을 알았다. 우리 황형의 예척禮陟은 그 후 5일 만에 있었는데, "무식한 시인侍人이 지나치게 진어하였다"는 말로써 효경梟獍의 무리가 고의로 사실을 숨기고 바꾸어 조작하여 말이 감히 말할 수 없는 자리에까지 핍박하였다.
>
> —《영조실록》 84권, 31년(1755) 10월 9일

영조는 경종의 승하에 대한 내용을 직접 서술해 독살설을 부인하는 《천의소감闡義昭鑑》(의로움을 밝혀 후대에 거울로 삼는다)을 지었다. 괴소문을 일축하기 위한 것이었으나 이는 영조가 직접 남인과 소론을 역적으로 규정한 것이니 노론 일당독재를 공표한 것과 마찬가지였다. 전갈자리인 법정法頂은 2010년 세상을 떠나면서 말빚을 다음 생으로 가져가지 않으려 하니 모든 출판물을 더 이상 출간하지 말아달라는 유언을 남겼다. 오히려 이 유언 때문에 그의 저서 《무소유無所有》가 중고책 시장에서 한때 10만 원에 거래되기도 했다. 평생 무소유를 말하고 실천했으나 그에 반대되는 현상이 일어날 것은 법정도 예측하지 못했을 것이다. 전갈자리의 통제 본능은 의도와 전혀 다른 결과를 낳기도 한다. 세상 모든 것을 통제할 수는 없는 법이다.

★ 법정 1932년 11월 5일
태양별자리_전갈자리♏ * 달별자리_물병자리♒

엄한 아버지와 반항아 아들 사도세자의 비극

> 임금이 창덕궁에 나아가 세자를 폐하여 서인庶人을 삼고 안에다 엄히 가두었다.
>
> —《영조실록》 99권, 38년(1762) 윤5월 13일

아버지가 아들을 죽인 임오화변壬午禍變은 조선 역사상 가장 비극적인 사건이다. 임오화변에 대한 기록은 정확하지 않은데, 세손(정조)의 부탁으로 자세한 내용이 적힌 《승정원일기承政院日記》를 세초洗草하였기 때문이다. 정

세검정 세초洗草는 실록을 편찬한 뒤 그 초고를 없애던 일을 말한다. 세초는 세검정에서 하고 종이는 가까운 조지서에서 재활용했다. 영조는 임오화변에 대한 《승정원일기》를 삭제하여 아예 실록에 남길 수 없게 했다.

조正祖는 1752년 10월 28일생으로 태양별자리가 영조와 같은 전갈자리♏고 달별자리는 게자리♋다. 비밀스러운 전갈자리인 영조와 정조는 서로 뜻이 맞아 임오화변에 대한 기록을 아예 역사에서 지워버렸다.

영조의 첫아들 효장세자가 죽었을 때 그의 나이 35세였다. 경종이 후사가 없어 소론과 노론이 각기 경종과 영조를 등에 업고 벌였던 전쟁을 직접 경험한 영조는 매우 불안했을 것이다. 마침내 41세에 얻은 늦둥이 사도세자는 영조에게 큰 기쁨이었다. 사도세자는 출생 즉시 원자가 되고 두 살에 세자로 책봉됐다.

전갈자리는 아끼는 것에 무한한 애정을 쏟듯 가족 또한 끔찍하게 위한다. 그러나 무능한 것을 참지 못해 자녀가 게으름을 피우거나 경솔한 행동을 할 때 그냥 넘어가지 않는다. 특히 반항이 시작되는 사춘기에 자식을 통제하려다 사이가 틀어지기 쉽다.

영조 전교 현판 "어릴 때 하는 공부는 하루만 건너뛰어도 안타까운데……. 궁 밖으로 나가는 날 외에는 모두 수업하도록 하라." 세자시강원世子侍講院 전교 현판에 쉬지 말고 공부하라는 영조의 훈계가 걸려 있었다. 국립중앙박물관 소장.

《태봉등록》에 따르면 사도세자는 1735년 2월 13일 축시생으로 태양 별자리가 물병자리♒고 달별자리는 전갈자리♏다. 아버지 영조와 전갈자리로 통하는 면도 있으나, 타고난 반항아로 누가 이래라저래라 간섭하는 것을 싫어하는 물병자리에게 엄한 전갈자리 아버지는 상극이다. 전갈자리 아이는 전갈자리 아버지를 실망시키는 것을 더 두려워하니 영조와 사도세자의 관계는 더욱 어려웠을 것이다. 또한 문종이나 효명세자처럼 세자 기간이 길수록 단명한 것을 보면 세자 스트레스는 보통이 아니었을 것이다. 사도세자는 아버지가 두려워 그 앞에서 기절하는가 하면 병을 칭해 1년이나 문안을 여쭙지 않기도 했다.

영조는 세자가 열세 살까지는 글 읽기가 싫다 말해도 정직하다고 기뻐하며 나무라지 않았으나, 열네 살이 된 세자가 지은 시에 어버이의 마음을 어기지 않는다느니 글 읽는 것이 가장 즐겁다니 하는 것은 거짓이라며 질책했다. 대리청정을 시작한 이후 세자를 꾸짖는 일은 더욱 많았다. 세자는 이때 발소리만 들어도 가슴이 막히고 뛰는 증세가 생겼다.

영조의 나이 60세가 넘고 세자가 21세로 장성하자 매일 일기를 써서 바치라는 등 영조는 더욱 엄격해졌다. 무늬만 대리청정에 걸핏하면 양위한다고 소동을 부리니 세자는 석고대죄를 하고 땅에 이마를 찧어 피를 보기도 해야 했다. 물병자리 세자는 옷을 입으면 견디지 못하는 의대병衣襨病을 앓았고, 화가 나면 사람을 죽이거나 닭 같은 짐승이라도 죽여야 화가 내릴 정도에 이르렀다. 자살 충동으로 우물에 빠지는가 하면, 기생이나 비구니와 주야로 음란한 일을 벌이고, 관서 지방으로 몰래 탈출하기도 했다. 상상력이 풍부하고 반짝이는 지성을 지닌 물병자리는 어린 시절 억압을 받으면 결벽증이 되거나 지나친 공포심을 느끼게 된다. 넘치는 인류애로 사랑에 국적, 종교, 성별을 가리지 않아 동성애자나 양성애자도 많다.

운명의 1762년 음력 윤 5월 13일 세자의 생모인 영빈 이씨가 직접 영조에게 세자를 처분하여 세손을 보호하라는 청을 했다. 폐세자 반교문에 따르면 세자가 죽인 사람이 거의 100여 명에 이른다.

> 정축년 ·무인년 이후부터 병의 증세가 더욱 심해져서 병이 발작할 때에는 궁비宮婢와 환시宦侍를 죽이고, 죽인 후에는 문득 후회하곤 하였다.
>
> —《영조실록》 99권, 38년(1762) 윤5월 13일

임오화변의 내용은 세초되었지만, 사도세자의 병증과 살인은 실록에도 기록되어 있다. 앞서 나경언羅景彦이 세자의 비행을 고변했을 때 세자는 보름이나 대죄하여 겨우 용서받은 일도 있었다. 그러나 한 달도 지나지 않아 영조는 세자에게 자결을 명했다. 세자가 다시 이마를 피가 나도록 찧으며 용서를 빌었으나 영조는 칼을 들고 재촉했다. 마침내 세자가 자결하려 하자 신하들이 말려, 영조는 아들을 엄히 가두었다. 드라마와 영화에서는 뒤주에 가두었다 하는데, 실록에 뒤주라는 표현은 없다.

다만 《정조실록》에 '일물一物'과 '주방廚房의 물건'이라는 표현으로 미루어 짐작할 뿐이다.

수신제가 vs 치국평천하

영화 〈사도〉(2014년, 이준익 감독)를 본 아이가 "엄마, 공부 안 하면 저런 데 갇히는 거야?" 했다는 말이 한동안 떠돌았다. 영조와 사도세자의 관계는 부모 훈육 방식의 중요성에 대해 생각해보게 한다.

> 임금이 매양 엄한 하교로 절실하게 책망하니, 세자가 의구심에서 질병이 더하게 되었다.
>
> —《영조실록》 99권, 38년(1762) 윤5월 13일

영조의 지나친 훈육 방식은 달별자리에서도 이유를 찾을 수 있다. 달별자리는 내면과 전생, 훈육 방식, 잘 고치지 못하는 습관 등에 영향을 미친다. 영조의 달별자리는 양자리♈다. 양자리는 열두 별자리 가운데 첫 번째 별자리로 0~7세 어린아이와 같다. 세상이 자기중심으로 돌아가야 하는데 원하는 바가 잘 이루어지지 않거나 부정적인 사람들에게 둘러싸여 뭔가를 강요받는 상황이 계속되면 참을성이 없어지고 이기심으로 똘똘 뭉친 불평꾼이 될 수 있다.

영조는 태어나면서부터 천한 무수리의 아들이라고 무시당하고, 경종과 계속 대립해 소론의 미움을 받았다. 왕자 시절부터 죽음의 공포에 떨었으며 평생 경종 독살설에 시달렸다. 콤플렉스가 심한 데다 완벽을 추구하고 자식을 엄하게 키우는 전갈자리의 에너지가 더해져 세자에 대한

기대와 훈육의 강도는 상상 그 이상이었을 것이다. 불같이 화를 자주 내는 완고한 성격의 아버지가 아이에게 좋은 영향을 줄 수 있을까? 영조에게 잠복된 불행의 씨앗, 콤플렉스가 사도세자에게 투사되어 정신병으로 발현되었으리라. 영화나 소설에서 연쇄살인을 저지르는 사이코패스는 대개 콤플렉스가 심한 것으로 그려지는데, 이는 어린 시절 폭력에 일찍 노출된 양자리나 전갈자리의 부정적인 성향이 증폭되었기 때문이다.

세자가 당시 실세였던 노론과 뜻을 달리해 당쟁의 희생양으로 임오화변이 일어났다는 의견도 있다. 노론 강경파인 경주 김씨 정순왕후가 영조와 세자를 이간질했다고도 한다. 그러나 세자의 정신병이 더 확실한 이유인 것 같다.

1754년 사도세자는 장인 홍봉한洪鳳漢에게 보낸 서신에 "나는 겨우 자고 먹을 뿐, 허황되고 미친 듯합니다"라고 말했다. 물병자리 중에는 에디슨, 모차르트 같은 천재도 많지만 정신병자나 정기적인 심리치료를 받는 이들도 많다.

★에디슨Thomas Alva Edison 1847년 2월 11일
태양별자리_물병자리♒ * 달별자리_사수자리♐

★모차르트Wolfgang Amadeus Mozart 1756년 1월 27일
태양별자리_물병자리♒ * 달별자리_사수자리♐

미쳐서 사람을 마구 죽이는 세자를 왕이 되게 할 수는 없는 데다 세손이라는 대안이 있었다. 세손이 이미 11세에 똑똑하고 효심이 지극하니 전갈자리 영조가 보기에도 완벽한 왕의 재목이었다.

어찌 30년에 가까운 부자간의 은의恩義를 생각하지 않겠는가? 세손世孫의

마음을 생각하고 대신大臣의 뜻을 헤아려 단지 그 호號를 회복하고, 겸하여 시호諡號를 사도세자思悼世子라 한다.

—《영조실록》 99권, 38년(1762) 윤5월 21일

영조는 세자가 죽은 것을 확인하고 곧 세자의 위호를 복구하고 사도思悼라는 시호를 내렸다. 이는 '追悔前過曰思, 年中早夭曰悼'의 끝 글자를 모은 것으로 '자신의 과오를 반성하고 일찍 죽었다'는 뜻이다. 두 달 뒤 장례가 치러질 때는 영조가 친히 제주祭主가 되어 곡을 했다. 세손을 요절한 효장세자의 양자로 입적시켰으나 이는 형식적인 것이었다. 사도세자의 질병을 탓하고 역모가 아니라는 것을 분명히 밝혀 세손 승계에 문제가 없도록 통제한 것이다.

그러나 사도세자의 죽음을 놓고 노론은 시파時派와 벽파壁派로 나뉘어 또다시 세손 정조를 위협했다. 다행히 할아버지 영조와 같은 전갈자리 정조는 죽음을 이기고 왕이 되어 할아버지의 선정을 이어 조선 후기 부흥을 이끌었다. 그러나 수신제가修身齊家 못한 불행한 전갈자리 3대의 치국평천하治國平天下는 불완전했고, 조선은 이후 망국의 길을 걷게 되었다.

평생 죽음과 맞서 싸운 전갈자리 왕 영조

태어나기 전부터 죽음과 직면했던 영조는 무수리 출신의 아들로 신분 콤플렉스와 경종 독살설에 맞서 평생을 치열하게 살았다. 탁월한 생존력의 전갈자리 영조는 철저하게 자신을 통제하며 여든세 살까지 천수를 누리는 동안 학문에 힘쓰고 백성을 위한 개혁 정책으로 모범 군주가 되었다. 하지만 콤플렉스는 아들 사도세자를 미치게 만들어 죽이기에 이

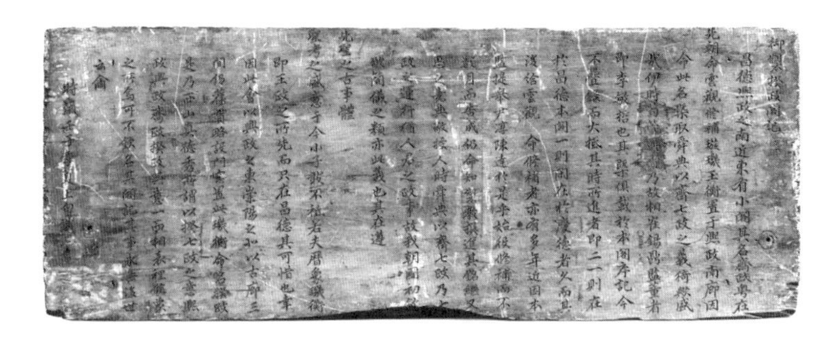

규정각기 영조 때 혼천의를 설치했던 규정각에 걸었던 영조의 글. "칠정七政(해, 달, 화성, 수성, 목성, 토성, 금성의 일곱 가지 별)의 움직임은 임금이 나랏일을 돌보는 것과 같다……." 별의 움직임으로 국가의 흥망성쇄를 점치는 것은 동양과 서양이 모두 같았다. 예로부터 별자리는 국가와 왕의 존망, 전쟁과 천재지변 등을 살피는 것으로 개인사에 참고하기 시작한 것은 비교적 최근의 일이다. 국립고궁박물관 소장.

르렀고, 당쟁의 폐해를 온몸으로 겪어 국시로 내세운 탕평책마저도 실패했다.

죽은 자식은 가슴에 묻는다고 하니 영조의 영혼은 아들 사도와 함께 임오년에 죽었을지 모른다. 그러나 전갈자리는 한 번 죽었다 깨어나는 영혼의 연금술로 더욱 강해지니 그 덕분에 영조가 조선에서 가장 오래 살고 오래 통치한 왕이 되어 조선의 르네상스를 이끌 수 있었을 것이다. "그림을 위해 다른 모든 것은 희생될 것이며, 거기에는 모든 사람들 그리고 물론 나 자신까지 포함된다"고 했던 20세기의 위대한 전갈자리 화가 피카소처럼 영조는 조선을 위해 모든 것을 희생시켰는지도 모른다.

12

나라를 빼앗긴 어린 왕

양자리 순종

창덕궁 인정전

조선의 왕의 즉위식은 인정문에서 시작되어 인정전仁政殿 어좌에 앉는 것으로 끝났다. 인정전은 태종 5년(1405) 창덕궁 창건 때 지어졌는데, 임진왜란 때 불탔다가 광해군 즉위년에 창덕궁을 재건하면서 다시 세웠다. 영조 20년(1744)에 승정원과 함께 소실되었다가 1745년에 복구되어 오늘에 이른다.

양자리♈

3월 20일 춘분 ~ 4월 20일 곡우

상징 거세하지 않은 숫양 양(+)의 별자리

원소 불 **상태** Cardinal **지배 행성** 화성

★

양자리는 태양이 황도와 적도가 교차해 낮과 밤의 길이가 같고 추위와 더위가 같은 춘분春分에서 곡우穀雨까지 생명력이 넘치는 봄의 기운을 타고 태어난다. 양자리의 기호 ♈는 숫양의 뿔 혹은 땅을 뚫고 나오는 새싹의 모습이다. 열두 별자리 중 첫 번째인 양자리는 개성의 출현, 탄생을 의미한다. 별자리 나이로는 0세에서 7세, 자아 개념이 형성되는 시기다. 양자리는 세상에 처음 태어나 이곳저곳을 탐험하며 나는 누구인가 스스로 알아가는 존재로 '나'가 중요하고 자신이 관심 있는 것이 세상의 전부다. 상징은 거세하지 않은 숫양으로 에너지가 넘쳐 잠시도 쉬지 않고 뛰어다닌다. 딱 '미운 일곱 살' 같다. 화성Mars, 전쟁의 신 아레스의 지배를 받아 전투적이다. 불이 뜨겁다고 말해줘도 자신이 직접 손을 데지 않으면 믿지 않으나, 일단 데면 두 번 다시 불 옆에 가지 않으려 한다. 의외로 주사바늘을 무서워하는 양자리가 많다. 새로운 것, 신상을 좋아하고, 앞만 보는 경주마 같아서 직진과 과속이 특기다.

#봄 #자기중심 #자아정체성 #미운일곱살 #경주마 #과속 #머리 #금사빠 #양은냄비

순종의 네이탈 차트

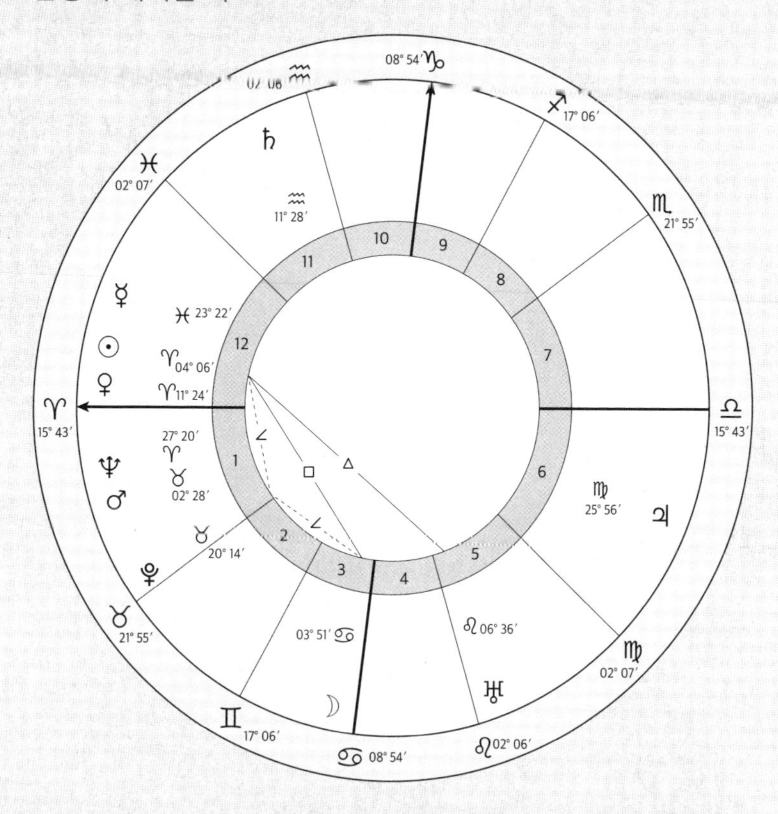

갑술년(1874) 2월 8일 신사辛巳일 묘시卯時에 창덕궁 관물헌觀物軒에서 탄생하셨는데….

—《순종실록부록》 17권, 19년(1926) 6월 11일 양력 6번째 기사(순종 황제의 행장)

순종純宗은 1874년 3월 25일(음력 2월 8일) 묘시(05:30~07:30)에 태어났다. 태양별자리가 양자리♈고 달별자리는 게자리♋다. 동쪽 별자리와 금성, 해왕성 등도 태양과 함께 양자리에 위치해 있으니 양자리 에너지가 매우 강하다.

최고의 자리에 오르다, 왕의 등극

조선의 왕은 하늘의 명으로 모든 권한을 가진 초월적 존재였다. 그렇다면 왕의 즉위식은 어떠했을까? 새로운 왕이 왕위에 오르는 것을 등극登極이라 했다. '극'은 지구에서 볼 때 모든 별의 중심인 북극성 혹은 임금이 국가를 다스리기 위해 정한 대도大道로서 한쪽에 치우치지 않는 중정中正의 도를 이른다. 그런데 조선의 왕 27명 가운데 18명은 사위嗣位, 즉 선왕의 죽음을 통해 왕이 되었다. 왕의 즉위식은 선왕의 국상 중 한 부분으로 치러져 오례五禮 중 흉례凶禮에 포함되었다. 왕위는 선왕에게 물려받는 것이므로 선왕에 대한 효와 장례식이 더 중요하다.

500년 조선 왕조에서 사위가 아닌 경우는 아홉 번 있었다. 개국의 왕 태조, 반정反正으로 왕이 된 중종과 인조 그리고 정종, 태종, 세종, 세조, 예종, 순종 등의 수선受禪이다. 수선은 선왕이 살아 있을 때 후계자에게 왕위를 물려주는 것으로, 태조에서 세종으로 이르는 조선 초기와 세조의 단종 찬탈은 많이 알려져 있다. 세조는 아들 예종에게 왕위를 넘기고 바로 다음 날 죽었으므로 거의 사위에 가깝다. 조선의 마지막, 고종이 순종에게 수선한 것에 관해서는 자세히 살펴볼 필요가 있다.

일본의 정치 쇼, 순종의 거짓 즉위식

1907년 4월 고종은 네덜란드 헤이그에서 열린 만국평화회의에 이상설李相卨, 이준李儁 등의 밀사를 파견해 을사조약乙巳條約의 부당함을 만국에 알리고자 했다. 이에 일본은 고종을 퇴위시키기 위해 정치적 쇼를 기획했다. 고종과 순종의 대리인을 내세워 마치 고종이 순종에게 왕위를 물려준 것처럼 꾸며 이를 국내외에 널리 알린 것이다. 1907년 8월 4일자 이탈리아 잡지 《라 트리부나 일러스트라타*La Tribuna Illustrata*》(제15권 제31호)에 조선 왕의 계승식이 표지를 장식했다. 하지만 실제 순종의 즉위식은 8월 27일 덕수궁 돈덕전惇德殿에서 행해졌다.

참석자에게 배포된 〈대황제폐하 즉위예식의주大皇帝陛下卽位禮式儀註〉의 즉위식 순서를 보자.

- 참석자 기립
- 면복을 착용한 황제 입장
- 황제에게 허리 굽혀 인사
- 이완용의 축하문 낭독
- 황제에게 허리 굽혀 인사
- 황제 퇴장
- 육군 대장복을 착용한 황제 입장

- 장곡천 대장과 뱅카르의 축하 글 낭독
- 군악대의 애국가 연주
- 만세 삼창
- 황제에게 허리 굽혀 인사
- 황제 퇴장
- 참석자 퇴장

순종은 면복을 입었다가 육군 대장복으로 갈아입고 재등장했다. 순종의 즉위식은 조선의 왕 순종이 일본의 군인으로 흡수 병합되는 장면을 그대로 보여주는 참혹한 쇼였다.

조선 유일의 양자리 왕 순종

순종은 1874년 3월 25일(음력 2월 8일) 묘시에 태어났다. 태양별자리가 양자리♈고 달별자리는 게자리♋다.

양자리는 열두 별자리 가운데 첫 번째로 탄생을 상징한다. 별자리 나이로 0세에서 7세인 그들은 새로운 세상을 탐험하며 자신의 정체성을 찾기 위해 노력한다. 타고난 개척자인 양자리는 전쟁의 신 마르스(화성)의 지배를 받아 전투적이다. 어린아이는 불이 뜨겁다고 아무리 옆에서 말해줘도 직접 불을 만져보고 손을 데어야 그것을 안다. 금세 까먹고 다시 달려들지만 호되게 당하고 나면 다시는 불에 가까이 가지 않는다. 마찬가지로 깊은 상처를 입으면 그것을 회복하지 못한다. 불같이 급한 성격과 좌절감이 건강을 해치기도 한다.

그리스 신화에 따르면 왕 아타마스Athamas에게는 프릭소스Phrixos와 헬레

Helle라는 남매가 있었는데 계모의 시달림을 받았다. 전령의 신 헤르메스는 불쌍한 아이들을 행복한 곳으로 보내기 위해 황금 가죽을 가진 숫양을 가지고 내려왔다. 양의 등에 타고 하늘을 날던 중, 어린 헬레는 그만 아시아와 유럽을 나누는 해협에 떨어졌다. 사람들은 이 해협을 헬레스폰트Hellespont(다르다넬스 해협)라 불렀다. 홀로 남은 프릭소스는 양을 타고 계속 날아가 흑해의 동쪽 연안, 콜키스Colchis(고대 조지아Georgia)에 안전하게 도착했다. 제우스가 이 양의 공로를 치하하여 하늘의 별자리로 만들었다. 콜럼버스Columbus의 신대륙 탐험부터 히어로 영화 어벤저스 시리즈까지 영향을 끼치고 있는 그리스 신화 최대의 모험인 아르고호 탐험대, 그들이 찾으러 떠난 보물이 바로 양자리의 황금 양털이다.

조선 500년 27명의 왕 가운데 태양별자리가 양자리인 왕은 순종이 유일하다. 고종과 명성황후 사이에 태어난 자식들 중 유일하게 장성한 순종은 태어난 지 1년 열흘 만인 1875년 음력 2월 18일에 세자로 책봉되었다. 양자리 순종의 세자 책봉은 그 누구보다 빨랐으나 일본의 정치쇼로 임시로 황제의 자리에 앉았다가 4년 만에 '창덕궁 이왕昌德宮李王'으로 내려왔다.

미국의 독립선언서를 기초한 3대 대통령 토머스 제퍼슨이 양자리다. 그의 가장 큰 업적은 루이지애나를 매입해 서부 개척 시대를 연 것이다. 세계 슈퍼리치 CEO 가운데 양자리는 아만시오 오르테가가 유명하다. 자신의 급한 성격을 잘 살린 패스트 패션fast fashion 자라ZARA의 CEO인데, 한때 세계 슈퍼리치 1위를 한 적도 있으나 그 기간은 불과 몇 개월도 되지 않았다.

★토머스 제퍼슨Thomas Jefferson 1743년 4월 13일
태양별자리_양자리♈ * 달별자리_사수자리♐

★아만시오 오르테가Amancio Ortega 1936년 3월 28일
태양별자리_양자리♈ * 달별자리_쌍둥이자리♊

달별자리가 양자리인 왕은 명종, 선조, 광해군, 현종, 영조, 헌종 등 여섯 명으로 많다. 게자리에 양자리인 명종은 무소불위 문정왕후의 수렴청정을 받으며(마마보이 게자리) 즉위부터 을사사화, 임꺽정의 난과 을묘왜변(양자리)까지 재위 23년 내내 나라가 시끄러웠다. 사수자리에 양자리인 선조와 쌍둥이자리에 양자리인 광해군은 조선의 존망을 위태롭게 한 임진왜란을 겪었는데, 선조는 한양과 백성을 버리고 도망쳤으나(사수자리) 목성의 행운으로 이순신과 광해군, 의병의 도움을 받아 나라를 잃지 않았다. 광해군은 선조의 명에 따라 분조를 이끌고 동서로 바삐 움직이며(쌍둥이자리) 전쟁에 공을 세웠다. 물고기자리♓에 양자리인 현종은 극렬했던 할머니(물고기자리)의 복상문제인 예송논쟁에도 사람을 죽이지는 않았으나, 전쟁보다 심각한 자연재해, 경신대기근으로 약 100만 명의 백성을 잃었다. 전갈자리에 양자리인 영조는 사도세자를 죽음에 이르게 한 임오화변과 탕평의 실패로 수많은 신하를 죽이며 조정을 피바람으로 몰았으며, 역적을 베기 위해 직접 칼춤도 추었다. 전쟁의 신 아레스와 화성의 지배를 받는 양자리는 전쟁과 떼려야 뗄 수 없는 관계다. 조선의 왕 중에는 태양별자리 전갈자리와 달별자리 양자리가 가장 많았다. 그래서 조선 왕실은 죽고 죽이는 암투와 피바람이 계속 반복되었나 보다.

한편, 실록에는 다음과 같은 기록이 있다.

음력으로 올해 7월 10일 김홍륙金鴻陸이 유배 가는 것에 대한 조칙詔勅을 받고 그날로 배소配所로 떠나는 길에 잠시 김광식金光植의 집에 머물렀는데, 가지고 가던 손 주머니에서 한 냥의 아편을 찾아내어 갑자기 흉역凶逆의

심보를 드러내어 친한 사람인 공홍식孔洪植에게 주면서 어선御膳에 섞어서 올릴 것을 은밀히 사주하였다.

―《고종실록》 38권, 35년(1898) 9월 12일

김홍륙이 고종이 좋아하는 커피에 독을 탔는데 고종은 커피의 맛이 이상함을 알고 뱉어버렸으나, 순종은 이가 모두 빠지고 혈변을 누는 등 몸살을 앓았다. 성급한 양자리는 커피도 급하게 마셨나 보다. 꼼꼼한 처녀자리 고종이 이상하다고 뱉었을 때 이미 모두 마시고 병이 들었으니 말이다. 양자리 대통령 제퍼슨은 "화가 치밀 때는 열까지 센 다음 말하고, 폭발할 것 같을 때는 백까지 세고 말한다"고 했다. 자신의 급한 성격을 다스리기 위한 노력이었다. 죽음을 맛본 순종이 왕과 자신을 독살하려 했던 무지막지한 일본에 맞서기란 어려웠을 것이다. 게다가 그는 이미 어머니 명성황후를 일본에 빼앗긴 전력이 있었다.

★고종 1852년 9월 8일

태양별자리_처녀자리♍ ＊ 달별자리_쌍둥이자리♊ 혹은 게자리♋(09:42 이후)

일본에 엄마와 나라를 빼앗기다

순종의 달별자리는 게자리♋다. 게자리는 현실적이고 모성을 관장하는 별자리다. 엄마를 좋아하는 마마보이들이고, '게 눈 감추듯'이라는 말처럼 옆으로 살살 기다가 적이 나타나면 우선 딱딱한 껍질 속으로 쏙 들어가 숨을 정도로 자기 보호 본능이 강하다. 양자리에 게자리인 순종에게 어머니 명성황후의 죽음은 더욱 치명타였을 것이다.

순종 어차御車 미국의 자동차회사 제너럴모터스가 제작한 캐딜락 리무진으로 목재에 옻칠을 했다. 양자리 순종은 허수아비 왕이었으나 근대 신문물을 다양하게 향유했다. 국립고궁박물관 소장.

순종은 어려서부터 병약했다. 고종과 명성황후는 첫아들을 4일 만에 잃었고, 둘째 딸도 7개월 만에 잃었다. 세 번째로 낳은 순종 이후에도 아들 둘을 더 잃었다. 아들 순종에 대한 명성황후의 사랑과 극진함이 얼마나 대단했을지 상상이 된다. 누구나 자기 자식은 눈에 넣어도 안 아프다고 하지만 다섯 명의 아이 중 네 명이 요절했다면 유일하게 장성한 순종이 명성황후에게는 금이나 옥보다 더 귀하니 지극정성을 다할 수밖에 없었을 것이다. 전갈자리 명성황후는 순종의 무병장수를 기원하기 위해 전국 산천에 치성을 드리느라 내수사內需司의 돈을 탕진했다고 한다. 내수사는 태조 때부터 왕의 비자금을 관리해왔는데 전갈자리 태조가 만든 비자금을 전갈자리 명성황후가 순종을 위해 탈탈 털어 썼다. 전갈자리는 자신이 아끼는 것에 애정을 쏟듯 아이에게도 열정을 아끼지 않는다.

★태조 1335년 10월 27일

태양별자리_전갈자리♏ * 달별자리_물병자리♒ 혹은 물고기자리♓(13:40 이후)

★명성황후 1851년 11월 17일

태양별자리_전갈자리♏ ＊ 달별자리_사자자리♌

누구나 어머니를 잃었다면, 그것도 강도가 들어 어머니를 살해하고 그 시신을 불태웠다면 원통하지 않겠는가? 순종에게 명성황후는 자신에게 지극정성을 다하신 어머니이며 조선의 국모國母인데 일본에 목숨을 빼앗기고, 그 시체마저 불태워지는 처참한 변고를 당했다. 아버지이자 왕인 고종도 꼼짝없이 당하고 손을 못 쓰는 사태에 순종이 무엇을 할 수 있었겠는가.

순종이 만약 물불 안 가리고 앞장서는 양자리의 호전성과 엄마를 빼앗아간 일본에 대한 게자리의 복수심을 결합해 일본에 적극 대항했으면 좋았을 것이다. 그러나 시대는 이미 기울었고 일본에 의해 내세워진 허수아비 왕 순종이 할 수 있는 일은 거의 없었다. 일본에 엄마와 나라를 빼앗기고 자신마저 독살될 뻔한 경험이 더해져 자기 보호 본능이 더 강해진 순종에게 일본은 공포 그 자체였을 것이다. 양자리♈의 기호는 땅을 뚫고 솟아나는 새싹이다. 새싹은 새로운 탄생의 에너지가 강하지만 짓밟히면 되돌리기 어렵다. 조선 왕가에도 요절한 아이들이 얼마나 많은가. 오늘날에도 세계 어딘가에서 5초에 한 명씩 어린아이가 굶어 죽고 있다. 양자리 신화에서 남매 중 헬레는 중간에 떨어지고 프릭소스 한 명만이 살아남은 것은 그만큼 어린아이가 약한 존재라는 상징이다.

풍운風雲이 날로 변하여 화란의 조짐이 틈을 타고 일어나며 열강列强이 밖에서 틈을 엿보고 비도匪徒가 안에서 선동하였다. 태황제는 그것을 진정시킬 것을 도모하여 확고하게 결단을 내려서 온갖 제도를 경장更張하였으며 신진 인사와 재주가 뛰어난 신하를 많이 등용하였다. 이는 아직 성지聖

智에 만 분의 일에도 미치지 못하는 것이었지만, 오직 제만이 비밀리에 도와준 일이 많았다.

—《순종실록부록》 17권, 19년(1926) 6월 11일(순종 황제의 행장)

또한 순종은 고종이 대한제국大韓帝國을 선포하고 외국에 도움을 요청하며, 을사늑약乙巳勒約의 부당함을 만방에 알리려 아무리 애를 써도 번번이 실패하는 것을 옆에서 지켜보면서 무력함을 학습했다. 나라는 쓰러져가고 선왕은 56세의 나이였으나 건재한데, 일본의 쇼에 억지로 끌려가 왕이 되었을 뿐 순종은 처음부터 왕이 되고 싶지 않았을지도 모른다. 순종의 치세 3년은 일본이 조선을 병합하는 과도기였다. 대한제국을 표방한 고종과 순종을 조선의 왕으로 치지 않는 이들도 있다.

순종의 유언과 역사의 재조명

500년 조선 왕조가 왕 한두 명의 잘못으로 멸망할 수 있을까? 대한제국과 왕실의 무능력으로 조선이 망했다는 것은 일본의 제국주의에 면죄부를 주는 잘못된 역사관에서 비롯된 것이다. 순종은 죽음을 앞두고 자신의 처절한 심회를 유언으로 남겼다.

지난날의 병합 인준은 강린強隣(일본)이 역신逆臣의 무리(이완용 등)와 더불어 제멋대로 해서 제멋대로 선포한 것이요……. 오직 나를 유폐하고 나를 협제脅制하여 나로 하여금 명백히 말을 할 수 없게 한 것으로 내가 한 것이 아니니…….

—1926년 7월 28일, 〈신한민보〉에 실린 순종의 유언

영추문 1926년 순종이 승하하고 이틀 후 갑자기 경복궁의 한쪽 벽이 무너졌다. 일제는 그 앞을 지나던 전차의 '진동' 때문이라고 했으나 일제가 계획적으로 벌인 것이 아닐까 싶다. 영추문迎秋門은 1975년 다시 세워져 줄곧 닫혀 있다가 43년 만인 2018년 12월에 개방되었다.

순종은 죽기 직전 곁에 있던 조정구趙鼎九에게 구술로 유언을 남겼는데, 이는 한 달이 지나 샌프란시스코에서 발행한 《신한민보》에 보도되었다. 유언에 대한 진위를 놓고 시비가 있지만 사료를 살펴보면 퍼즐이 맞춰진다. 일본은 1904년 2월 23일 한일의정서, 1905년 11월 한일협약(을사조약)과 1910년 한일병합조약 등을 통해서 대한제국을 강제 병합했다. 서울대학교 규장각에 보관되어 있는 1910년 8월 29일 병합 조칙에는 도장만 찍히고 위에 반드시 있어야 할 황제의 서명이 없다. 도장은 통감부가 고종황제를 퇴위시킬 때 빼앗아 가지고 있었으니, 조약에 동의하지 않았다는 순종의 유언과 일치한다.

유언처럼 순종은 조선의 왕으로서 자신의 기록을 어딘가 남겨두었을 것이다. 게자리는 누군가에게 명징한 기억을 남기고 싶어 사진, 일기, 편지 등을 좋아한다. 양자리로서 신문물을 다양하게 누렸으니 새로운 방법을 모색했을 수도 있다. 조선의 마지막 왕으로 일본에 엄마와 나라를 빼앗기고 숨죽이며 '창덕궁 이왕'으로 살았던 순종. 나라를 빼앗기는 과정을 지켜보며 그가 남긴 기록은 앞으로 더 열심히 조사하고 연구해야 할 것이다. 나라를 빼앗겼던 불행한 역사를 되돌릴 수는 없으나 일본의 만행을 조선의 무능으로 치환시켜 감춰서도 안 된다.

모든 별자리의 타고난 목적은 태양이 만물을 비추듯 자신의 빛을 밝히는 것이다. 순종은 자신이 조선의 왕으로서 무엇을 할 수 있고 무엇을 해야 하는지, 왕으로서의 정체성을 확립하지 못한 채 일본에 의해 강제로 왕이 되었다. 시대적 운명이 그의 가능성을 잠식해버렸다. 양자리 화가 빈센트 반 고흐는 "나는 어떤 확신도 없고 뭘 알지도 못하지만 별을 바라봄으로써 꿈꾼다"고 말했다. 그는 꿈과 열정의 화가로 유명하지만 젊은 시절 자신이 무엇을 해야 할지 몰라 여러 직업을 전전하다가 마침내 27세에 화가가 되었다. 그리고 열정적으로 그림을 그렸으나 세상에 알려지기 전에 비극적 종말을 맞이했다.

★빈센트 반 고흐Vincent van Gogh 1853년 3월 30일
태양별자리_양자리♈ * 달별자리_사수자리♐